Quel est donc
ce champignon ?

Champignons à lames (lames claires ou foncées) avec anneau bien net

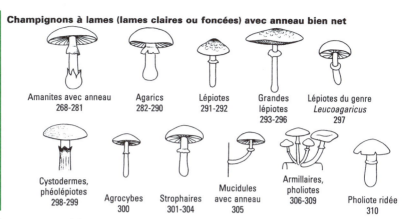

Amanites avec anneau 268-281

Agarics 282-290

Lépiotes 291-292

Grandes lépiotes 293-296

Lépiotes du genre *Leucoagaricus* 297

Cystodermes, phéolépiotes 298-299

Agrocybes 300

Strophaires 301-304

Mucidules avec anneau 305

Armillaires, pholiotes 306-309

Pholiote ridée 310

Champignons à lames (lames généralement sombres, claires chez certaines espèces lorsque les champignons sont jeunes, puis foncées). Pied sans anneau, ou avec un anneau peu marqué

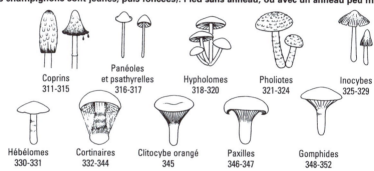

Coprins 311-315

Panéoles et psathyrelles 316-317

Hypholomes 318-320

Pholiotes 321-324

Inocybes 325-329

Hébélomes 330-331

Cortinaires 332-344

Clitocybe orangé 345

Paxilles 346-347

Gomphides 348-352

Champignons que l'on ne peut classer dans les groupes précédents

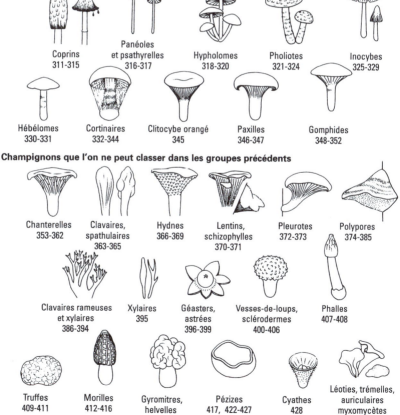

Chanterelles 353-362

Clavaires, spathulaires 363-365

Hydnes 366-369

Lentins, schizophylles 370-371

Pleurotes 372-373

Polypores 374-385

Clavaires rameuses et xylaires 386-394

Xylaires 395

Géasters, astrées 396-399

Vesses-de-loups, sclérodermes 400-406

Phalles 407-408

Truffes 409-411

Morilles 412-416

Gyromitres, helvelles 418-421

Pézizes 417, 422-427

Cyathes 428

Léoties, trémelles, auriculaires myxomycètes 429-437

Quel est donc
ce champignon ?

Markus Flück

Origine des photographies :
Josef Breitenbach : p. 76-77, 78, 175, 259 et 325 ;
Uwe Höch : p. 85 en bas ;
Guy Redeuilh : p. 140, 151, et 351 ;
Albert Römmel : p. 12, 13 et 14 ;
Heinz Schrempp : p. 87.
Toutes les autres photographies sont de l'auteur.
Les dessins et les pictogrammes des pages d'identification ont été réalisés par Wolfgang Lang.

> La description la plus complète que puisse fournir un guide d'identification ne remplace pas l'expérience acquise sur le terrain au fil du temps par le mycologue amateur. Par mesure de prudence, demandez donc l'expertise d'un spécialiste chaque fois que vous avez le moindre doute sur les champignons que vous venez de cueillir (pharmacien, mycologue, etc.) et n'utilisez jamais une espèce douteuse. En dehors du guépinie en helvelle *(Tremiscus helvelloides)* et de la trémelle gélatineuse *(Pseudohydnum gelatinosum)*, ne mangez pas de champignons crus !

Cet ouvrage est paru sous le titre original WELCHER PILZ IST DAS ?
© 1995, Franckh-Kosmos Verlags-GmbH & Co., Stuttgart, Allemagne pour l'édition originale.
© 1997, Éditions Nathan, Paris, France pour l'édition française.
© 2021 Éditions Nathan, Sejer, 92 avenue de France, 75013 Paris, pour la présente édition

Traduction : Véronique Cebal et Ghislaine Tamisier-Roux
revue et adaptée par Guy Redeuilh.

Ouvrage réalisé avec la collaboration de Carole Hardouin et de Stéphanie Houlvigue.
Réalisation PAO : Joëlle Bois.

Sommaire

Avant-propos 6

Comment utiliser ce guide 8

Structure et critères d'identification des carpophores 10
Le chapeau 13
Le pied 20
Les spores 26
La chair 26
Les voiles 32

La cueillette des champignons 34
Conseils de cueillette 34
Les champignons vecteurs de maladies 35

Modes de vie 38
Champignons mycorhiziques 38
Champignons saprophytes 39
Champignons parasites 40

Des champignons et des arbres 41
Épicéa, ou sapin rouge 42
Sapin commun, ou sapin argenté 44
Pin sylvestre 46
Arolle, alvier ou pin cembro 48
Mélèze commun 50
Chêne pédonculé 52
Hêtre 54
Charme 56
Frêne commun 58
Bouleau verruqueux 60
Tremble 62

Où trouver les champignons ?
Biotopes des champignons 64
Habitats naturels 64
Habitats nés de l'activité humaine 65
Altération des biotopes 66
Mesures de protection 66

La classification des champignons 67

La reproduction des champignons 76
Formation des spores chez les ascomycètes et les basidiomycètes 77
La grande diversité des spores 78
Dissémination des spores 78

La croissance des champignons 81

Les champignons et l'homme 85

Les champignons et les animaux 88

La richesse culinaire des champignons 89
Valeur nutritive 90
Les substances toxiques contenues dans les champignons 90
Radioactivité 91
La préparation des champignons 92

Cultiver des champignons soi-même 97
Cultures d'intérieur 97
Cultiver des champignons dans son jardin 97
Champignons de culture 101

Ces champignons qui valent de l'or 107

Les champignons vénéneux et leurs poisons 108

Guide d'identification 116

Principaux centres antipoison 438

Glossaire des termes techniques 439

Bibliographie 440

Index 441

Avant-propos

J'ai répertorié dans ce livre, à l'intention des mycologues amateurs, plus de 300 espèces de champignons parmi les plus communes d'Europe. De nombreuses espèces comestibles y sont illustrées et décrites en détail avec, en plus, des indications sur l'existence d'éventuels « sosies » vénéneux. Les photographies des principaux champignons toxiques et non comestibles figurent également. Les débutants trouveront en outre dans cet ouvrage les notions de base indispensables pour identifier leurs trouvailles en toute sécurité, tandis que les ramasseurs chevronnés pourront s'amuser à rechercher les espèces plus rares.

L'introduction donne des explications complètes sur la meilleure façon de cueillir et de préparer les champignons, avec quelques suggestions de recettes et des conseils pour la conservation. Un chapitre regroupe les notions élémentaires nécessaires à la culture des champignons à l'intention de ceux qui veulent y consacrer une partie de leur jardin.

Les champignons jouent un rôle important dans le cycle naturel. Les uns, mycorhiziques, vivent en symbiose parfaite avec certaines plantes dont de nombreux arbres ; d'autres, les saprophytes, tirent leur nourriture des matières organiques mortes, et servent ainsi au recyclage des matières premières ; d'autres encore vivent en parasites.

L'introduction et le paragraphe « Remarques » traitent, entre autres, de ces intéressants problèmes d'interdépendances écologiques.

Le mode de vie de chaque espèce est signalé dans la partie « Identification » par un symbole spécifique. La connaissance des arbres et de leurs affinités avec les champignons est également d'un grand secours pour la détermination des espèces. C'est pourquoi l'ouvrage comporte aussi des indications concernant les arbres les plus courants et les champignons qui poussent généralement dans leur voisinage.

L'ensemble des clichés du guide d'identification et la plupart de ceux de l'introduction ont été pris sur le terrain. Nous avons veillé à choisir les spécimens les plus représentatifs de leur espèce, afin que la photographie et la description qui figure en dessous contribuent ensemble à rendre l'identification plus aisée. Notons néanmoins que l'aspect extérieur des champignons peut fortement varier avec leur stade de croissance et les conditions météorologiques.

En exploitant inconsidérément son environnement, l'homme a largement participé à la dégradation des forêts et des champignons qu'elles abritaient. Les relations d'interdépendance qui existaient dans la nature ont souvent été détruites ou complètement inhibées. Notre environnement est souvent sacrifié à l'exploitation industrielle de la terre et des forêts.

Les champs trop maigres sont fertilisés artificiellement et les régions tourbeuses sont saturées des engrais des grandes exploitations agricoles voisines. De même, l'abattage intensif des arbres de nos forêts, sans respect d'une pause indispensable de plusieurs années, favorise souvent la prolifération de champignons parasites indésirés tout en accélérant la disparition des espèces utiles qui vivent sous les arbres que l'on abat.

Les champignons rares, et parmi eux les espèces comestibles, devraient donc bénéficier de la protection bienveillante des amateurs, qui, pour leur part au moins, devraient se garder de les cueillir.

Tricholome couleur de vache *(Tricholoma vaccinum)*.

Ces espèces sont explicitement repérées dans le guide d'identification par la mention «à préserver». Elles sont même inscrites sur une liste rouge dans de nombreux pays européens. À long terme, la priorité reste toutefois la sauvegarde de l'environnement même, car c'est la seule manière qui permette de conserver la multiplicité des espèces.

Je tiens à remercier vivement M. J. Breitenbach de Lucerne pour avoir spontanément accepté de réviser ce livre. Les clichés au microscope des pages 14, 15, 17 et 19 ont été pris avec le microscope stéréo de la société Leica AG (Wild M3B et Wild M3C, doté de l'équipement photo MPS 48/52). Les appareils et l'aide technique correspondante ont été mis gracieusement à ma disposition par la société Leica AG, et je l'en remercie beaucoup. M. A. Römmel, directeur d'un atelier de photographie spécialisée à Oesingen, m'a prodigué ses conseils et m'a fait quelques prises de vue en studio. Je tiens à lui en exprimer ma gratitude. Mes remerciements vont aussi à mon épouse, Suzanne, et à notre fils pour leur compréhension. Je souhaite enfin remercier tous ceux qui m'ont apporté leur soutien dans mon travail.

Markus Flück

Comment utiliser ce guide

Les clés analytiques fournies sur les pages de garde permettent une première identification des fruits de votre cueillette. Il existe sept groupes principaux de champignons, repérés par un code couleur et classés en fonction de la forme de leurs carpophores et de caractéristiques générales spécifiques aisément reconnaissables. Leur description et le croquis de la silhouette d'ensemble permettent ainsi un début de classification.

Les caractéristiques des champignons que vous avez ramassés doivent correspondre très exactement aux descriptions et aux photographies du guide d'identification. Elles sont illustrées par des photographies et décrites au chapitre « Structure et critères d'identification des carpophores » et à la fin du livre (sur les pages de garde).

La description la plus complète et la plus précise que puisse donner un guide d'identification ne remplace pas l'expérience acquise sur le terrain. Il est indispensable de faire expertiser par un spécialiste (pharmacien, mycologue reconnu, etc.) toute espèce qui vous laisserait le moindre doute et de ne jamais consommer de champignons dont vous ne soyez pas absolument certain.

À côté des numéros de page figure le nom du sous-groupe auquel se rattache le champignon.

La comestibilité de chaque espèce est signalée par un pictogramme en marge et dans le texte, dans la rubrique « Comestibilité ». Seuls les champignons ayant une véritable valeur gastronomique ont été qualifiés de « comestibles ». Ceux dont la comestibilité n'est pas certaine ont été classés dans le groupe « non comestibles ». Sauf indication contraire, ces renseignements ne valent que pour des champignons cuits assez longtemps.

Le pictogramme figurant tout en haut dans la marge des fiches descriptives est celui de la comestibilité.

Comestible

Non comestible

Toxique

Mortel

Les trois pictogrammes suivants symbolisent les différents habitats naturels possibles. Le pictogramme correspondant à l'habitat spécifique de l'espèce est colorié (il peut y en avoir plusieurs).

Sous ou sur les feuillus

Sous ou sur les conifères (pinicole)

Dans les prés et les champs (indépendant des espèces d'arbres)

Viennent ensuite des renseignements sur le mode de vie des champignons. On distingue les champignons qui vivent en symbiose avec les plantes (mycorhiziques), ceux qui tirent leur nourriture de matières organiques mortes (saprophytes) et ceux qui vivent en parasites. La dernière icône, tout en bas de la marge, indique la couleur de la sporée.

Mode de vie :

Mycorhizique (symbiote)

Saprophyte

Parasite

Couleur de la sporée :

Blanche, blanchâtre

Crème, jaunâtre, ocre jaune

Rose

Ocre brun, brun verdâtre, grisâtre ou rougeâtre

Brun violacé, violette, noire

Pour tout renseignement concernant les premiers gestes en cas d'intoxication et les adresses des centres antipoisons, veuillez vous reporter aux pages 115 et 438-439.

COMMENT UTILISER CE GUIDE

Structure et critères d'identification des carpophores

L'automne est la saison privilégiée pour partir à la cueillette des innombrables variétés de grands champignons (macromycètes) forestiers. La partie principale du champignon se compose d'un entrelacs étendu (le mycélium), de filaments souterrains (les hyphes). Ses fruits, les carpophores, sont constitués de fibres ou de filaments plus ou moins intriqués et responsables de la formation et de la dispersion de ses organes reproducteurs, ou spores. Le mycélium produit généralement des carpophores une fois par an. Ce sont eux qui permettent l'identification du champignon. Mais lorsque les conditions climatiques ne sont pas réunies en raison de sécheresse ou de froid, par exemple, il arrive que les carpophores ne se forment pas pendant plusieurs années de suite, sans que cela ait la moindre répercussion néfaste sur le mycélium.

Les carpophores de grands champignons qui sont décrits dans ce guide sont reconnaissables à l'œil nu. La plupart d'entre eux ont une forme caractéristique de champignon, c'est-à-dire avec un chapeau et un pied différenciés. Ils appartiennent, à quelques exceptions près, à la classe des champignons à

Réseau de filaments bien visible sur une culture de champignons. Le mycélium pousse normalement sous terre, mais comme la culture se fait dans l'obscurité, on le distingue ici à la surface du substrat.

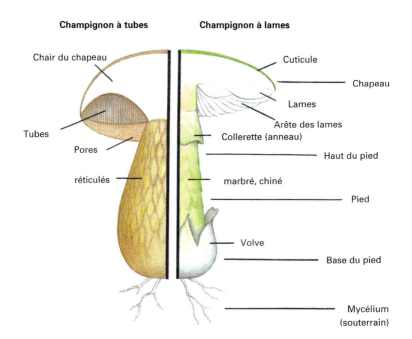

Schéma d'un champignon à tubes (à gauche, le bolet amer, *Typopilus felleus*) et d'un champignon à lames (à droite, l'amanite phalloïde, *Amanita phalloides*). Attention : les différentes caractéristiques n'apparaissent pas toujours aussi nettement que sur le schéma et les couleurs varient dans la réalité.

basides, ou Basidiomycètes *(voir p. 12)*. Sous le chapeau se trouve l'hyménium, tissu fertile où se forment les spores. D'autres représentants des Basidiomycètes comme les clavaires rameuses *(Ramaria)*, les sparassis *(Sparassis)*, certains hydnes *(Thelephoraceae)*, les trémelles *(Tremellales)*, les lycoperdons *(Lycoperdales)*, les géasters *(Geastraceae)* et les clavaires *(Clavulinaceae)* ont des carpophores de formes singulières qui les rendent plus faciles à identifier que les champignons à chapeau. Cela vaut également pour la classe des champignons à asques, ou Ascomycètes. Ils comprennent, entre autres, les pézizes *(Peziza, Aleuria)*, les morilles *(Morchella)*, les gyromitres et les helvelles *(Gyromitra, Helvella)*, les truffes *(Tuberales)* et les xylaires *(Xylariaceae)* (voir p. 13).

L'odeur et le goût sont d'autres critères d'identification importants, car ils sont parfois distinctifs et très prononcés. Si les couleurs du chapeau et du pied ne peuvent pas être retenues comme des critères absolus, car elles ne cessent d'évoluer chez de nombreuses espèces pendant leur courte phase de croissance, celles de l'arête des lames, des pores des tubes, des anneaux et du revêtement du pied (réticulation) sont plus fiables, car elles restent en général constantes ou ne s'altèrent qu'avec l'âge. La chair et le lait, ou latex,

virent souvent de couleur dès qu'ils sont exposés à l'air et offrent ainsi deux autres critères d'identification très fiables. Toutes vos observations doivent coïncider parfaitement avec la description si vous voulez être sûr de votre diagnostic. Il n'est pas rare qu'un champignon comestible ne se distingue de son « sosie » vénéneux que par une ou deux caractéristiques. La structure des carpophores est illustrée de photographies et de croquis clairs, accompagnés de descriptions détaillées dans les pages suivantes. Vous trouverez d'autres schémas des principaux critères d'identification sur les pages de garde, à la fin du livre.

Carpophores caractéristiques des champignons à chapeau et à pied:
1 Clitocybe nébuleux *(Clitocybe nebularis)*; **2** Lepista irina; **3** *Lactarius mitissimus* (non décrit); **4** Pholiote changeante *(Pholiota mutabilis)*; **5** Tricholome rutilant *(Tricholomopsis rutilans)*; **6** Clitocybe améthyste *(Laccaria amethystina)*; **7** Cortinaire vert bleuâtre *(Cortinarius venetus)*; **8** *Lepista inversa* (non décrit); **9** *Tricholoma aurantium*; **10** Clitocybe géotrope *(Clitocybe geotropa)*.

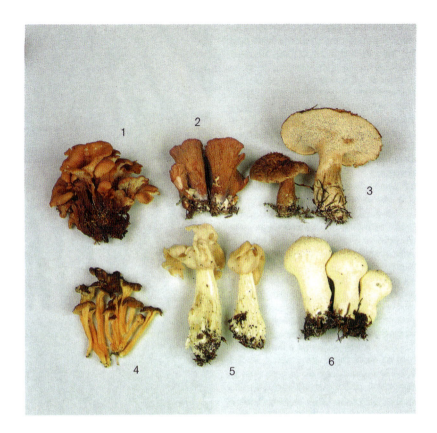

Carpophores de formes singulières:
1 Champignon poussant en touffe, à chapeau en forme de trompette, avec des lames décurrentes (lentin en colimaçon, *Lentinellus cochleatus*); **2** Champignon à chapeau claviforme étalé et à larges plis (chanterelle violette, *Gomphus clavatus*); **3** Champignon à chapeau et aiguillons (hydne imbriqué, *Sarcodon imbricatus*); **4** Champignon symbiote à chapeau en forme d'entonnoir profond en coupe à marge froncée (chanterelle jaunissante, *Cantharellus lutescens*); **5** Forme bizarre (helvelle crépue, *Helvella crispa*); **6** Champignon globoïde (vesse-de-loup à pierreries, *Lycoperdon perlatum*).

Le chapeau

Structure de la face inférieure du chapeau

La face inférieure du chapeau des champignons présente souvent des tubes, des pores, des lames, des plis ou des aiguillons (ou piquants) recouverts de l'hyménium. Cela permet au champignon d'étendre sa surface fertile et de produire ainsi un plus grand nombre de spores.

Tubes et pores

Bien visibles chez les champignons de la famille des Bolétacées *(Boletaceae)* et des Strobilomycétacées *(Strobilomycetaceae)*, les tubes sont accolés verticalement les uns aux autres sur la face inférieure du chapeau. Un grand nombre de spores mûrissent à l'intérieur de ces tubes qui peuvent être adnés (adhérents), légèrement décurrents, nettement échancrés ou presque libres. Les carpophores jeunes et encore immatures ont des tubes de section souvent blanchâtre. Selon l'espèce, ils se colorent avec l'âge et la maturation des spores en jaune, brun grisâtre ou vert. La couche de tubes se détache facilement et d'une seule pièce du chapeau.

Les orifices, ou pores, sont souvent ronds, mais peuvent être alvéolés ou polygonaux, et d'une couleur différente de celle des tubes. Les teintes de pores les plus courantes sont le jaune, puis le rouge, les orangés, le beige et le vert olive. Ils ne sont brun foncé ou gris que chez quelques espèces. Une coloration rouge ou rosée peut être considérée chez les bolets adultes de type *Boletus* comme un signal d'alarme. En effet, ces espèces sont vénéneuses ou tout au moins non comestibles. Mais il n'existe aucune règle de ce type chez les Agaricales, les Polypores et autres familles de champignons. Chez certaines espèces les pores se colorent en bleu, vert ou brun au toucher.

Tous les Polypores présentent des tubes, mais ceux-ci sont plutôt subéreux et coriaces. La plupart sont dépourvus de pied et poussent à même leur support, formant souvent plusieurs couches superposées en forme de consoles. Les Polypores ont généralement des tubes plus courts que les bolets *(Boletus)* et soudés à la chair du chapeau, ce qui ne permet pas de les détacher facilement (contrairement à ces derniers). Les tubes sont le plus souvent très serrés, mais peuvent aussi former une maille lâche et alvéolée. Leurs pores ont des formes aussi variables que les bolets et mesurent de 0,1 à 2 mm. Très peu d'espèces sont comestibles.

En haut: plis (chanterelle en tube, *Cantharellus tubaeformis),* grossis environ 2 fois.

Au centre: aiguillons cassants (hydne imbriqué, *Sarcodon imbricatus*), grossis environ 5 fois.

En bas: aiguillons gélatineux (trémelle gélatineuse, *Pseudohydnum gelatinosum*), grossis environ 5 fois.

En haut: pores ronds et réguliers (cèpe de Bordeaux, *Boletus edulis*), grossis environ 2 fois.

En bas: des pores comme un labyrinthe (bolet à chair jaune, *Xerocomus chrysenteron*), grossis environ 8 fois.

En haut: tubes presque décurrents, pores légèrement cireux (bolet poivré, *Boletus piperatus*).

Au centre: tubes émarginés sur le pied, pores petits et arrondis (*Boletus rubrosanguineus*), taille réelle.

En bas: tubes adnés, pores irréguliers, anguleux (*Suillus viscidus*), grossis environ 3 fois.

Lames

La grande majorité des champignons à chapeau présentent des lames, ou feuillets. Elles se trouvent, comme les tubes, sur la face inférieure du chapeau et se distinguent par différentes caractéristiques qu'il est important de bien observer.

Couleur

Les lames peuvent prendre les teintes les plus diverses. Mais comme les innombrables spores qui se forment dessus sont parfois de couleur sombre, il arrive, avec le temps, qu'elles recouvrent complètement la couleur d'origine des lames. L'inocybe à lames couleur de terre *(Inocybe geophylla),* par exemple, présente des lames d'abord blanchâtres qui virent nettement au brunâtre quand les spores sont mûres. Chez les champignons à spores blanches comme les amanites *(Amanita)* et les tricholomes *(Tricholoma),* la couleur propre des lames reste en revanche identifiable même chez les carpophores âgés.

Mode d'insertion des lames sur le pied

Le mode d'insertion des lames sur le pied est un caractère important pour l'identification de nombreux champignons à lames. On distingue ainsi principalement: les lames libres, adnées, ou adhérentes, échancrées ou émarginées et décurrentes. Toutes les amanites *(Amanita)* sont des champignons à lames libres. L'amanite phalloïde *(Amanita phalloides)* se distingue par exemple des tricholomes *(Tricholoma),* des collybies *(Collybia)* et des russules *(Russula)* par une insertion libre de ses lames (les autres sont adnées).

Forme

La forme des lames est, comme leur mode d'insertion, essentielle pour l'identification des champignons. Elles peuvent être larges ou étroites, épaisses ou minces. Celles de la russule noircissante *(Russula nigricans)* sont particulièrement épaisses. Le bord des lames s'appelle l'« arête ». Cette dernière est généralement lisse, dentelée, sinueuse ou crénelée, ou fimbriée (finement frangée). Les lames sont serrées ou espacées (écartées). Tous les hygrophores *(Hygrophoracées)* ont par exemple des lames très espacées. Ces lames peuvent être de même longueur et séparées par des lamelles intermédiaires, mais aussi fourchues ou réunies par des veines (interveinées) ou des plis transversaux (anastomosées). L'hyménium des Cantharellacées *(Cantharellaceae),* dont fait partie la célèbre girolle *(Cantharellus cibarius),* est toujours anastomosé.

Une famille intéressante est celle des Russulacées *(Russulaceae),* à laquelle appartiennent les russules *(Russula)* et les lactaires *(Lactarius).* Leur chair est rendue grenue et cassante par la présence de nids de cellules globuleuses entre les hyphes grêles. Il suffit ainsi de passer le doigt en travers des lamelles pour les briser. Les seules exceptions sont la russule charbonnière *(Russula cyanoxantha)* et ses parents proches, qui, comme les autres champignons à lames, présentent des lames plus ou moins élastiques.

Forme du chapeau

La forme du chapeau se modifie constamment au cours de l'évolution pourtant souvent étonnamment rapide du carpophore. Les chapeaux sont en général d'abord hémisphériques, puis bombés convexes et enfin presque plans, comme c'est le cas de la plupart des Bolétacées *(Boletaceae).* Les jeunes carpophores en forme de massue des lépiotes *(Macrolepiota)* développent des chapeaux d'abord campanulés, puis largement bombés et enfin plans et plus ou moins umbonés, tandis que les chapeaux plans à légèrement convexes des clitocybes *(Clitocybe)* prennent rapidement leur forme caractéristique d'entonnoir. Chez la chanterelle jaunissante *(Cantharellus lutescens)* et la trompette de la mort *(Craterellus cornucopioides),* l'entonnoir est creusé jusque dans le pied. C'est un chapeau « en coupe ».

Le chapeau des inocybes *(Inocybe)* est toujours conique à l'état jeune. Certaines espèces conservent cette forme en vieillissant, d'autres s'aplatissent au contraire, mais en gardant un mamelon au centre. La plupart des mycènes

En haut: lames à arêtes blanches (strophaire vert-de-gris, *Stropharia aeruginosa*).

Au centre: lames épaisses, adnées (jeune tricholome rutilant, *Tricholomopsis rutilans*).

En bas: lames à arêtes lisses, échancrées (pied-bleu *Lepista nuda*), grossies environ 5 fois.

En haut: lames et lamelles intermédiaires à arête lisse, adnées *(Hygrocybe coccinea)*, grossies environ 3 fois.

Au centre: arêtes lisses sous un fort grossissement. Les appareils sporifères sont légèrement visibles (paxille enroulé, *Paxillus involutus*), grossis 8 fois environ.

En bas: arêtes crénelées et dentelées *(Lentinus adhaerens)*, grossies environ 8 fois.

(Mycena) ont un chapeau campanulé à conique. Celui des panéoles sphinx *(Panaeolus papilionaceus)* jeunes ou vieux est typique: en cloche. L'étrange chapeau conique du coprin chevelu *(Coprinus comatus)* ne s'ouvre jamais. Le disque plan et rond, semblable à un chapeau étalé, qui subsiste sur le pied n'est que ce qu'il reste de la décomposition du champignon.

Ces exemples montrent qu'il est possible, à partir de quelques formes de chapeau bien définies, de procéder à une première classification grossière des champignons. Dans certains cas, cela permet même de déterminer le genre.

Formes de chapeau: 1 Conique (coprin chevelu, *Coprinus comatus*); **2** En entonnoir (chanterelle violette, *Gomphus clavatus*); **3** Bombé (clitocybe nébuleux, *Clitocybe nebularis*); **4** Ondulé, frisé (helvelle crépue, *Helvella crispa*); **5** Aplati ou plan *(Hygrocybe obrussea)*; **6** Mamelonné *(Cortinarius venetus)*; **7** Un peu ombiliqué (clitocybe améthyste, *Laccaria amethystina*); **8** En entonnoir (chanterelle jaunissante, *Cantharellus lutescens*); **9** Ombiliqué (hydne imbriqué, *Sarcodon imbricatus*); **10** Bombé (bolet des bouviers, *Suillus bovinus*); **11** Bombé à aplati (bolet bai, *Xerocomus badius*); **12** Hémisphérique (bolet rude, *Leccinum scabrum*).

Couleur du chapeau

La palette des couleurs du chapeau s'étend du blanc au noir, en passant par le jaune, l'orange, le rouge, le bleu, le vert et le brun. Certains champignons à lames ont même des chapeaux remarquablement colorés. C'est le cas de l'amanite tue-mouches *(Amanita muscaria)* avec ses verrues floconneuses blanches *(voir p. 31 et suivantes)* sur fond rouge *(photo ci-dessous)*.

La strophaire vert-de-gris *(Stropharia aeruginosa)* attire l'œil par sa couleur bleu-vert très rare dans l'univers des champignons. Son chapeau visqueux est couvert de squames blanches à l'état jeune. Bien qu'unique en son genre, la coloration violet vif du clitocybe améthyste *(Laccaria amethystea)* passe rapidement sous les rayons du soleil. Les hygrocybes *(Hygrocybe)* arborent généralement des couleurs criardes qui rappellent celles des feutres « fluo ».

Ce sont, à quelques exceptions près, les seuls champignons qui présentent des teintes aussi vives à la fois au niveau du chapeau, des lames et du pied. Mais leur beauté ne perdure que par temps sec, car les fortes pluies délavent leurs couleurs, qui deviennent alors ternes et insignifiantes. La couleur des chapeaux des russules *(Russula)* varie fortement à l'intérieur d'une même espèce. On les dit de couleur instable.

Le chapeau de *Russula olivacea* peut aller du vert olive au vert, brun ou rouge. Le beau rouge intense de la russule émétique *(Russula emetica)* est remarquable. Certains chapeaux foncent en absorbant de l'eau par temps humide. Dès que le soleil se remet à briller, ils prennent des nuances claires et foncées.

Une partie de l'eau est évaporée par la chaleur de telle sorte que le disque du chapeau pâlit en premier, tandis que de l'eau reste emmagasinée dans le tiers inférieur à proximité de la marge. On le qualifie d'hygrophane. La pholiote changeante *(Pholiota mutabilis)*, qui pousse en touffe et peut être facilement confondue avec la galère marginée *(Galerina marginata)*, est connue pour son chapeau hygrophane. D'autres éléments atmosphériques comme le vent et la pluie, la chaleur et le froid peuvent fortement jouer sur les couleurs. Les teintes souvent vives des jeunes carpophores pâlissent généralement avec l'âge.

Surface et cuticule du chapeau

La surface et la cuticule du chapeau sont souvent caractéristiques d'une espèce. Plusieurs amanites *(Amanita)* conservent des résidus de voile sur leur cuticule *(voir p. 31 et suivantes)* sous forme de mèches ou d'écailles (squames). Chez certains lactaires, et plus particulièrement chez le lactaire délicieux *(Lactarius deliciosus)*, le lactaire à toison *(Lactarius torminosus)* et le lactaire à fossettes *(Lactarius scrobiculatus)*, la cuticule est marquée de zones concentriques (zonée).

Les squames blanches sur fond rouge sont typiques du ravissant chapeau de l'amanite tue-mouches *(Amanita muscaria)*, grossi 4 fois environ.

Toutes les amanites sans anneau présentent une magnifique marge striée. Cette marge est enroulée chez le paxille enroulé *(Paxillus involutus)* et le paxille à pied noir *(Paxillus atromentosus)* jeunes, tandis qu'elle garde la trace nette du voile *(voir p. 31 et suivantes)* chez les spécimens adultes de l'amanite solitaire *(Amanita strobiliformis)*. Le chapeau de la lépiote déguenillée *(Macrolepiota rachodes)* porte des écailles superposées en chevron. La cuticule du gomphide glutineux *(Gomphidius glutinosus)* est recouverte d'une membrane visqueuse transparente qui peut se retirer.

On distingue généralement les différents types de cuticules suivants : sèche, visqueuse (gluante), mate, brillante, tomenteuse (veloutée), lisse (glabre) ou guttulée. Cette cuticule peut se retirer partiellement ou entièrement.

La cuticule des bolets de type *Suillus* est très visqueuse, tandis que celle des bolets de type *Xerocomus* est extrêmement tomenteuse.

Bien que visqueuse, la cuticule des hygrophores *(Hygrophorus)* n'est pas forcément gluante. Par temps humide, la cuticule de plusieurs champignons du genre *Lactarius* est humide et gluante. Les russules *(Russula),* dont il existe de nombreuses espèces, ont une cuticule sèche et légèrement cireuse.

L'amanite phalloïde *(Amanita phalloides)* et une bonne partie des inocybes *(Inocybe)* ont une cuticule à fibrilles radiales généralement sèche. La cuticule des bolets à chair jaune *(Xerocomus chrysenteron),* qui donnent de nombreux carpophores en été, devient tomenteuse et squameuse en cas d'ensoleillement intense. On observe également souvent ce phénomène chez le bolet réticulé *(Boletus reticulatus)*.

Le pied

Forme

Les pieds, comme les chapeaux, peuvent prendre diverses formes et être centrés ou excentrés par rapport au chapeau. Voici les principales formes de pied : obèse, claviforme (en massue), cylindrique, radicant, torsadé, parcouru de sillons longitudinaux, coudé, aminci ou atténué. Les champignons possédant les pieds les plus trapus et les plus gros sont sans aucun doute les bolets de type *Boletus*. En font notamment partie le savoureux cèpe de Bordeaux *(Boletus edulis)* et le vénéneux bolet Satan *(Boletus satanas)*. Les bolets de type *Leccinum* présentent des pieds assez longs, minces ou parfois légèrement obèses, et couverts d'écailles sombres. Les pieds fibrilleux des collybies *(Collybia)* sont souvent torsadés. Celui de la coulemelle *(Macrolepiota procera),* relativement mince par rapport à sa taille élevée, est claviforme à bulbeux. Cela étant, une croissance entravée par une branche ou une pierre peut conduire à des déformations singulières du carpophore tout entier.

Coupe longitudinale

Certains champignons ont une coupe longitudinale caractéristique de leur espèce. Ainsi le pied du bolet bleuissant *(Gyroporus cyanescens, voir photo p. 22, en bas)* et du bolet châtain *(Gyroporus castaneus)* présente-t-il un cloisonnement multiple typique. Certaines espèces de russules *(Russula)* ont elles aussi un pied cloisonné, mais empli d'une substance cotonneuse. Les morilles *(Morchella, voir photo p. 22, en haut),* les giromitres et les helvelles *(Giromitra, Helvella)* ont un chapeau et un pied totalement creux qui expliquent la singularité de leurs formes et leur légèreté exceptionnelle (il faut par exemple compter une centaine d'individus pour

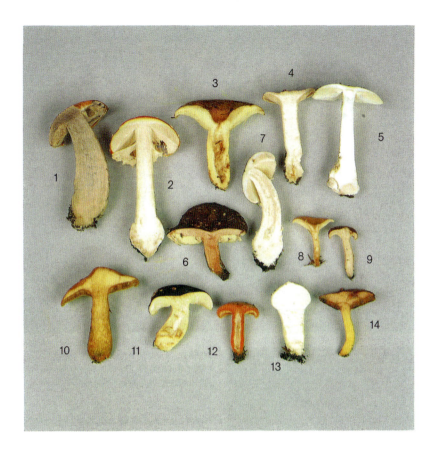

Formes de pied et coupes longitudinales:
1 Chair virant au noirâtre (bolet orangé, *Leccinum aurantiacum*);
2 Blanc, à base bulbeuse (amanite tue-mouches, *Amanita muscaria*); **3** Creux (lactaire à fossettes, *Lactarius scrobiculatus*); **4** Blanc, plein (clitocybe géotrope, *Clitocybe geotropa*); **5** Blanc pur, avec une base bulbeuse (amanite phalloïde, *Amanita phalloides*); **6** Rose saumoné (russule noircissante, *Russula nigricans*); **7** Creux (amanite panthère, *Amanita pantherina*); **8** et **9** Cylindrique, plein (*Lepista inversa*, non décrit; *Lactarius mitissimus,* non décrit); **10** Jaune, base renflée (bolet élégant, *Suillus grevillei*); **11** Légèrement cloisonné *(Russula rhodopus)*; **12** Teinté de rouge orangé par le lait, creux *(Lactarius deterrimus)*; **13** Blanc (vesse-de-loup à pierreries, *Lycoperdon perlatum*);
14 Chair jaune (pied seulement), cylindrique (bolet poivré, *Boletus piperatus*).

faire 1 kilogramme de morilles coniques fraîches). La cuticule mince mais réticulée du chapeau protège le carpophore comme une sorte de squelette extérieur.

En haut: la coupe longitudinale montre nettement que les morilles sont creuses (ici, morille noire, *Morchella esculenta* var. *vulgaris*).

À gauche: le bolet bleuissant *(Gyroporus cyanescens)* est nettement cloisonné et cotonneux.

Couleur et revêtement du pied

Le pied des Bolétacées *(Boletaceae)* arborent les couleurs et les textures les plus intéressantes. Le pied de nombreux bolets de type *Boletus* s'ornent par exemple d'un fin réseau de mailles allongées de couleur contrastée sur fond blanchâtre, jaunâtre ou rougeâtre. Ainsi le pied jaunâtre du bolet blafard *(Boletus luridus)* est-il couvert d'une réticulation rougeâtre et celui du bolet amer *(Tylopilus felleus)* d'un treillis brun et rugueux.

Différents revêtements du pied:
en haut à gauche, orné d'un réseau de grosses veines allongées et foncées (bolet amer, *Tylopilus felleus*);
en haut à droite, réseau fin et allongé (bolet à beau pied, *Boletus calopus*);
en bas à droite, floconneux-squameux avec divers tons de rouge (bolet à chair jaune, *Xerocomus chrysenteron*).

Le cèpe de Bordeaux *(Boletus edulis)* est en revanche revêtu d'un fin réseau de filaments blanchâtres sur fond blanc ou brun clair. Le sommet du pied de certains bolets de type *Suillus* sécrète des gouttes d'eau appelées « guttules ». La collybie à pied velouté *(Flamullina velutipes)* est comestible et fructifie en hiver. Son pied, ainsi que celui du paxille à pied noir *(Paxillus atrotomentosus)*, est couvert de poils fins, noirs et serrés. Ces deux espèces poussent sur le bois mort.

Le pied de nombreuses Amanitacées *(Amanitaceae)* est dit « marbré » ou « chiné », car il rappelle la peau des serpents. Chez les Hygrophoracées *(Hygrophoraceae)*, le sommet du pied semble recouvert d'une poudre blanche. Cette pruine, comme on l'appelle, ne tient pas longtemps et ne s'observe généralement plus chez les spécimens âgés. Les pholiotes *(Pholiota)*, la coulemelle *(Macrolepiota procera)* et plusieurs autres espèces ont des pieds squameux.

Le pied de certains lactaires *(Lactarius)* présente des fossettes en forme de gouttes de teinte plus vive qui lui donnent un aspect moucheté.

Anneau, collerette, cortine

Le pied de certains carpophores porte un anneau que l'on appelle « collerette » lorsqu'il est pendant. Chez les cortinaires *(Cortinarius)*, on parle de cortine *(photo en haut à droite)*. Les différents types d'anneaux résultent du déchirement du voile partiel, sorte d'enveloppe protectrice fabriquée par les jeunes champignons *(voir p. 32)*. Ces anneaux sont le plus souvent formés d'une peau très fine qui disparaît totalement en quelques heures en cas d'intempérie. Ces anneaux ou collerettes sont alors qualifiés de « fugaces ».

On distingue les différentes formes d'anneaux suivants : les anneaux supères descendants, ou collerettes, qui se retirent par le haut ; les anneaux ascendants, doubles, striés ou à marge dentelée. En dehors des coucoumelles, toutes les amanites *(Amanita)* ont un anneau. Certaines amanites sont dotées d'une collerette ornée de stries qui ne sont en fait rien d'autre que l'impression des lamelles sur le voile partiel. La collerette striée de l'amanite épaisse *(Amanita excelsa, voir photo en bas à droite)* se distingue par exemple nettement de celle de l'amanite panthère *(Amanita pantherina)*.

En haut : le pied du cortinaire très élégant *(Cortinarius rubellus)* est ceinturé de résidus de cortine (voile). Ces anneaux sont caractéristiques des cortinaires.

En bas : les stries sur la collerette ne sont rien d'autre que la marque des lames, ici celles de l'amanite épaisse *(Amanita excelsa)*.

Différents pieds : ci-dessus, base engainée dans une volve (coucoumelle orangée, *Amanita fulva*) ; **en haut à droite,** base bulbeuse et volve (amanite phalloïde, *Amanita phalloides*) ; **en bas,** base claviforme à bulbeuse, sans volve (amanite rougissante, *Amanita rubescens*).

Les lépiotes *(Macrolepiota)* possèdent un double anneau qui n'est pas directement relié au pied, et peut donc coulisser vers le haut et le bas. Très rare, la phéolépiote dorée *(Phaelepiota aurea)* porte un anneau ascendant membraneux et en forme d'entonnoir.

Le plus connu des bolets de type *Suillus* est le bolet jaune *(Suillus luteus).* Son anneau membraneux blanchâtre à violet est extrêmement fugace. La tendre collerette caractéristique des psalliotes *(Agaricus)* est rarement intacte chez les spécimens adultes.

Base du pied

La base du pied des champignons peut également avoir plusieurs formes. Il existe des bases radicantes, atténuées ou amincies, arrondies, bulbeuses et fibreuses (enveloppées dans des filaments de mycélium). De nombreuses collybies, comme *Collybia peronata,* présentent à la base un pied couvert de filaments blanchâtres à jaunâtres. La base du champignon très courant et généralement solitaire qu'est la collybie radicante *(Xerula radicata)* s'enfonce profondément dans le sol comme une racine pivotante. Celle de certains cortinaires (*Cortinarius* sous-genre *Phlegmacium*) est claviforme à bulbeuse. Le représentant le plus connu en est le cortinaire de Berkeley *(Cortinarius [Phlegmacium] praestans)*.

Certains jeunes champignons sont recouverts d'un voile général *(voir p. 31 et suivantes)* dont la base renflée ou bulbeuse du pied conserve par la suite des vestiges nettement identifiables : la volve. On en distingue plusieurs types : membraneuse (en lambeaux), engainante (tuniquée), pustuleuse (cerclée de verrues), circoncise (à arête marginée) et napiforme. La base des amanites *(Amanita)* a une configuration particulière. Cette particularité est un critère d'identification important qui permet souvent de distinguer les espèces comestibles des espèces vénéneuses. L'amanite panthère *(Amanita pantherina),* toxique, est reconnaissable à sa base engainée et ceinturée d'un anneau bien net. La base de l'amanite tue-mouches *(Amanita muscaria)* est bulbeuse et cerclée de verrucosités, celle de l'amanite rougeâtre *(Amanita rubescens),* comestible, nettement claviforme à bulbeuse et non cerclée de verrues.

Les spores

Les spores, organes essentiels de la reproduction des champignons, se forment sur l'hyménium. Elles mesurent de 2 à 20 millièmes de millimètre (microns) de diamètre. Leur taille et leur forme varient fortement avec l'espèce, quoique ces différences ne soient pas visibles à l'œil nu.

Cependant, comme le carpophore en produit des millions, voire parfois des milliards, il est possible de déterminer leur couleur par la sporée qu'elles constituent *(voir tableau à droite).* On pose pour cela le chapeau du champignon, hyménium vers le bas, sur une feuille de papier blanc et on laisse reposer le tout sous un verre retourné, à l'abri des courants d'air.

L'impression de la structure des lames et la couleur de la sporée sont aisément reconnaissables sur ce test (ici, une coulemelle, *Macrolepiota procera*).

Après quelque temps, ou mieux une nuit, la couleur de la sporée est nettement visible. Ce dispositif permet en outre d'obtenir une « impression » de la structure des lamelles ou des tubes *(photo ci-dessus).* Chez les carpophores en touffe (cespiteux), les spores tombent à l'intérieur des chapeaux en coupe. On peut alors déterminer directement la couleur de la sporée ainsi déposée.

Couleur de la sporée	Groupe de champignons	
	Nom français	Nom latin
Blanche	Amanites Hygrocybes Tricholomes Tricholomes Hygrophores Mycènes	*Amanita* *Hygrocybe* *Tricholoma* *Lyophyllum* *Hygrophorus* *Mycena*
Blanche à crème	Grandes Lépiotes Lépiotes Collybies Clitocybes Armillaires	*Macrolepiota* *Lepiota* *Collybia* *Clitocybe* *Armillaria*
Blanche, crème à jaune d'œuf	Russules Lactaires	*Russula* *Lactarius*
Rose à rose brunâtre	Entolomes Plutées	*Entoloma* *Pluteus*
Brun clair à brun verdâtre	Bolets	*Boletaceae*
Brun rouille	Cortinaires Bolbities Paxilles Pholiotes	*Cortinarius* *Bolbitius* *Paxillus* *Pholiota*
Violette, violacée, brun foncé à noire	Agarics Coprins Strophaires Gomphides	*Agaricus* *Coprinus* *Stropharia* *Gomphidiaceae*

Différents groupes de champignons classés par couleur de sporée.

La chair

Structure

La chair de la plupart des carpophores est fibreuse. Le pied ne peut en général être coupé en deux qu'au moyen d'un couteau et ne donne pas de cassure nette. La chair des russules *(Russula)* et des lactaires *(Lactarius)* est en revanche grenue et cassante comme celle d'une pomme mûre. Cette texture est due à une accumulation de cellules globuleuses entre les hyphes grêles. Les tiges de ces champignons se cassent facilement en deux dans tous les sens. À quelques exceptions près, la chair des espèces terricoles est plutôt molle, tandis que celle des polypores *(Polyporaceae)*, espèces lignicoles, est très molle chez les jeunes champignons, mais dure et subéreuse chez les spécimens matures.

Différentes colorations

Il est souvent possible d'observer un changement de couleur de la chair à la cassure ou au toucher. On ne connaît pas encore exactement le phénomène qui commande ce changement, si ce

La chair du bolet pulvérulent *(Boletus pulverulentus)* vire rapidement au bleu-noir.

n'est qu'il s'agit forcément d'une réaction chimique avec l'oxygène.

La coloration en bleu de divers bolets *(Boletaceae)* est un phénomène impressionnant. Les pores et le revêtement du pied se colorent dès qu'on les touche. Cette coloration, qui apparaît en quelques secondes à peine quand on tranche le champignon, est aisément visible à l'œil nu.

Le bolet pulvérulent *(Boletus pulverulentus, photo ci-dessus)* se colore de bleu foncé, tandis que les espèces suivantes se teintent de bleu vif: le bolet blafard *(Boletus luridus)*, le bolet à pied rouge *(Boletus erythropus)* et le bolet bai *(Xerocomus badius)*. Quant au bolet à chair jaune *(Xerocomus chrysenteron)*, à *Xerocomus rubellus*, au bolet à beau pied *(Boletus calopus)*, à *Boletus radicans* et au bolet Satan *(Boletus satanas)*, ils virent au bleu pâle.

Le bolet de Fechtner *(Boletus fechtneri, photo en haut à droite)* est un champignon rare dont la chair se colore magnifiquement. Une coupe longitudinale montre un chapeau bleu ciel et une base rosée. La base du cèpe orangé *(Leccinum aurantiacum)* vire au verdâtre et le reste de la chair au noirâtre. Les pores du bolet élégant *(Suillus grevillei)* deviennent brunâtres au toucher. Le plus surprenant est que la chair et les tubes des bolets de type *Boletus* ne changent pas de teinte. Le changement de coloration est donc une caractéristique très importante pour l'identification des bolets.

Mais on peut aussi observer des changements de teintes dans d'autres familles

Un chapeau bleu ciel et une base rose : *Boletus fechtneri* en coupe longitudinale.

de champignons. L'hygrophore conique *(Hygrocybe conica)*, par exemple, vire du rouge orangé au noir avec l'âge. Chez les psalliotes, on distingue les espèces jaunissantes et les espèces rougissantes. La chair de la lépiote déguenillée *(Macrolepiota rachodes)* se colore en rouge safran à la cassure ou au toucher.

Lait, ou latex

Les espèces lactescentes constituent une autre catégorie intéressante de champignons. Comme leur nom l'indique, tous les lactaires *(Lactarius)* en font partie. De petits réservoirs (les hyphes laticifères) contenus principalement dans la chair de leur chapeau

Le lait du lactaire à fossettes *(Lactarius scrobiculatus)*, toxique, est jaune soufre.

s'écoule un liquide opaque qui rappelle le lait. Le lait, ou latex, de la plupart des champignons de ce genre est blanc et se colore souvent en brunâtre, jaunâtre ou verdâtre en séchant. Il peut être doux, irritant, piquant ou brûlant. Le lactaire à fossettes (*Lactarius scrobiculatus, photo en bas à droite*) est vénéneux et sécrète un lait jaune soufre. Le latex de *Lactarius repraesentaneus* est violet. Les diffé-

Lactarius salmonicolor fait partie des lactaires à lait rougissant.

rentes espèces de lactaires à lait rouge sont très difficiles à identifier. Seules les couleurs du lait frais et moins frais fournissent une indication. Le lait frais du lactaire délicieux (*Lactarius deliciosus*) est orange vif. Celui de *Lactarius salmonicolor* et de *Lactarius deterrimus* est également rouge orangé, mais devient rouge bordeaux à brun orangé en séchant. Le lait qui s'écoule du lactaire sanguin (*Lactarius sanguifluus*) est rouge bordeaux, tandis que celui de *Lactarius semisanguifluus* ne se colore en rouge bordeaux qu'après trois à dix minutes.

Il existe également des espèces lactescentes parmi les mycènes. C'est le cas de *Mycena crocata* à lait jaune, de *Mycena sanguinolenta* et de *Mycena haematopoda* à lait rouge et du mycène à pied laiteux (*Mycena galopus*), blanc.

Odeur

L'odeur de la chair est un autre critère capital pour l'identification des champignons. Elle peut être très prononcée chez certaines espèces. Le satyre puant (*Phallus impudicus*) adulte exhale par exemple une odeur d'anguille si forte qu'elle se repère à une distance même éloignée. Le tricholome à odeur désagréable (*Tricholoma inamoenum*) et le tricholome à odeur de savon (*Tricholoma saponaceum*) ont tous deux une odeur caractéristique très tenace. Mieux vaut prendre quelques précautions avant de sentir un tricholome soufré (*Tricholoma sulphureum*), car il dégage une odeur piquante de gaz de ville. Un agréable parfum d'anis et qui se propage à plusieurs mètres lorsque le vent souffle dans la bonne direction est celui du lentin en colimaçon (*Lentinellus cochleatus*). Il pousse sur les arbres et sert, en petite quantité, de condiment pour relever les plats de champignons plus doux. Les psalliotes des jachères et des bois (*Agaricus arvensis* et *A. silvicola*) exhalent ce même parfum, mais en moins fort. L'hygrophore à odeur agréable (*Hygrophorus agathosmus*) sent la pâte d'amandes. Quant à *Lactarius glyciosmus* son odeur évoque les îles des mers du Sud, car son lait sent la noix de coco. La russule de Quélet (*Lactarius queletii*) sent la groseille à maquereau, mais possède un goût très piquant.

Goût

Si on goûtait autrefois sans aucune précaution la chair des russules (*Russula*), des lactaires (*Lactarius*), des bolets (*Boletaceae*) et d'autres champignons, la prudence est aujourd'hui de rigueur, car l'on sait depuis quelques années qu'il existe un faible risque d'ingérer des œufs d'*Echinocochus multilocularis*, un ver parasite du renard, dangereux pour l'homme. Il vaut donc mieux limiter au

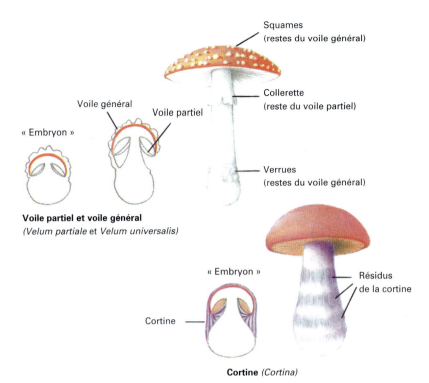

Voiles de protection des jeunes champignons: les restes sont bien visibles chez les spécimens adultes.

En haut: développement des voiles partiel et général chez l'amanite tue-mouches (*Amanita muscaria*).

En bas: développement de la cortine chez le cortinaire de Berkeley (*Cortinarius praestans*).

maximum les tests gustatifs, et même y renoncer totalement dans les régions infestées. Ne goûtez que les carpophores parfaitement propres et indemnes. Certains lactaires et russules ont une chair au goût poivré très piquant dont la brûlure subsiste longtemps dans la bouche. Il est donc préférable de ne goûter le lait ou les lamelles qu'avec la pointe de la langue avant de se décider à mastiquer un petit morceau de chair. Il ne faut jamais l'avaler, mais toujours le recracher entièrement après quelques secondes, car l'ingestion d'un morceau même minuscule de champignon vénéneux peut être très dangereuse pour la santé. Et il ne faut, bien sûr, en aucun cas goûter de champignon mortel.

Les vestiges du voile général sont nettement reconnaissables dans la volve qui engaine la base du pied (ici, *Amanita fulva*).

Les voiles

Pour protéger leur hyménium immature des particules de terre, des insectes et des escargots, les très jeunes champignons à basides *(Basidiomycetes)* fabriquent souvent des voiles appelés « velums » dans le langage scientifique. Il existe deux types de voiles :

Voile général ou universel

Un mince voile membraneux *(Velum universalis)* enveloppe totalement le jeune carpophore, mais se rompt par la suite avec le développement du champignon. Il en reste souvent des traces sur la cuticule, sous forme de squames ou de verrues plates, arrondies ou plus rarement pyramidales. Ces résidus disparaissent la plupart du temps après une averse, laissant la cuticule glabre. Les résidus de voile sont en général blanchâtres ou grisâtres, plus rarement jaunâtres. Chez l'amanite tue-mouches *(Amanita muscaria)* des verrues floconneuses blanches en relief contrastent avec la couleur rouge vif de la cuticule. Mais des vestiges du voile général subsistent aussi nettement à la base du pied, qui fournit ainsi une indication précieuse pour l'identification de certains champignons. Toutes les amanites jeunes *(Amanita)* sont entourées d'un voile général. Tant que ce voile reste intact, il est difficile de les distinguer les unes des autres, mais très facile de les confondre avec les bovistes *(Bovista)*.

Voile partiel ou hyménial

Le voile partiel *(Velum partiale)* relie la marge du chapeau au centre du pied. L'anneau sur le pied et les lambeaux qui pendent à la marge du chapeau sont des résidus très nets de ce voile. Chez certains champignons, on observe des stries sur la collerette. Elles proviennent de la pression des jeunes lamelles sur le voile partiel et constituent donc une sorte d'impression en négatif. Chez l'amanite rougeâtre *(Amanita rubescens)*, par exemple, le motif des lamelles se détache nettement sur la collerette. La plupart des amanites *(Amanita)*, en dehors des coucoumelles, présentent un voile partiel en plus du voile général.

La cortine n'est pas membraneuse, mais fibreuse. Il s'agit en général d'une forme particulière de voile partiel, plus rarement de voile universel, que l'on rencontre principalement dans la grande famille des cortinaires *(Cortinariaceae)*. Ce voile arachnéen est tendu entre la marge du chapeau et le pied des jeunes carpophores. La couleur du voile varie du blanc au brunâtre en passant par le bleuté, l'orange, le jaunâtre et le verdâtre.

Ci-dessus: le voile partiel relie la marge du chapeau au pied et protège les jeunes lames (ici, *Agrocybe praecox*).

Ci-contre: la cortine est un voile fin semblable à une toile d'araignée (ici, le cortinaire de Berkeley, *Cortinarius praestans*).

Lorsque le champignon grandit, le voile se déchire en laissant des résidus qui encerclent souvent très nettement le pied. Ces anneaux sont fréquemment teintés de brun rouille par les spores. Le cortinaire de Berkeley, ou cortinaire remarquable *(Cortinarius praestans, photo de gauche en bas),* est le plus grand des cortinaires. Il a une cortine blanc bleuté, est comestible, mais mérite d'être préservé.

La cueillette des champignons

Chaque année, pendant une courte période, il nous est donné de contempler le monde fantastique des champignons et de nous émerveiller de leur formes et de leurs couleurs infinies. Bon nombre d'espèces sont très recherchées pour leur chair délicatement parfumée, et leur cueillette reste un passe-temps très prisé.

L'ennui, c'est que les intoxications et même les empoisonnements avec des champignons vénéneux et mortels sont des accidents courants, le plus souvent dus à l'ignorance et à l'imprudence. Alors, gare: la plus petite faute d'inattention au moment de l'identification est à même d'avoir de graves conséquences. Les intoxications dues aux champignons les plus vénéneux peuvent causer des dommages irréparables à l'organisme, et même provoquer la mort. Les débutants devraient acquérir les notions élémentaires de mycologie en participant à des cours ou en étudiant à fond un guide sur les champignons avant de se mettre à consommer le fruit de leur cueillette.

L'exploitation croissante de l'environnement a conduit à une forte dégradation des forêts, de leur faune et de leur flore. Les conditions de vie de nombreux champignons se sont détériorées, et bien des espèces se sont raréfiées ou ont complètement disparu. Or certaines plantes ont un besoin vital des champignons avec lesquels elles vivent en symbiose. Les carpophores contribuent largement, en produisant des spores, à la sauvegarde des espèces.

C'est pourquoi il est du devoir des ramasseurs de champignons d'entraver le moins possible l'équilibre naturel et d'observer les règles de comportement correspondantes. Pour éviter que quelques rares personnes irresponsables pillent littéralement la réserve de champignons comestibles, certains pays comme la Suisse et l'Autriche (en partie) ont émis des quotas de poids et fixé des périodes limitées de cueillette autorisée. Dans les parcs naturels, elle est totalement prohibée. Alors, avant de partir ramasser des champignons, n'oubliez pas de vous informer sur la réglementation locale.

Conseils de cueillette

Comme récipient utilisez exclusivement un panier ou une corbeille en paille, en osier ou dans d'autres matériaux similaires et perméables à l'air. Les sachets en papier ne conviennent pas et ceux en plastique peuvent même être dangereux. Les carpophores juste cueillis sont en effet des organismes vivants qui poursuivent les échanges avec leur environnement et souffrent de l'atmosphère confinée, chaude et humide qui s'installe rapidement dans un sac en plastique imperméable. Ils y sont en outre comprimés, ce qui accélère fortement le processus de décomposition de leurs tissus. La consommation de tels champignons peut conduire à des intoxications alimentaires graves. N'utilisez donc en aucun cas de sacs en plastique!

Ce n'est pas la peine de vous mettre en quête de champignons les jours de pluie. On ne tombe généralement que sur des spécimens âgés et complètement détrempés. Vous y prendrez en revanche beaucoup de plaisir quelques jours plus tard, lorsque les rayons du soleil auront un peu séché le sol. Les conditions nécessaires à une croissance «luxuriante» des champignons sont alors réunies, et vous découvrirez sans doute de nombreux carpophores tout frais.

Ne cueillez que les champignons que vous connaissez et que vous êtes capable d'identifier à coup sûr. Laissez les champignons non comestibles et vénéneux à leur place et ne les détruisez pas exprès. Laissez également à leur place les espèces rares et à préserver et contentez-vous de les admirer.

Quand vous trouvez des champignons comestibles, déterrez-les délicatement en faisant pivoter leur pied. Pour éviter que le mycélium, généralement visible, ne se dessèche, recouvrez le trou de feuillages ou de terre. L'idée largement répandue selon laquelle les champignons doivent être coupés à l'aide d'un couteau pour ne pas abîmer le mycélium n'est pas fondée. De plus, le fait de déterrer la base du pied permet de mettre au jour des caractéristiques importantes pour leur identification.

Pour les spécimens âgés, entaillez légèrement le chapeau à l'aide d'un couteau pour vérifier qu'ils sont encore bons à manger avant de les cueillir. S'ils sont spongieux ou envahis par les vers, ne les ramassez pas.

Ne cueillez pas non plus les jeunes spécimens, qui ne présentent pas encore les spécificités essentielles pour l'identification ou chez qui elles ne sont pas encore bien marquées et restent donc incertaines. Si vous respectez ces quelques règles, vous ne dégraderez quasiment pas la flore mycologique.

À l'aide d'un couteau, débarrassez sur place vos champignons de la terre, des aiguilles, du feuillage et des escargots qui sont collés dessus. Vous pouvez aussi retirer immédiatement la cuticule gélatineuse. Mais veillez toujours à ne pas détériorer certaines parties distinctives comme une base bulbeuse ou radicante, ou un anneau coulissant ou membraneux. Elles peuvent en effet se révéler cruciales pour la détermination ultérieure d'un champignon.

Un panier en osier est parfait pour recevoir les champignons.

Les champignons vecteurs de maladies

Ver parasite du renard

Le ver parasite du renard *(Echinococcus multilocularis)* fait de plus en plus parler de lui dans les journaux ces dernières années. Dans certaines régions, plus de 50 % des renards sont infestés par cette sorte de ver solitaire. De plus, les chiens et les chats peuvent eux aussi le contracter en mangeant des mulots, des souris et d'autres petits rongeurs qui abritent parfois des milliers de larves. Des vers de 3 mm de long se développent ensuite dans l'intestin de l'hôte et pondent des œufs qui se propagent dans la nature par l'intermédiaire des excréments. Ces œufs ne sont pas visibles à l'œil nu, car leur diamètre n'est que de 1/30e de millimètre environ. Les petits rongeurs ingèrent les œufs avec leur nourriture et servent d'hôtes intermédiaires. Un nid de larves se développe alors comme une tumeur dans leur foie, les affaiblissant tellement qu'ils deviennent une proie toute trouvée pour les renards. Mais l'homme peut également être porteur de ce ver s'il en ingère les œufs. Le contracte-t-il en mangeant des champignons et des baies sauvages infestés ou d'une autre manière? On ne le sait pas encore très bien. La maladie qui découle du développement d'une boule tumorale de larves dans le foie peut être mortelle chez les personnes non traitées. Les symptômes, comme la jaunisse, ne se manifestent souvent que 10 à 15 ans après, à un stade tardif et souvent inopérable de la maladie. Cela dit, le risque d'infestation est très mince pour l'individu. L'homme n'est qu'un hôte de remplacement et les larves n'ont que rarement l'occasion de s'y développer. Il est néanmoins conseillé, surtout dans les régions infestées, de prendre les précautions suivantes:

- Lavez-vous soigneusement les mains après chaque promenade;
- Ne mangez jamais de champignons crus, ni de baies (framboises ou mûres) proches du sol. Évitez de ramasser les champignons qui se consomment crus comme *Tremiscus helvelloides* et la trémelle gélatineuse *(Pseudohydnum gelatinosum)*;
- Il suffit de 1 minute de cuisson à 60 °C pour détruire les œufs; il n'y a donc plus aucun risque de contamination avec les champignons cuisinés;
- La congélation à –18 °C dans les congélateurs ordinaires ne suffit pas pour détruire les œufs de ce ver, puisqu'ils ne meurent qu'à –80 °C.

Rage

Comme pour la maladie précédente, le renard joue un rôle important dans la propagation de la rage. Le virus se transmet des animaux contaminés à l'homme par l'intermédiaire de morsures ou de bave entrant au contact de plaies ouvertes ou d'égratignures. La contamination par voie buccale est quasiment impossible. De plus, le virus de la rage n'est pas résistant à la chaleur. Il n'y a donc aucun risque de contamination quand on consomme des champignons cuisinés.

Tiques

Bien que n'ayant *a priori* rien à voir avec les champignons, ce problème se pose régulièrement pour les ramasseurs de champignons qui se promènent beaucoup dans la forêt. Et comme les tiques sont les vecteurs de nombreuses maladies, une piqûre peut représenter des risques importants pour la santé puisqu'elle permet à des agents pathogènes de s'introduire dans le système sanguin humain. Ainsi la tique commune *(Ixodes ricinus)* est-elle connue depuis quelques années en Europe pour être le principal vecteur des trois maladies suivantes:
- Méningite
- Maladie de Lyme
- Borréliose

La première conduit fréquemment à des encéphalites et à des paralysies irréversibles et peut être mortelle dans 1 % des cas. Pour se protéger de cette maladie, il existe un vaccin inoculable en 3 fois et qui reste valable 3 ans. Chez les personnes non vaccinées, il est possible de procéder à une immunisation passive jusqu'à 4 jours après la piqûre. Les tiques porteuses de la maladie sont heureusement très localisées, et la contamination n'est possible que dans des régions bien précises.

La deuxième, très répandue, est provoquée par des bactéries et peut provoquer des paralysies, des méningites, des rhumatismes, des maladies dermatologiques et des troubles cardiaques.

La troisième occasionne, entre autres, des fièvres récurrentes et des méningites. Si vous observez une rougeur sur la peau à l'endroit de la piqûre d'une tique, allez immédiatement consulter un médecin. Celui-ci ne pourra vous guérir en vous prescrivant des antibiotiques qu'à un stade précoce de la maladie.

Comment retirer des tiques

Attention, toutes les recommandations autrefois répandues sur la meilleure façon de retirer les tiques sont entre-temps caduques ! Elles ne doivent en effet être retirées que par effet mécanique, sans adjonction d'huile, d'alcool, de dissolvant ou autres. Il n'est pas plus indiqué de faire pivoter les tiques dans la peau dans le sens contraire des aiguilles d'une montre, car la tête s'arrache alors facilement. Comme les risques d'infection augmentent avec la durée de la succion, mieux vaut retirer la tique le plus tôt possible. Il existe à cet effet une pince spéciale vendue en pharmacie et très pratique. Elle permet de saisir le rostre orné de crochets et de petites dents directement au-dessus de la peau et de le tirer de la piqûre vers le haut et l'arrière en même temps. Il est très important de ne pas écraser ni abîmer le corps de la tique, afin que les agents pathogènes ne pénètrent pas dans la plaie.

Prévention

On trouve des tiques en Europe jusqu'à une altitude de 1 000 m, et on peut donc être tranquille dans les régions montagneuses. Elles sont actives du printemps à l'automne et affectionnent plus particulièrement les temps doux et humides (taux hygrométrique de plus de 80 %). Elles ne piquent quasiment pas en été, par temps chaud et sec, mais sont en revanche très agressives en fin de matinée et en début de soirée. Leurs lieux de prédilection sont les sous-bois, les herbes, l'orée des bois, les fougères et les buissons. Elles se tiennent généralement au revers des feuilles en attendant de se laisser tomber sur le premier hôte qui passe.

Les tee-shirts et les shorts n'offrent aucune protection contre les tiques. Mieux vaut opter pour des vêtements serrés, une veste, un pantalon long, de bonnes chaussures et un chapeau. De retour à la maison après une promenade en forêt, inspectez toujours soigneusement vos vêtements.

Modes de vie

L'éphémère carpophore est la seule partie visible du champignon, qui se compose en fait principalement d'un immense réseau souterrain (mycélium) de filaments (hyphes). C'est grâce à ce mycélium cotonneux et fortement ramifié que le champignon se procure les substances nutritives dont il a besoin. Contrairement aux autres plantes, les champignons ne possèdent pas de chlorophylle et ne sont donc pas capables d'utiliser l'énergie solaire pour fabriquer de la matière organique. Ils doivent la prélever dans leur environnement sur les organismes végétaux ou animaux vivants ou morts. On distingue ainsi trois types différents de champignons en fonction de leur mode de vie.

Champignons mycorhiziques

Certains champignons vivent en symbiose étroite avec les racines des végétaux supérieurs selon un phénomène que l'on appelle « mycorhize ». Il s'agit d'un réseau dense de filaments que tisse le champignon autour des poils radiculaires des plantes afin de pénétrer dans la couche superficielle de leurs racines. Cette symbiose est bénéfique aux deux organismes, car elle repose sur un échange équilibré de matière. Les plantes à chlorophylle procurent aux champignons la matière organique dont ils ont besoin et qu'ils ne savent pas fabriquer, tandis que les champignons étendent, grâce à la mycorhize, la surface d'absorption du système radiculaire des plantes et facilitent de cette façon leur approvisionnement en minéraux et en eau. La plante est en outre protégée des attaques d'insectes ravageurs. On distingue deux types de mycorhizes :

– Les « mycorhizes ectotrophes » sont celles que forment les champignons à basides *(Basidiomycetes)* ou, plus rarement, les champignons à asques *(Ascomycetes)* autour des racines de la plupart des arbres de nos forêts. Bon nombre de champignons des bois sont mycorhiziques (on dit encore « symbiotes ») et, parmi eux, de nombreux champignons comestibles. On estime par exemple qu'un total de plus de 1 000 espèces différentes du groupe des bolets et des agaricales se sont spécialisées dans ce type d'association. Dans cette forme de mycorhize, les hyphes du champignon enveloppent les racines de la plante et pénètrent jusque dans leurs couches superficielles, mais en se développant uniquement dans les interstices intercellulaires. Les arbres qui poussent dans un terrain défavorable souffrent de l'absence de leurs champignons symbiotes et peuvent voir leur croissance fortement entravée. Les champignons ne poussent souvent que sous certains arbres. C'est

Un symbiote fréquent des pins : le bolet à chair jaune *(Xerocomus chrysenteron)*.

par exemple le cas du bolet élégant *(Suillus grevillei)*, de *Suillus tridentinus* et de *Suillus aeruginascens*, qui ne fructifient que sous les mélèzes. Le lactaire à toison *(Lactarius torminosus)* pousse exclusivement sous les bouleaux. *Lactarius pyrogalus*, à la couleur brunâtre insignifiante, a une nette préférence pour les noisetiers, alors que le paxille enroulé *(Paxillus involutus)* se rencontre sous différents arbres. La connaissance de ces affinités est très utile à tous les amoureux de la nature, et plus particulièrement aux ramasseurs de champignons. Nous avons donc consacré une partie de ce livre aux principaux arbres des forêts et à leurs champignons symbiotes ;

– Dans le cas des « mycorhizes endotrophes », l'enveloppe d'hyphes qui entoure normalement la racine n'existe pas. Les hyphes pénètrent plus profondément dans la racine et se développent à l'intérieur des cellules. Ce type de mycorhizes se rencontre chez les herbes, les plantes vivaces, les sous-arbrisseaux et, plus rarement, les arbres. Presque toutes les orchidées sont soumises à ce type d'association et la germination de leurs graines très fines est totalement dépendante de la présence d'un champignon mycorhizique. Or, très peu de ces champignons sont connus à ce jour, car il s'agit pour la plupart d'espèces inférieures qui ne forment pas de carpophores.

Arbres et champignons vivent donc dans une étroite interdépendance. Si la forêt meurt, les champignons sont touchés, et inversement. Une multitude d'agents, qui attaquent l'écosystème « forêt » de diverses manières, sont responsables de sa mort. Les différents gaz polluants de l'air comptent parmi les plus nocifs, car ils endommagent les feuilles et les aiguilles des arbres. Il en résulte une diminution de la production de glucides, qui peut à son tour entraîner d'autres dommages comme des perturbations dans la formation de mycorhizes. L'augmentation du taux d'azote dans l'écosystème « forêt » a aussi des conséquences néfastes sur la formation de mycorhizes, ce qui affecte l'approvisionnement en eau et en minéraux des arbres et les affaiblit davantage. Ils se défendent alors moins bien contre les attaques des différents ravageurs, et notamment des champignons parasites.

Les champignons peuvent vivre en symbiose avec d'autres organismes comme les algues, par exemple. Dans cette association particulièrement étroite, les deux organismes forment un organisme double, mais qui paraît unique vu de l'extérieur et que l'on désigne sous le terme de « lichen ».

Il existe également toutes sortes d'associations symbiotiques de champignons et d'animaux. Ainsi les champignons présents dans le système digestif des insectes xylophages leur permettent-ils de digérer la nourriture qu'ils prélèvent sur leur hôte. Dans leurs cités souterraines, les fourmis défoliantes des régions tropicales cultivent certains champignons sur un substrat de morceaux de feuilles mâchées. Les extrémités renflées et riches en éléments nutritifs des hyphes de ces champignons leur servent de nourriture.

Champignons saprophytes

Les champignons saprophytes tirent leur nourriture des résidus de plantes ou d'animaux morts. S'ils n'existaient pas, la forêt mourrait étouffée par ses propres déchets. Toutes les substances organiques mortes sont constamment décomposées en produits de base non organiques par les champignons et les bactéries saprophytes avant d'être réintroduites dans le cycle de la nature. Seuls les carpophores témoignent, pendant la brève période où ils sont visibles, de ce fantastique phénomène.

Un spécialiste du recyclage en forêt:
le polypore versicolor *(Trametes versicolor)*.

Le mycélium des champignons saprophytes terrestres ou terricoles décompose les feuilles, les aiguilles, les cônes et les autres substances organiques qui couvrent le sol des forêts. Un de leurs représentants typiques est la collybie des cônes *(Strobilurus esculentus)* dont les petits carpophores sortent au printemps, parmi les premiers de l'année, des cônes de sapin décomposés.

La coulemelle *(Macrolepiota procera)* produit des carpophores plus gros qui prospèrent surtout sur les sols calcaires et jonchés de feuilles, alors que la lépiote déguenillée *(Macrolepiota rachodes)* pousse sur des lits d'aiguilles à l'abri des conifères.

Les principaux champignons saprophytes vivant sur le bois (lignicoles) sont les polypores *(Polyporaceae)*. Ils envahissent de leur mycélium des branches ou des rameaux morts entiers et produisent des carpophores à chair dure qui vivent souvent plusieurs années. Mais les pleurotes et quelques espèces d'agaricales prospèrent également sur ces substrats massifs. Les espèces lignicoles fructifient à la fin de l'automne, en hiver et jusqu'au printemps. Elles donnent même de nombreux carpophores lorsque l'hiver est clément. L'une de ces espèces hivernales typiques est la collybie à pied velouté *(Flammulina velutipes),* comestible. C'est l'un des rares champignons à lames et à pied central à supporter le gel. Dès que la température descend en dessous de 0 °C, il cesse de produire des carpophores et se met au repos. Dès qu'elle remonte, il reprend sa croissance. Bon nombre de ces champignons saprophytes ne poussent que sur certaines essences de bois. Mais il est possible de rencontrer des carpophores de plusieurs espèces différentes sur la même branche. Les champignons saprophytes lignicoles sont eux aussi capables de décomposer leur substrat pourtant dur et de le réintroduire dans le cycle de la nature.

Enfin, les champignons coprophiles ou fimicoles se sont spécialisés dans la décomposition des excréments d'animaux herbivores ou même carnivores. La fragile bolbitie couleur de jaune d'œuf *(Bolbitius vitellinus),* les panéoles *(Panaeolus)* et certains conocybes *(Conocybe)* et strophaires *(Stropharia)* sont quelques exemples de champignons fimicoles.

Champignons parasites

Les champignons parasites tirent leur nourriture d'un hôte vivant, et souvent directement à ses dépens. La majorité des champignons parasites sont spécialisés dans le bois et s'attaquent surtout aux arbres vieux, malades ou blessés. Ils pénètrent dans la plante par des blessures de l'écorce et détruisent la cellulose ou la lignine. Lorsqu'ils s'attaquent à la cellulose, on parle de pourriture brune, et la lignine n'est pas touchée. La pourriture blanche est provoquée par la destruction de la lignine. Le bois

L'œuvre d'un champignon parasite:
la pourriture des épicéas causée
par *Heterobasidion annosum*.

décomposé prend alors une couleur blanchâtre. Il est impossible de distinguer nettement les champignons parasites et saprophytes. Bien des parasites se comportent comme des saprophytes dans une deuxième phase, après la mort de leur hôte. C'est le cas de l'armillaire couleur de miel *(Armillaria mellea)*, qui parasite surtout les conifères. Mais il existe aussi des champignons parasites des animaux et des hommes.

Des champignons et des arbres

Les racines de nombreuses plantes supérieures vivent en étroite symbiose avec certains champignons dits « mycorhiziques » pour une vie en commun qui profite à la fois aux deux partenaires. Le mycélium des champignons augmente la capacité d'absorption d'eau et de minéraux des plantes, tandis que ces dernières leur fournissent les substances organiques nécessaires à leur croissance *(voir p. 38 et suivantes)*. Presque tous les arbres de nos forêts connaissent ce type d'association symbiotique. Les champignons mycorhiziques comprennent de nombreuses espèces comestibles connues et sont souvent spécialisés dans certaines espèces d'arbres. Il en va d'ailleurs de même des champignons saprophytes qui envahissent et décomposent le bois mort pour s'en nourrir et sont généralement eux aussi spécialisés dans des essences de bois différentes. Le mycologue et le mycophage amateurs tireront donc un grand intérêt de la connaissance des relations qui lient les arbres et les champignons. C'est pourquoi nous avons voulu inclure dans les pages suivantes les principales espèces d'arbres et les champignons qui leur sont associés.

Russula violeipes, champignon mycorhizique des feuillus et des conifères, a une préférence pour les hêtres, les chênes et les pins.

Épicéa, ou sapin rouge
(Picea abies)

L'épicéa peut mesurer jusqu'à 50 m de haut. Il a une cime régulière, pointue et conique. Contrairement au sapin, ses branches sont verticillées et légèrement retombantes. Les cônes, bruns, de 10-15 cm de long, pendent des branches les plus élevées. En automne, à maturité des graines, les cônes tombent tout entiers sur le sol. Les aiguilles vertes et raides poussent sur le dessus et le côté des rameaux, très peu sur le dessous. Le tronc est droit et couvert d'une écorce brun-rouge. Comme son système radiculaire se développe exclusivement à plat, l'épicéa ne peut pousser que dans les terrains recevant une quantité suffisante d'eau. Il forme en Europe des sortes de réserves naturelles fermées, dans les montagnes moyennes et dans les Alpes, à des altitudes comprises entre 800 et 2 000 m. En dehors de son habitat naturel, l'épicéa pousse dans certaines régions où il est exploité pour son bois depuis le siècle dernier. Mais cela ne va pas sans poser des problèmes croissants depuis quelques dizaines d'années, car, comme il n'est pas dans son lieu d'origine naturel et qu'il s'agit généralement de monoculture, il se défend moins bien contre les maladies et les ravageurs.

Son bois peut servir à fabriquer du papier ou des matériaux de construction. Ces dernières années, les réserves d'épicéa n'ont cessé d'enregistrer des dégâts plus ou moins importants en fonction de leur emplacement à cause de la pollution croissante de l'environnement. Mais ils ne sont pas les seuls à souffrir de cette «vérole» : d'autres arbres, comme les sapins, les pins et de nombreux feuillus sont concernés.

Amanite rougissante *(Amanita rubescens)*.

L'épicéa est associé à une multitude de champignons dont, notamment, un grand nombre d'amanites *(Amanita)*. L'amanite tue-mouches *(Amanita muscaria)*, toxique, l'amanite vireuse *(Amanita virosa)*, mortelle, l'amanite rougeâtre *(Amanita rubescens, voir photo)*, comestible, l'amanite citrine *(Amanita citrina)*, toxique, l'amanite épaisse *(Amanita excelsa)*, non comestible, et l'amanite à pierreries *(Amanita gemmata)* en sont quelques exemples.

Les bolets *(Boletaceae)* aussi poussent sous les épicéas. Parmi eux, des espèces comestibles aussi prisées que le cèpe de Bordeaux *(Boletus edulis)*, le bolet bai *(Xerocomus badius)*, le bolet subtomenteux *(Xerocomus subtomentosus)* et le bolet à chair jaune *(Xerocomus chrysenteron)*,

puis aplatie et légèrement désordonnée. Le tronc est cylindrique et droit, son écorce gris argenté et sillonnée de fines rides. Les aiguilles généralement distiques sont vert foncé sur le dessus, mais renvoient un reflet blanchâtre au revers. Contrairement à ceux des épicéas, les cônes des sapins argentés se dressent comme des cierges sur les cimes et se décomposent directement sur l'arbre

mais aussi des espèces vénéneuses comme le bolet amer *(Tylopilus felleus)* et le bolet à beau pied *(Boletus calopus)*. De nombreuses russules *(Russula)* sont des champignons mycorhiziques de l'épicéa. C'est le cas de la russule blanc ocré *(Russula ochroleuca)*, très courante, mais dont la chair amère est impropre à la consommation. Ses carpophores apparaissent de mai à la fin de l'automne sur les terrains plats et acides des forêts d'épicéas. La galère marginée *(Galerina marginata)*, espèce mortelle, vit en saprophyte sur les parties planes de bois d'épicéa ou de sapin mort.

Sapin commun, ou sapin argenté *(Abies alba)*

Le sapin argenté atteint des hauteurs de 50 m. La cime est d'abord conique,

après maturité. Il est donc extrêmement rare de trouver un cône de sapin par terre. Les sapins argentés préfèrent les sols riches, profonds, calcaires ou non. Ils sont largement répandus jusqu'à des altitudes de 1 600 m dans les montagnes du centre et du sud de l'Europe. Ces arbres d'ombre ont des racines qui s'enfoncent profondément dans le sol. Le sapin argenté fournit un bois relativement tendre, mais extrêmement résistant.

Il possède lui aussi plusieurs espèces de champignons mycorhiziques spécifiques. Par exemple : *Lactarius salmonicolor*, avec ses carpophores lactescents rouge orangé, ou le cortinaire anisé *(Cortinarius odorifer)*. Avec de la chance, on pourra trouver le sparassis laminé *(Sparassis laminosa)* dans une forêt de sapins, au pied des branches ou sur les tronçons de bois en décomposition, mais il est beaucoup plus fréquent sous les feuillus.

En haut:
Cortinaire odorant *(Cortinarius odorifer)*.

En bas:
Lactaire saumoné *(Lactarius salmonicolor)*.

Le pin sylvestre enfonce ses racines très profondément dans le sol, et résiste donc bien au vent. C'est un arbre peu exigeant, que l'on rencontre dans la plaine et jusqu'à des altitudes de 2 100 m. Il est rustique, ne craint pas la sécheresse et pousse principalement dans les emplacements secs, parmi les pierres et les rocailles. Il est exploité industriellement, car son bois est de bonne qualité.

Pin sylvestre
(Pinus sylvestris)

Le pin sylvestre mesure jusqu'à 40 m de haut. Les jeunes arbres ont une cime conique qui peut évoluer vers les formes les plus diverses avec l'âge. Les aiguilles, de 3-7 cm, sont disposées deux par deux sur les rameaux courts. À maturité, les cônes, de 3-7 cm de long, tombent tout entiers. Le tronc du pin sylvestre est le plus souvent tortueux avec de grosses fourches au niveau de la cime. Lorsqu'ils sont nombreux et que le terrain est favorable, ils donnent des branches longues et des cimes courtes. L'écorce est rousse vers le haut du tronc et couverte de fines écailles. Chez les spécimens âgés, la partie inférieure du tronc présente une écorce formée de plaques gris foncé ou brun-rouge presque aussi épaisse, mais plus cassante que celle du chêne-liège.

Bien qu'affectionnant les sols secs, le pin sylvestre possède lui aussi ses champignons mycorhiziques. Le bolet jaune des pins *(Suillus granulatus, voir photo page de droite, en haut)* et le gomphide visqueux *(Gomphidius rutilus, voir photo en bas à droite)* sont tous deux comestibles et fructifient généralement à la même époque sous ses branches. Le bolet jaune *(Suillus luteus),* l'un des symbiotes privilégiés des conifères, apparaît le plus souvent sous le pin sylvestre. Le lactaire délicieux *(Lactarius deliciosus),* champignon comestible à lait rouge orangé, s'y trouve aussi.

Il en va de même de *Gomphidius roseus* et de son proche cousin le bolet des bouviers *(Suillus bovinus).* On peut encore citer la chanterelle jaunissante *(Cantharellus lutescens)* et *Suillus collinitus,* champignon extrêmement rare pourvu d'un mycélium rosé.

En haut: bolet jaune des pins
(Suillus granulatus).

En bas: gomphide visqueux
(Gomphidius rutilus).

CHAMPIGNONS ET ARBRES

Arolle, alvier ou pin cembro
(Pinus cembra)

L'arolle, ou alvier (autres noms du pin cembro), mesure jusqu'à 25 m de haut. Les jeunes arbres sont coniques et portent des branches très touffues, qui descendent presque jusqu'à terre. Leur forme s'arrondit et s'élargit avec l'âge. Les aiguilles, vertes, assez raides, de 5-8 cm de long, sont disposées par cinq sur les rameaux courts.

Seules quelques rares espèces de pins présentent cette disposition, notamment le pin de lord Weymouth originaire d'Amérique du Nord. Le tronc de l'arolle est couvert d'une écorce squameuse gris-brun. L'arbre ne commence à produire des cônes dressés qu'après 50 ans. Ils mesurent 5-8 cm de long, sont ovales, d'abord violets, puis brunâtres à maturité. L'arolle est un arbre rustique, mais pas très répandu. On le trouve principalement dans les Alpes centrales à des altitudes de 1 800 à 2 400 m, en compagnie du mélèze commun et du pin nain. Des spécimens isolés peuvent grimper encore plus haut. Ils sont alors sculptés par les intempéries et prennent les formes les plus étranges. 70 jours de croissance lui suffisent pour survivre.

Il abrite des espèces de champignons plutôt rares comme *Suillus plorans*. Quant au bolet radicant *(Suillus placidus)* (voir photo) et *Suillus sibiricus* var. *helveticus,* ils sont également symbiotes du pin de lord Weymouth.

Bolet radicant *(Suillus placidus).*

Mélèze commun
(Larix decidua)

Le mélèze enfonce profondément ses racines dans le sol et atteint des hauteurs de 50 m. C'est le seul conifère à perdre ses aiguilles, lesquelles virent du vert au jaune à l'automne. Sa cime est d'abord conique, puis étalée avec un sommet souvent aplati. Les rameaux courts en forme de tonneau reçoivent de 30 à 40 aiguilles vert clair, souples, de 2-3 cm de long. Les fleurs mâles sont jaunes, insignifiantes et tournées vers le bas. Les fleurs femelles sont en fait les petits cônes rouge vif. Elles font de 1 à 3 cm de long, sont brun clair à maturité, puis grises. Elles subsistent souvent plusieurs années sur l'arbre après avoir perdu leurs graines. L'écorce gris-brun est parcourue de profonds sillons et s'écaille sur plusieurs épaisseurs. Le mélèze constitue de véritables forêts dans les Alpes centrales. Il résiste à la sécheresse, au gel et au vent. Il est souvent planté dans les régions de plateaux pour peupler les forêts de conifères. Ses longues branches droites fournissent un bois très utile.

On trouve de nombreux champignons sous les mélèzes. Le bolet à pied creux *(Boletinus cavipes)*, le bolet élégant *(Suillus grevillei, voir photo)*, le gomphide visqueux *(Suillus viscidus)* et *Suillus tridentinus* sont quelques exemples de champignons mycorhiziques du mélèze. Le lactaire de Pornin *(Lactarius porninsis)*, à chair très piquante, en est un autre.

Bolet élégant *(Suillus grevillei)*.

Chêne pédonculé
(Quercus robur)

Le chêne pédonculé atteint normalement des hauteurs de 30-35 m, voire 60 m dans certains cas exceptionnels. Le tronc se ramifie très tôt, produisant de fortes branches qui donnent à l'arbre sa forme un peu irrégulière. Il s'étale largement lorsqu'il dispose de suffisamment d'espace et forme un arbre puissant avec l'âge. Ses feuilles, vert foncé, de 5-15 cm de long, sont obovales et découpées en trois à six lobes arrondis. Elles présentent un pétiole très court (2-10 mm de long) comparativement à celui du chêne commun.

Les glands sont réunis à plusieurs sur une tige longue de 3 à 5 cm, d'où son nom français (pédonculé). Ses fruits sont pratiquement sessiles et disposés en grappes, un peu comme des raisins. Le tronc des arbres de 15 à 30 ans est recouvert d'une épaisse écorce gris-brun parcourue de sillons longitudinaux. Les chênes font partie des espèces de forêts claires. Le chêne pédonculé est représenté dans les forêts de feuillus jusque dans les régions submontagneuses. Comme tous les autres chênes, il développe ses racines en profondeur et résiste bien aux tempêtes. Contrairement au chêne commun, qui ne supporte pas l'excès d'eau, il pousse également dans les prairies boisées détrempées, ou même inondées, et sur les sols pauvres et acides. Il peut vivre 500 ans, voire davantage, et fournit, comme toutes les autres espèces de chêne, un bois de grande valeur. Chez ces arbres à croissance lente, les vaisseaux emplis d'air sont bouchés par diverses couches de dépôts et d'incrustations dans le bois mature.

Des champignons mycorhiziques connus poussent à l'abri du chêne dont, notamment, *Boletus radicans,* qui vient aussi sous les hêtres, et le polypore en ombelle *(Polyporus umbellatus)*. Mais la mortelle amanite phalloïde *(Amanita phalloides)* est aussi très fréquente sous les chênes, de même que l'amanite panthère, également crainte, car très toxique. Le bois de chêne est conseillé pour la culture du shii-take *(Lentinus edodes)*.

En haut: polypore en ombelle
(Polyporus umbellatus).

En bas: amanite phalloïde
(Amanita phalloides).

CHAMPIGNONS ET ARBRES

Hêtre
(Fagus sylvatica)

Le hêtre peut mesurer de 10 à 40 m de haut et compte ainsi parmi les plus grands feuillus de nos contrées. Le tronc des individus isolés est court et leur cime très étalée, tandis que celui des arbres poussant en forêt est long et non ramifié et leur cime courte et étroite. L'écorce, qui reste généralement lisse jusqu'à un âge avancé, est gris argenté. Les fruits du hêtre sont les faînes. Elles mesurent 1-2 cm de long, sont triangulaires et enchâssées deux par deux dans une cupule hérissée de piquants qui s'ouvre en quatre à maturité. Le hêtre est largement répandu jusqu'à une altitude de 1 600 m. En dépit de son imposante stature, il est sensible à la sécheresse, aux sols détrempés et aux fortes gelées hivernales. Il préfère donc les régions à l'air humide et aux hivers doux. Son bois n'est plus autant utilisé qu'autrefois, si ce n'est dans le secteur des jouets. Il existe de nombreuses variétés de hêtre, dont le hêtre pourpre.

Une multitude de champignons différents poussent sous cet arbre. Le bolet réticulé *(Boletus reticulatus, voir photo)* vit en symbiose avec lui et avec d'autres feuillus. Le bolet de Fechtner *(Boletus fechtneri)* est une espèce rare qui fructifie exclusivement sous son feuillage. L'amanite phalloïde *(Amanite phalloïdes)*, mortelle, lui est souvent associée, de même que le célèbre champignon condimentaire qu'est la trompette-de-la-mort *(Craterellus cornucopioides)*. Il n'est pas rare non plus de trouver, sur un lit de feuilles, la saprophyte coulemelle *(Macrolepia procera)*.

Bolet réticulé *(Boletus reticulatus)*.

Charme
(Carpinus betulus)

Le charme atteint des hauteurs de 5 à 25 m. Ses branches ne sont pas droites, mais légèrement tordues et torsadées. Le tronc est recouvert de gerçures longitudinales et de bourrelets, avec une écorce gris clair lisse et très fine qui ne se détache en minces lambeaux que lorsque l'arbre est très vieux. Les feuilles sont alternes, distiques, ovales à la base et atténuées en pointe au sommet. Les fleurs qui se forment en même temps que les bourgeons de feuilles sont des chatons retombant souplement de 4-7 cm de long. On aperçoit en automne les petites noix ovales aplaties enchâssées dans des grappes pendantes pouvant mesurer jusqu'à 15 cm de long. Le charme ne se rencontre généralement pas au-delà de 800 m. Il préfère les sols profonds, riches et humides. C'est un arbre de mi-ombre que l'on trouve fréquemment en forêt en compagnie de chênes. Il est souvent utilisé pour constituer des haies, car il supporte très bien la taille et continue à bourgeonner abondamment. Son bois, dur et très résistant, n'est plus autant utilisé dans l'industrie depuis l'introduction du plastique.

Le bolet des charmes *(Leccinum carpini, voir photo)*, champignon mycorhizique spécifique de ces arbres, est comestible et même fameux, mais pas très fréquent.

Bolet des charmes *(Leccinum carpini)*.

Frêne commun
(Fraxinus excelsior)

Le frêne mesure de 15 à 35 m de haut et peut vivre jusqu'à 300 ans. Sa cime est arrondie ou ovale. Les jeunes arbres poussent tout droits et souvent pressés les uns contre les autres. Les feuilles sont imparipennées, elliptiques allongées et pointues avec une marge nettement denticulée. Les fruits pendent en bouquets. Ils sont linguiformes et ailés. En forêt, le tronc ne se ramifie que très tard. Les jeunes troncs sont recouverts d'une écorce lisse qui se couvre par la suite de sillons longitudinaux denses. Les bourgeons ne se forment qu'après la floraison, et longtemps après les autres feuillus. Le frêne est en effet l'un des derniers feuillus à déployer ses feuilles. Ce phénomène permet à l'arbre de se protéger des gelées tardives qui risqueraient d'abîmer les jeunes pousses fragiles. Cet arbre à racines profondes aime les sols riches et frais. Il prospère dans les forêts de feuillus et les prairies boisées sur les berges des cours d'eau et dans les ravins.

Les carpophores de la morille noire *(Morchella esculenta* var. *vulgaris, voir photo en bas à gauche)* et de la morille commune *(Morchella esculenta, voir photo en bas à droite)* sortent souvent à l'ombre des frênes au printemps, en même temps que les premières feuilles. Mais ces délicieux champignons comestibles ont une couleur très semblable à celle de la terre qui les rend assez difficiles à trouver.

À gauche: morille noire
(Morchella esculenta var. *vulgaris).*

À droite: morille commune
(Morchella esculenta).

Bouleau verruqueux
(Betula pendula)

Le bouleau verruqueux est un arbre à croissance rapide qui atteint jusqu'à 30 m de haut. Sa cime est ovale, ses feuilles rhomboïdales, acuminées et doublement dentées. Ses rameaux, aux extrémités plus ou moins pendantes, sont caractéristiques de l'espèce et lui donnent un faux air de saule pleureur. Cet arbre est souvent planté dans les jardins et les parcs en raison de son splendide port et de sa magnifique écorce blanche. Particulièrement robuste, il supporte les gelées même très fortes. Il n'est pas très fréquent dans les Alpes, mais peut grimper jusqu'à 1 800 m d'altitude. Bien que n'ayant pas un système radiculaire développé en profondeur, il s'adapte à tous les types de terrain, car il est peu exigeant. On le rencontre parfois dans les forêts de feuillus et de conifères, mais il est plus fréquent à l'orée des bois, dans les régions marécageuses et dans les prés, où il pousse seul ou en petits groupes.

Les bouleaux abritent des champignons connus comme le bolet rude *(Leccinum scabrum, voir photo en bas à droite)* et d'autres espèces comestibles, quoique plus rares, de bolets de type *Leccinum*. La belle amanite tue-mouches *(Amanita muscaria, voir photo page de droite, en haut)* est également fréquente sous les bouleaux. Le lactaire à toison *(Lactarius torminosus)*, toxique et qui donne des carpophores hirsutes, zonés et en forme d'entonnoir avec l'âge, vit également en étroite association avec le bouleau. Citons aussi un champignon d'automne plus tardif pour la détermination duquel l'emplacement joue un rôle important : l'*Hygrophorus hedrychii*, à carpophores blancs comestibles.

En haut: amanite tue-mouches (*Amanita muscaria*).

En bas: bolet rude (*Leccinum scabrum*).

CHAMPIGNONS ET ARBRES

Tremble
(Populus tremula)

Le tremble est un arbre à croissance rapide pouvant atteindre 30 m de haut et doté d'une large cime aérée. Ses feuilles, qui n'apparaissent qu'après la floraison, sont poudrées de blanc ou argentées au revers et pourvues de longs pétioles. Elles « tremblent » au moindre souffle de vent, d'où le nom de l'arbre. Le tremble aime la chaleur et la lumière, s'enracine en profondeur et est extrêmement tolérant en ce qui concerne le sol, même s'il a une préférence pour les substrats un peu frais. Il est très répandu dans les forêts claires et à l'orée des bois. Bien que son bois n'ait pas de valeur industrielle particulière, ce champion de la survie prend de plus en plus d'ampleur. Il pousse même sur les terrains instables, qu'il contribue, grâce à sa croissance rapide, à fixer en peu de temps. Espèce robuste et résistante à la pollution industrielle, il est de plus en plus souvent planté dans les villes.

Le tremble est important pour plusieurs espèces de champignons mycorhiziques. Le bolet orangé *(Leccinum aurantiacum, voir photo),* avec son chapeau rouge orangé, *Leccinum duriusculum* et *Tricholoma populinum* en sont trois exemples courants. Le premier est un comestible honnête, mais qui est devenu plutôt rare ces dernières années. Le deuxième est également comestible, mais moins fréquent. On sait depuis peu que le troisième renferme des substances aux propriétés thérapeutiques.

Bolet orangé *(Leccinum aurantiacum).*

Où trouver les champignons ?
Biotopes des champignons

Partout où prospèrent les plantes à graines, les champignons de grande taille (macromycètes) œuvrent aussi au travers de cet immense réseau souterrain d'hyphes que l'on appelle le « mycélium ». S'ils remontent à la lumière du jour un bref moment avec les carpophores les plus variés, ce n'est que pour produire leurs spores et perpétuer l'espèce. Les champignons dépendent d'autres organismes pour se nourrir puisqu'à l'inverse des autres plantes, ils ne possèdent pas de chlorophylle qui leur permette d'utiliser l'énergie solaire pour fabriquer des glucides (photosynthèse). Ils n'ont donc qu'un besoin limité de lumière directe pour croître.

Certains champignons peuvent survivre à des températures de 60 °C, tandis que d'autres supportent des conditions de froid extrêmes. Il existe des champignons sous toutes les latitudes. Depuis les dunes salées des régions côtières jusqu'aux régions de glaciers alpins en passant par les prés et les forêts, les champignons sont présents dans tous les paysages. Chaque espèce a des exigences particulières de température et d'humidité. C'est dans les lieux abrités du vent et peuplés de la végétation la plus variée que l'on en trouve le plus grand nombre d'espèces.

Habitats naturels

C'est dans nos forêts que l'on rencontre la plus vaste diversité d'espèces, dont une grande partie vit en symbiose avec les racines des arbres (mycorhize). Cette vie communautaire profite indifféremment aux espèces comestibles et vénéneuses, la seule règle étant qu'elles soient associées à certaines espèces d'arbres bien spécifiques.

Ainsi distingue-t-on les différents bolets en considérant, entre autres, leur prédilection pour les épicéas, les chênes, les sapins ou les hêtres. Le cèpe de Bordeaux est le bolet le plus courant et pousse souvent tout près de l'amanite tue-mouches *(Amanita muscaria)*. Tous deux sont en effet des champignons mycorhiziques de l'épicéa et fructifient à la même époque.

Les champignons saprophytes poussent sur les lits d'aiguilles, de feuilles, les fruits et le bois mort. La collybie à pied velouté *(Flammulina velutipes)* se forme souvent dans les buissons sur le bois mort de feuillus lorsque l'hiver est clément. La collybie des cônes *(Strobilurus esculentus)* apparaît juste après la fonte des neiges, exclusivement sur les fruits de conifères généralement un peu enterrés dans le sol.

Les conditions inhabituelles qui règnent dans les zones de marécages ne

Forêt de feuillus et de conifères en automne.

permettent qu'à des plantes très spécialisées de prospérer ou de survivre. Il n'est donc pas étonnant que les champignons de ces biotopes soient eux-mêmes exceptionnels. *Armillaria ectypa* est l'un de leurs représentants. Elle ne vit pas sur le bois, mais prospère au milieu de la mousse dans les zones marécageuses détrempées. *Suillus flavidus* pousse sous les pins. De nombreux ascomycètes poussent également dans les marécages. Mais ces biotopes sont fortement menacés par l'exploitation agricole des régions attenantes et les déversements excessifs d'engrais qui en découlent. Il faut donc s'attendre à une diminution importante des espèces.

Suillus plorans et *Suillus sibiricus* var. *helveticus* poussent jusqu'à 2 000 m d'altitude dans les Alpes, au milieu des forêts d'arolles, avec lesquels ils vivent en symbiose. Le beau cèpe radicant *(Suillus placidus)*, avec son chapeau d'abord blanc, puis ivoire, est un autre champignon mycorhizique de l'arolle.

Habitats nés de l'activité humaine

Les hygrocybes *(Hygrocybe)* et les camarophylles *(Camarophyllus)* poussent fréquemment dans les prés maigres envahis d'herbes et de graminées. Dans les pâturages extensifs des troupeaux d'ovins, mais aussi de bovins, on rencontre des lépistes *(Lepista)*, des *Melanoleuca* et des entolomes *(Entoloma)*. Les psalliotes *(Agaricus)* et les strophaires *(Stropharia)* apprécient les sols jonchés de bouse ou de crottin, où ils apparaissent souvent en grand nombre.

La psalliote à grosses spores *(Agaricus macrosporus)* et la vesse-de-loup géante *(Langermannia gigantea)* croissent dans les champs. Ils produisent des carpophores géants qui peuvent dépasser 30 cm de diamètre et forment des

Forêt de conifères.

ronds de sorcières ou poussent en demi-cercle. Il n'est pas rare de trouver des groupes de psalliotes des champs *(Agaricus campestris)* comestibles côte à côte avec des psalliotes jaunissantes *(Agaricus xanthodermaa)* vénéneuses. Le polypore soufré *(Laetiporus sulphureus)*, avec ses superbes carpophores jaunes, parasite principalement les cerisiers et autres arbres fruitiers âgés. Comme il ne s'attaque qu'aux couches extérieures du bois, les arbres peuvent survivre plusieurs dizaines d'années.

C'est avant tout dans les forêts reboisées exclusivement d'épicéas, et ce dans des lieux inadéquats (mais aussi dans d'autres forêts présentant des trouées), que certains champignons parasites comme l'armillaire couleur de miel *(Armillaria mellea)* ou le polypore du rond des pins *(Heterobasidion annosum)* prolifèrent le plus.

La première est capable de produire des sortes de cordonnets mycéliens que l'on appelle des « rhizomorphes » et qui peuvent atteindre un diamètre considérable et mesurer plusieurs mètres de long. Il arrive qu'ils soient sectionnés au moment où l'on détruit la couche supérieure du sol pour construire une route au travers de la forêt ou abattre un arbre.

Pâturages et forêt.

Or, jusqu'à 20 nouveaux cordonnets peuvent se former à l'endroit de chaque partie sectionnée, accélérant ainsi bien involontairement la multiplication de l'armillaire. Seuls les arbres qui vivent en symbiose étroite avec leurs champignons mycorhiziques sont à l'abri de ce genre de parasites.

Altération des biotopes

De nombreux champignons forestiers sont menacés par les opérations de drainage et par le reboisement exclusif des forêts naturelles de feuillus avec des conifères. L'abattage de feuillus sans valeur industrielle tels les bouleaux, les saules, les charmes et les trembles entraîne une raréfaction de leurs champignons symbiotes.

La disparition des champignons associés aux feuillus n'est pas compensée par la plantation massive de conifères, car la plupart des champignons des forêts de conifères de montagne ne suivent pas les épicéas à une plus basse altitude. Et comme seules quelques rares espèces de champignons fructifient, mais en masse, dans les plantations monoculturales d'épicéas, il est facile de sous-estimer ou même de ne pas voir la perte que cela représente en matière de diversité des espèces.

L'existence des champignons des prés, des tourbières et des pâturages issus de l'activité humaine dépend énormément de la constance des mesures mises en œuvre. Il suffit que ces biotopes soient davantage fertilisés, retournés en vue d'être cultivés ou laissés en friche et reboisés pour que les champignons champêtres disparaissent.

Mesures de protection

Il est indispensable de conserver les biotopes et, dans la mesure du possible, d'en créer de nouveaux si l'on veut préserver la multiplicité des espèces. C'est pourquoi il faut s'efforcer de replanter des arbres dans les forêts en respectant leurs exigences d'emplacement. Les troncs et les branches morts devraient être laissés sur place afin que les champignons saprophytes puissent s'y fixer. La forêt ne devrait pas être exploitée de manière trop intensive, les prés et les pâturages devraient l'être de manière constante. Enfin, les ramasseurs de champignons devraient laisser sur place les espèces rares qui bénéficient d'une protection sévère. Ce n'est qu'ainsi que l'on parviendra à préserver la multiplicité des espèces et que la nouvelle génération pourra à son tour les admirer.

Classification des champignons

On classe traditionnellement les champignons dans le règne végétal, alors qu'il est également possible de tirer des parallèles avec le règne animal. Cela étant, les champignons occupent une place bien particulière dans le monde des plantes, et ils ont donc été regroupés à part dans la classification. Les plantes sont par exemple capables, grâce à la chlorophylle, d'utiliser l'énergie solaire pour transformer le gaz carbonique de l'air en glucides, selon un processus vital que l'on appelle la «photosynthèse».

À l'instar des animaux, les champignons ne possèdent pas de chlorophylle et dépendent d'autres organismes pour se nourrir. Ils n'ont donc pas besoin de la lumière directe du soleil pour croître. Mais ils sont par ailleurs liés à leur support comme les autres plantes et, exception faite des champignons inférieurs de la classe des Myxomycètes *(Myxomycetes)*, ils ne sont pas capables de se déplacer.

Les champignons possèdent des ancêtres communs avec les algues et les organismes unicellulaires (Bactériophytes). Ceux qui nous intéressent plus particulièrement ici pour leurs carpophores caractéristiques bien connus sont les Ascomycètes *(Ascomycetes)* et les Basidiomycètes *(Basidiomycetes)*. Ils se rencontrent principalement dans la nature et comptent parmi les formes de champignons supérieurs les plus évoluées.

Dans l'aperçu que nous donnons ci-après de la classification des champignons (d'après Courtecuisse et Duhem, *Guide des Champignons de France et d'Europe,* Delachaux et Niestlé, 1994), nous n'avons fait figurer que les espèces de Myxomycètes, d'Ascomycètes et de Basidiomycètes traitées dans le guide d'identification, sans souci d'exhaustivité. Seuls les groupes intéressants ou connus sont mentionnés.

Divisions du règne fongique *(Fungi)*

Division des Gymnomycota, classe des Myxomycètes *(Myxomycetes)*

Dotés d'une forme et d'un mode de vie très particuliers, les Myxomycètes (600 espèces environ présentent beaucoup de caractères communs avec les protozoaires. C'est pourquoi il arrive que certains livres de cours de zoologie les classent dans le règne animal. Ils se distinguent en effet nettement des cham-

Fleur de tan *(Fuligo septica).*

pignons supérieurs *(Fungi),* et peuvent être considérés comme des êtres vivants unicellulaires «assimilables» aux champignons. Un de leurs plus beaux représentants est *Fuligo septica (voir photo ci-dessus),* fréquent sur le bois en décomposition ou les sols forestiers, où il se nourrit de bactéries.

Division des Amastigomycota
Subdivision des Ascomycotina

Ce groupe comprend un peu moins de la moitié des espèces connues de champignons (plus de 150 000 espèces). Il possède une caractéristique commune à tous : les asques *(Ascus),* à l'intérieur desquelles se forment les ascospores. On les subdivise en quatre classes, notamment Acarpoendomycètes, qui comprennent des levures, et jouent de ce fait un rôle industriel important, les Plectomycètes et les Hymenoascomycètes.

Classe des Plectomycètes

Ordre : *Euriotales*

Appartiennent à cet ordre les genres *Aspergillus* et *Penicillium.* On trouve parmi eux des champignons producteurs d'antibiotiques, mais aussi des agents de maladies infectieuses de l'homme et des animaux et des moisissures courantes.

À gauche : pézize écarlate *(Sarcoscypha coccinea)* ; à droite : morille conique *(Morchella conica).* Ces deux champignons appartiennent à l'ordre des Pézizales.

Penicillium roqueforti et *Penicillium camemberti* servent par exemple à la fabrication de fromages fameux.

Ordre : *Onygenales*

Cet ordre comprend des champignons responsables de maladies dermatologiques chez l'homme et les animaux.

Classe : Hymenoascomycètes

À de rares exceptions près, tous ces champignons produisent des carpophores. Ils sont en général très petits et cachés dans leur substrat. La classe des Hymenoascomycètes est subdivisée en trois sous-classes, dont celle des *Pezizomycetideae,* qui nous intéresse ici.

Ordre : *Pezizales*

Il compte, à quelques exceptions près, les Ascomycètes aux carpophores les plus gros et souvent les plus colorés. Ces champignons fructifient fréquemment non pas en automne, mais au printemps. Font partie de cet ordre : les pézizes *(Peziza, Aleuria),* les verpes *(Verpa),* les helvelles et les gyromitres *(Helvella, Gyromitra),* et les savoureuses morilles *(Morchella, voir page de gauche, en haut à droite).* Les truffes *(Tuberales),* dont les carpophores se forment sous la terre, appartiennent également à cet ordre. La truffe blanche du Piémont *(Tuber magnatum),* la truffe noire du Périgord *(Tuber melanosporum)* et la truffe d'été, ou de la Saint-Jean *(Tuber aestivum),* sont connues auprès des gourmets du monde entier et se vendent à des prix élevés.

Ordre : *Erysiphales*

La seule famille *(Erysiphaceae)* de cet ordre englobe quelque 500 espèces vivant en parasite et responsables des différents oïdiums des végétaux. Les plus touchés sont en général les plantes de culture, qui semblent alors comme poudrées de farine. Un exemple : l'oïdium de la vigne, qui est provoqué par *Uncinula necator.*

Ordre : *Leotiales*

On trouve notamment dans cet ordre la famille des géoglosses *(Geoglossaceae).* Quant à *Dumontinia tuberosa,* parasite connu de l'anémone des bois, il appartient à la famille des *Sclerotiniaceae.*

Ordre : *Lecanorales*

Les champignons et les algues vivent dans une symbiose si étroite dans les lichens *(Lichenes)* qu'ils peuvent être considérés comme un nouvel organisme possédant des caractéristiques spécifiques. Bon nombre de lichens sont très sensibles aux polluants de l'air et peuvent donc servir de bio-indicateurs de la pollution atmosphérique. Parmi ces champignons symbiotes, on trouve principalement des Ascomycètes, mais aussi quelques Basidiomycètes. Certains d'entre eux peuvent être regroupés en ordres comprenant également des espèces de champignons non symbiotes. D'autres ordres, en revanche, n'englobent que des lichens. C'est notamment le cas des *Lecanorales,* qui constituent, avec plus de 10 000 espèces, le plus vaste des ordres d'Ascomycètes.

Ordre : *Sphaeriales*

On craignait autrefois la « moisissure rouge du pain », provoquée par *Neurospora sitophila* et *Neurospora crassa,* car leurs spores peuvent résister jusqu'à des températures de 75 °C. Les xylaires *(Xylaria)* sont des représentants de cet ordre. Ils vivent en saprophytes sur le bois mort et attirent le regard avec leurs groupes de carpophores dressés de plusieurs centimètres de haut dont la chair est très coriace.

Ordre : *Clavicipitales*

L'ergot de seigle *(Claviceps pupurea)* pousse en parasite sur le seigle et autres graminées. Le mycélium produit des sortes de petits corps oblongs qui dépassent largement des épis et tombent sur le sol où ils hivernent. Lorsqu'il infecte les produits céréaliers, ce champignon peut provoquer de graves intoxications alimentaires (ergotisme) que l'on redoutait autrefois sous les noms de « feu céleste » ou de « mal des ardents ». L'ergotisme n'existe quasiment plus aujourd'hui, car les céréales sont nettoyées et protégées par des moyens de défense antifongiques.

Subdivision : *Basidiomycotina*

30 % des champignons connus appartiennent à ce groupe. Ils ont tous en

Charbon du maïs *(Ustilago maydis).*

commun des cellules lagéniformes, les basides, à la surface desquelles se forment les basidiospores. On distingue les deux classes suivantes :

Classe : Téliomycètes

Les Ustilaginales *(Ustilaginales)* ne produisent pas de carpophores et sont à l'origine de graves maladies des plantes (charbons). On en connaît quelque 500 espèces. Un de leurs représentants les plus courants est le charbon du maïs *(Ustilago maydis, voir photo ci-dessus),* qui provoque la formation de tumeurs noirâtres caractéristiques sur les épis de maïs.

Classe : Homobasidiomycètes et apparentés

La classification systématique est très complexe et change sans arrêt.

Ordre : *Exobasidiales*

Les champignons de cet ordre vivent en parasite sur les plantes fleuries et sont responsables des malformations que l'on appelle des « chaudrons » et des « balais de sorcières ».

Ordre : *Dacrymycetales*

Cet ordre comprend les calocères *(Calocera).* Les carpophores jaune à orange vif ramifiés comme des coraux de la calocère visqueuse *(Calocera viscosa)* poussent sur le bois en décomposition.

Sous-classe :
Aphyllophoromycetideae

Les champignons du groupe des Aphyllophorales produisent des carpophores aux formes les plus variées. On trouve ainsi des espèces en forme de console, de massue, de trompette, de corail et de chapeau, avec un pied central ou excentrique. L'hyménium est lisse ou pourvu de tubes, d'aiguilles, de lames ou de plis. Voici les familles qui intéressent plus particulièrement les ramasseurs de champignons :

Ordre : *Cantharellales*

La chanterelle commune, ou girole *(Cantharellus cibarius),* est connue et appréciée de tous. Mais la trompette-de-la-mort *(Craterellus cornucopioides)* et la chanterelle en tube *(Cantharellus tubaeformis)* sont deux autres champignons excellents de la même famille. Quant à la chanterelle jaunissante *(Cantharellus lutescens),* elle est considérée comme spéciale, en raison d'un parfum et d'un goût bien particuliers.

Famille : Gomphacées

La chanterelle violette *(Gomphus clavatus,* v*oir photo page de droite)* est le seul représentant en Europe de cette famille. Mais ce beau champignon comestible à la superbe coloration violette, surtout chez les jeunes spécimens, se fait de plus en plus rare.

Famille : Hydnes *(Hydnaceae)*

Quoique de forme plutôt étrange avec ses aiguilles et son chapeau irrégulier, le pied-de-mouton *(Hydnum repandum)* est un excellent comestible à la chair épaisse qui se prête bien à la préparation de nombreux plats.

Ordre: Hydnes de type *Thelophora* (*Thelephorales*)

L'hydne imbriqué *(Sarcodon imbricatus)* est un condimentaire connu qui, utilisé en petite quantité, apporte un parfum puissant aux plats de champignons. C'est le seul champignon comestible de la famille. Il est hérissé d'aiguillons comme l'hydne imbriqué.

Ordre: *Clavariales*

Famille: Clavaires (*Clavariadelphaceae*)

La clavaire pilon *(Clavariadelphus pistillaris)* et la clavaire tronquée *(Clavariadelphus truncatus)* sont les principaux représentants de la famille. Elles ne possèdent ni tubes, ni plis, ni aiguillons. L'hyménium est presque invisible sur la cuticule. Les clavaires sont comestibles, mais ont une chair dure et filandreuse. Il n'est donc pas conseillé de les consommer.

Famille: Clavaires rameuses (*Clavariaceae*)

Les champignons de cette famille produisent des carpophores en forme de corail. *Ramaria pallida* est un champignon toxique à mauvaise réputation qui provoque des douleurs gastriques plus ou moins fortes.

Famille: Clavaire de type Sparassis (*Sparassidaceae*)

Les champignons les plus connus de cette famille sont la clavaire crépue, ou morille des pins *(Sparassis crispa),* et le sparassis laminé *(Sparassis laminosa).* Tous deux sont comestibles et vivent en parasite sur les racines de différentes espèces d'arbres.

Ordre: *Polyporales*

Famille: Polyporacées *(Polyporaceae)*

Les champignons de cette famille produisent des carpophores d'abord charnus, puis coriaces, voire souvent ligneux. On trouve *Lentinus adhaerens* en hiver et le polypore écailleux ou squameux *(Polyporus squamosus)* en été. Tous deux poussent sur le bois, de même d'ailleurs que le champignon chinois shii-take *(Lentinula edodes)* et que le pleurote en forme d'huître *(Pleurotus ostreatus)*. Ces deux dernières espèces sont aujourd'hui cultivées avec succès et vendues sur le marché comme champignons comestibles.

Sous-classe: **Agaricomycetideae**

Les carpophores de ce groupe ne peuvent prendre qu'un nombre limité de formes, contrairement aux *Aphyllophoromycetideae*. Ainsi le carpophore type possède-t-il un pied central et un chapeau orné de lames radiales ou de tubes serrés. C'est le groupe le plus intéressant pour le ramasseur de champignons, car c'est celui qui renferme le plus grand nombre de champignons comestibles, mais aussi vénéneux.

Chanterelle violette *(Gomphus clavatus)*.

Collybie à pied velouté *(Flammulina velutipes)*.

Hyménium à lames:

Famille: Hygrophoracées *(Hygrophoraceae)*

Font partie de cette famille les hygrophores *(Hygrophorus)* et les éclatants hygrocybes *(Hygrocybe)*. La plupart des espèces d'hygrocybes fructifient en automne dans les champs et les pâturages. Mais comme ces champignons ne poussent que dans les pâturages non fertilisés, on les rencontre de moins en moins fréquemment en raison de l'utilisation croissante d'engrais.

Famille: Tricholomatacées *(Tricholomataceae)*

Cette famille est l'une des plus vastes parmi les *Agaricomycetideae*. Elle englobe une multitude de genres comme les clitocybes de types *Laccaria* et *Clitocybe*, les lépistes *(Lepista)*, les tricholomes de type *Tricholoma, Lyophyllum* et *Calocybe*, les armillaires *(Armillaria)*, les mélanoleuques *(Melanoleuca)*, les collybies *(Collybia)*, les panelles *(Panellus)*, les mucidules *(Oudemansiella)*, les *Strobilurus*, les mycènes *(Mycena)* et les collybies de type *Flammulina*.

Famille: Entolomatacées *(Entolomataceae)*

Les principaux représentants de cette famille sont les entolomes *(Entoloma)*. Ils se distinguent par une sporée rosée ou couleur chair caractéristique. La plupart des espèces sont difficiles à identifier et toxiques. La plus connue d'entre elles est un dangereux champignon vénéneux, l'entolome livide *(Entoloma lividum)*.

Famille: Pluteacées *(Pluteaceae)*

Cette famille englobe les volvaires *(Volvariella)* et les plutées *(Pluteus)*. Tous ces champignons vivent de préférence sur le bois en décomposition et se rencontrent du printemps à la fin de l'automne.

Famille: Amanitacées *(Amanitaceae)*

Les représentants les plus importants et les plus connus de cette famille sont les amanites *(Amanita)*, dont les tristement célèbres amanite phalloïde *(Amanita phalloides)* et amanite vireuse *(Amanita virosa)*, toutes deux mortelles, mais aussi la belle et vénéneuse amanite tue-mouches *(Amanita muscaria)*. Les tendres coucoumelles sont également des amanites, mais sans anneau.

Famille: Agaricacées *(Agaricaceae)*

Font partie de cette famille les champignons suivants: agarics *(Agaricus)*, lépiotes *(Lepiota)*, grandes lépiotes *(Macrolepiota)*, lépiotes du type *Leucoagaricus* et la phéolépiote dorée *(Phaeolepiota aurea)*.

Famille : Coprinacées *(Coprinaceae)*
Le carpophore tout entier des coprins *(Coprinus)* a la particularité de se liquéfier en formant une sorte d'encre noire dès que les spores sont à maturité. Le seul champignon comestible du genre qui ait une véritable valeur gastronomique est le coprin chevelu *(Coprinus comatus)*.
Les panéoles *(Panaeolus)* et les psathyrelles *(Psathyrella)* sont deux autres membres de cette famille.

Famille : Bolbitiacées *(Bolbitiaceae)*
Appartiennent à cette famille les bolbities *(Bolbitius)* et les conocybes *(Conocybe)*. Leurs carpophores sont pour la plupart très décoratifs et très petits. De nombreuses espèces poussent à l'écart des forêts, dans les champs et les prés sur les excréments.

Famille : Strophariacées *(Strophariaceae)*
Les strophaires *(Stropharia)*, les hypholomes *(Hypholoma)* et les pholiotes *(Pholiota)* sont trois représentants de cette famille.
La strophaire à anneau rugueux *(Stropharia rugosoannulata)* et la pholiote changeante *(Pholiota mutabilis)* sont cultivables et vendues dans le commerce sous forme d'embryons.

Famille : Cortinariacées *(Cortinariaceae)*
Les genres de cette famille englobent des espèces le plus souvent difficiles à identifier. Ce sont les inocybes *(Inocybe)*, les hélébomes *(Heleboma)*, les gymnopiles *(Gymnopilus)*, ainsi que l'immense genre des cortinaires *(Cortinarius)*. Ces derniers ne sont généralement par comestibles en dehors du cortinaire de Berkeley *(Cortinarius praestans)*. Bon nombre d'entre eux sont très vénéneux ou même mortels.

Famille : Russulacées *(Russulaceae)*
Les russules *(Russula)* et les lactaires *(Lactarius)* ont été regroupés dans une seule et même famille en raison de caractéristiques communes uniques en leur genre telles l'accumulation de cellules globuleuses entre les hyphes grêles. Cela confère à leur chair une texture non fibreuse. Les deux genres comprennent des espèces à chair poivrée à très piquante, mais aussi à chair douce. Ces dernières sont de bons comestibles.

Famille : Gomphidiacées *(Gomphidiaceae)*
Toutes les espèces du genre des Gomphides *(Gomphidius)* sont comestibles.

Hyménium à tubes :

Famille : Strobilomycétacées *(Strobilomycetaceae)*
Cette famille comprend les bolets des genres *Strobylomyces* et *Porphyrellus,* qui ne renferment ni l'un ni l'autre de champignons comestibles.

Famille : Bolétacées *(Boletaceae)*
Voici les genres représentés dans cette famille : gyropores *(Gyroporus)*, bolets à pied creux *(Boletinus)*, bolets de type *Suillus, Xerocomus, Boletus (voir photo p. 74, en haut), Leccinum,* ainsi que le bolet amer *(Tylopilus felleus)* et *Phylloporus pelletieri*. Bon nombre de ces champignons sont de délicieux comestibles.

Sous-classe : Gasteromycetideae

Ordre : Lycoperdales *(Lycoperdales)*
Font partie de cet ordre les bovistes pures *(Bovista)*, les bovistes des types *Calvatia* et *Langermannia* et les vesses-de-loup *(Lycoperdon, voir photo en bas à gauche)*. Toutes les bovistes à chair blanche sont comestibles. Les géasters *(Geastrum)* sont également classés dans

En haut: bolet à pied rouge
(Boletus erythropus).

En bas: vesse-de-loup à pierreries
(Lycoperdon perlatum).

cet ordre. Le plus répandu est le géaster fimbrié *(Geastrum fimbriatum).*

Ordre: Sclérodermatales *(Sclerodermatales)*

Cet ordre comprend principalement les sclérodermes *(Scleroderma)* et les pisolithes *(Pisolithus).* Aucun de ces deux genres ne renferme de champignons comestibles.

Ordre: Nidulariales *(Nidulariales)*

On y trouve les genres *Cyathus, Crucibulum* et *Nidularia*. Espèce courante : le cyathe strié *(Cyathus striatus).*

Ordre: Phallales *(Phallales)*

En dehors du phalle impudique *(Phallus impudicus)* et du satyre des chiens *(Mutinus caninus),* très peu d'espèces de cet ordre sont originaires d'Europe. La plupart poussent en effet sous les tropiques.

Ordre: Trémellales *(Tremellales)*

La chair des trémelles est de consistance gélatineuse. *Tremiscus helvelloides* et la trémelle gélatineuse *(Pseudohydnum gelatinosum)* sont deux espèces courantes intéressantes, mais qui ne supportent pas la cuisson en raison de leur chair gélatineuse, et se consomment donc crues. Ce sont d'ailleurs les deux seuls champignons à pouvoir être mangés crus.

Classe des Phragmobasidiomycètes *(Phragmobasidiomycetes)*

Ordre: Auriculariales *(Auriculariales)*

L'auriculaire oreille-de-Judas *(Auricularia auricula-judae, voir en bas à droite)* pousse en Europe, le plus souvent sur des morceaux de bois de sureau morts, au bord de l'eau, sous des climats doux. Cette espèce gélatineuse est très appréciée en Chine et au Japon, où elle entre dans la composition de nombreux plats et fait l'objet d'une culture intensive afin de pouvoir couvrir la demande. Elle est aujourd'hui importée en Europe et utilisée dans les plats exotiques sous la dénomination «champignon chinois».

Classe des Téliomycètes
(Teliomycetes)

Ordre: Rouilles *(Uredinales)*

Les rouilles vivent en parasites sur les plantes à fleurs. Répandue dans le monde entier, la rouille noire *(Puccinia graminis)* cause des dégâts considérables dans les exploitations céréalières. *Puccinia striaeformis* est un autre agent pathogène dangereux des céréales. La rouille grillagée *(Gymnosporangium sabinae)* est un parasite des feuilles de poirier.

Auriculaire oreille-de-Judas
(Auricularia auricula-judae).

La reproduction des champignons

Les mécanismes qui interviennent dans la reproduction des champignons sont fort complexes, et nous allons vous en exposer ici un résumé simplifié.

Il existe deux sortes de reproduction chez les champignons : une forme sexuée et une forme asexuée. La plupart des champignons peuvent se multiplier des deux façons. La première est fondée sur la fusion de deux noyaux cellulaires suivie d'une division du patrimoine génétique. Chez la plupart des champignons, les carpophores produisent deux types de spores, appelées « cellules positives » et « négatives ». Éparpillées par le vent, elles vont, dans des circonstances favorables, former tout d'abord un feutrage, qui, en se ramifiant et en se subdivisant de nouveau, donnera un réseau blanchâtre appelé « hyphe à un noyau », ou « mycélium primaire ».

Ce dernier n'est pas encore en mesure de produire des carpophores. Il faut tout d'abord que deux cellules de sexe différent mais de la même espèce de champignons se rencontrent et fusionnent pour donner une cellule à deux noyaux (« dicaryon »). C'est le caractère aléatoire de ce processus qui justifie l'énorme quantité de spores produites. Après une phase de croissance relativement longue, l'hyphe à dicaryons, ou mycélium secondaire, ainsi obtenu est capable de former de nouveaux carpophores, si les conditions extérieures s'y prêtent.

À proximité de la surface du substrat ou de la terre se forment alors de petites « pelotes » d'hyphe bien serrées qui grossissent très vite. Les masses globuleuses ou hémisphériques qui sortent de terre se transforment rapidement en carpophores distincts dont il est possible de déterminer l'espèce.

On voit apparaître les formes de champignons les plus diverses, depuis les carpophores sphériques, en console ou coralliens, jusqu'à ceux qui sont dotés d'un pied et d'un chapeau (conique, campanulé ou en forme d'entonnoir) distincts. Certains sont de teinte pâle ou terne, d'autres arborent des couleurs vives, voire criardes. Si la durée de vie des carpophores est brève, c'est uniquement en raison de la production des spores, indispensable à la survie de l'espèce.

C'est en effet seulement dans les cellules terminales du carpophore que la fusion des deux noyaux en un est possible. Survient ensuite la subdivision du patrimoine génétique en deux. Les spores, qui sont produites en quantité considérable, sont à la fois les vecteurs du patrimoine génétique et les acteurs de la reproduction. Un champignon de taille moyenne comme l'agaric champêtre, ou rosé des prés *(Agaricus campestris),* libère jusqu'à 40 millions de spores à l'heure.

La reproduction asexuée n'occasionne en revanche aucune fusion de noyaux. La plupart des champignons (notamment les espèces les moins évoluées, beaucoup plus rarement les champignons de grande taille) forment alors, aux extrémités de ramifi-

Les ascomycètes doivent leur nom à leurs organes de reproduction en forme d'outres, les asques (grossis environ 850 fois).

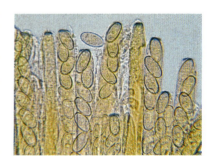

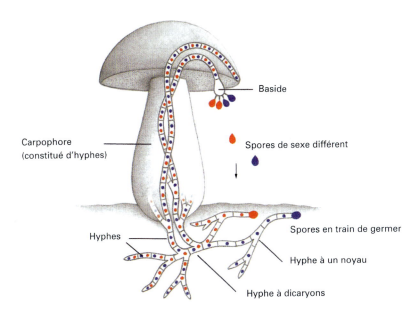

Cycle de développement d'un basidiomycète.

cations de l'hyphe développées à cet effet, des unités de reproduction appelées « conidies », qui peuvent donner naissance à un nouveau mycélium.

Les spores des basidiomycètes sont ligaturés vers l'extérieur par de courtes cellules terminales, les basides (grossies environ 800 fois).

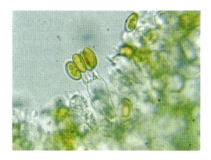

Formation des spores chez les ascomycètes et les basidiomycètes

Les spores des ascomycètes mûrissent dans des organes de reproduction utriculaires appelés « asques » qui en portent généralement huit. Les asques sont essentiellement disposés dans l'hymémium, qui, contrairement à celui des basidiomycètes, est tout à fait lisse, ne comportant ni lames ni pores. Les asques se trouvent sur l'enveloppe extérieure de cet hymémium. Ainsi, chez les pézizes ou les aleuries par exemple, ils sont répartis à l'intérieur de la coupe ; chez les morilles, les gyromitres et les helvelles, dans les alvéoles ou les lobes ; chez les xylaires, autour du sommet.

L'organe qui caractérise la reproduction des basidiomycètes est la « baside », une cellule terminale courte en forme de bouteille, qui porte généralement quatre spores. Les basides sont disposées sur un hymémium, qui, chez les champignons dotés d'un pied et d'un chapeau, se trouve sur la face inférieure du chapeau, un endroit bien protégé. Cet hymémium est souvent déposé sur des lames, des tubes, des aiguillons, plus rarement sur d'autres supports.

La grande diversité des spores

Les spores sont certes impressionnantes par leur nombre, mais aussi par la diversité de leur taille, de leur couleur et de leur forme. Elles ne sont pas visibles à l'œil nu, car elles mesurent généralement 2 à 20 millièmes de millimètre seulement. C'est donc au microscope qu'on les découvre: rondes, ovales, en forme d'amande ou de banane, parfois même anguleuses, elles peuvent prendre toutes les formes possibles et imaginables. Leur surface n'est pas toujours lisse. Elles sont parfois réticulées, épincetées, verruqueuses ou épineuses. On distingue enfin des spores roses, bleues, violet plus ou moins foncé, presque noires, blanchâtres, jaunes, marron clair à foncé, voire vert olive. La couleur de la sporée, constituée de milliers de spores superposées, est toujours plus sombre que celle des spores individuelles observées au microscope. Ainsi, des spores qui, amalgamées, paraissent blanches s'avèrent généralement transparentes au microscope.

Dissémination des spores

Les champignons ont recours aux mécanismes les plus divers pour libérer et disséminer leurs spores mûres. De nombreux ascomycètes, comme les pézizes, les aleuries, les morilles, les gyromitres, les helvelles ou les xylaires, ont développé de véritables dispositifs de lancement, voire de propulsion. Au sommet des asques se trouve en effet un mécanisme d'ouverture. En cas de secousse ou de forte élévation de la température, les «couvercles» des asques s'ouvrent et les spores sont projetées par centaines de milliers.

Les truffes appartiennent elles aussi à cette catégorie. Toutefois, comme elles poussent et arrivent à maturité sous terre, elles ont dû mettre au point un système différent pour la propagation de leurs spores. Leur odeur et leur goût tenaces attirent certains animaux, en particulier les sangliers, les chevreuils et les cerfs. Ceux-ci déterrent les formations bulbeuses si odorantes, les mangent, et contribuent ainsi, par leurs matières fécales, à la dissémination de leurs spores.

Chez les basidiomycètes, en revanche, les spores mûres sont généralement lancées les unes après les autres, puis disséminées par le vent. Les géastres ont

La surface des spores est extrêmement diversifiée (ici spores d'inocybes), de lisse *(ci-dessous)* à bosselée *(ci-dessous en bas)* (grossies environ 500 fois).

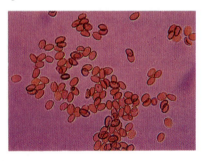

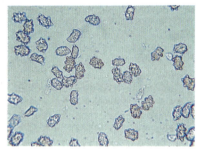

toutefois besoin d'une secousse extérieure, celle d'une goutte de pluie par exemple, pour que leurs spores s'échappent par l'ouverture («pore») apparue sur les spécimens parvenus à maturité.

Il en va de même pour les bovistes et les vesses-de-loup parvenus à maturité. La

Ci-dessus : des millions de spores sont libérées sous la pression (ici le lycoperdon en poire, *Lycoperdon pyriforme*).

pression exercée par une goutte d'eau qui tombe sur l'enveloppe parcheminée de l'un de ces champignons libère des centaines de milliers de spores qui s'échappent des pores. Par temps humide, les spores ne collent pas les unes aux autres à l'intérieur du carpophore. Ce fait étonnant s'explique par la présence de structures velues disposées entre les spores.

Les gouttes de pluie sont également importantes pour la propagation des spores des cyathes *(Cyathus)*. Leurs sporanges sont

Les insectes sont attirés par l'odeur de charogne du phalle impudique (*Phallus impudicus*) *(en haut à gauche)*. Ils retirent toute la masse de spores vert foncé de sorte qu'il ne reste plus du carpophore qu'un squelette nu et alvéolé *(ci-contre)*.

REPRODUCTION DES CHAMPIGNONS

Dissémination des spores chez les coprins : les lames et le chapeau se liquéfient et donnent une sorte d'encre à laquelle les spores donnent une teinte noire (ici coprin chevelu, *Coprinus comatus*).

blottis dans le carpophore en entonnoir comme des œufs au fond d'un nid. Ces amas de spores lenticulaires (« péridioles »), qui peuvent atteindre 2 mm de long, sont expulsés de leur « nid » par un mécanisme de ressort déclenché par la chute d'une goutte de pluie.

À ce moment-là, un long fil fixé au petit péridiole se déroule pour aller s'enrouler autour du brin d'herbe le plus proche. Parvenu à maturité, le péridiole explose et libère les spores. Il ne faut enfin pas exclure la possibilité que des animaux mangent le péridiole, le digèrent puis l'expulsent dans leurs matières fécales. Ce système assure donc à l'espèce une dissémination sur une vaste superficie et sur un sol riche et nourrissant.

Quant au phalle impudique *(voir p. 79, en bas)*, il ne confie pas ses spores au vent, mais préfère que des insectes se chargent de la mission. Pour attirer ces derniers, une odeur de charogne, repérable à 10 m et plus, s'échappe du sommet conique de son chapeau vert foncé ou vert olive. Cette odeur de viande en état de décomposition avancée allèche donc les mouches bleues, dorées et scatophages, qui enlèvent complètement la masse mucilagineuse (« gléba ») et assurent ainsi la propagation des spores. Il ne reste bientôt plus du phalle qu'un squelette de carpophore blanc, rongé, juché sur son pied, qui par ses alvéoles rappelle la morille.

Parmi les autres champignons qui propagent leurs spores de la même façon, citons le satyre des chiens *(Mutinus caninus)*, l'anthurus d'Archer *(Clathrus archeri)*, le clathre rouge *(Clathrus ruber)* ainsi que quelques autres espèces plus rares.

Pour ce qui est enfin des coprins parvenus à maturité, leurs lames et leur chapeau tombent rapidement en déliquescence, produisant une sorte d'encre que les spores colorent en noir *(voir en haut à gauche)*. Juste avant que le carpophore soit entièrement liquéfié, le chapeau s'ouvre en ombrelle et libère les spores. Le début de cette dissémination est nettement visible chez le coprin chevelu *(Coprinus comatus)*, dont l'extrémité des lames devient pourpre. Quelques heures plus tard, le seul témoin de ce processus unique est une petite flaque noire sur le sol.

La croissance des champignons

Tous les carpophores ne poussent pas à la même vitesse. Si certains sortent littéralement de terre en une nuit, d'autres ont besoin de davantage de temps pour parcourir la même phase de croissance.

Le phalle impudique *(Phallus impudicus)* apparaît tout d'abord sous sa forme ovoïde. Ses œufs blancs peuvent rester en l'état plusieurs jours, voire semaines, sans évolution notoire. C'est par les journées douces et ensoleillées que les conditions sont particulièrement favorables à leur développement ultérieur. Ils commencent alors à s'étirer. L'enveloppe blanche se déchire et, en l'espace d'une heure, un pied blanc apparaît sous le chapeau conique vert. Cette croissance très rapide a seulement été observée chez des espèces très voisines, comme le satyre des chiens *(Mutinus caninus)*, *Phallus dictyophora* (une espèce un peu tropicale), l'anthurus d'Archer *(Clathrus archeri,* que l'on pense originaire de Nouvelle-Zélande) et le clathre rouge *(Clathrus ruber)*, issu du sud de l'Europe.

Les carpophores des chanterelles, en revanche, poussent lentement par comparaison aux autres champignons. De par leur chair ferme, devenant coriace avec l'âge, elles peuvent vivre plusieurs jours, voire plus de deux semaines, sans pourrir. En été, en cas d'humidité réduite, leur croissance s'interrompt souvent pour un temps. C'est alors que l'on peut trouver de frêles carpophores, ceux de la chanterelle jaune *(Cantharellus xanthopus)* par exemple. Ce groupe compte plusieurs espèces comestibles particulièrement recherchées, comme la girolle *(Cantharellus cibarius),* la trompette de la mort *(Craterellus cornucopiodes)* et la chanterelle en tube *(Cantharellus tubaeformis).*

Des carpophores disposées en cercle forment ce que l'on appelle des « ronds de sorcière ». Ce terme remonte au Moyen Âge, lorsque les champignons étaient considérés, avec l'éclair et le tonnerre, comme des phénomènes surnaturels, l'œuvre du diable, des démons ou des sorcières. Dans ce contexte, les champignons qui pous-

Ci-dessous: la présence d'un cercle vert foncé dans un pré révèle celle d'un rond de sorcière.
Ci-dessous en bas: carpophores de la collybie tachetée *(Collybia maculata)* disposés en rond de sorcière.

Formes inhabituelles de champignons dues à des troubles de la croissance.
En haut à gauche : collybie à lames épaisses *(Megacollybia platyphylla)*.
En haut à droite : morille conique *(Morchella conica)* ; **ci-dessus** : lactaire à fossettes *(Lactarius scrobiculatus)*.

saient en cercle étaient assimilés à de la magie noire, et chacun s'efforçait de ne pas s'en approcher.

Aujourd'hui, on est en mesure d'expliquer ce curieux phénomène : le mycélium de certains champignons se développe régulièrement à partir de son point d'apparition, pour se procurer des matières nutritives. Il meurt au centre de sa zone d'expansion, faute d'éléments nutritifs, et si les conditions sont favorables les champignons forment alors un cercle dont le diamètre croît d'année en année. Le diamètre de ces anneaux peut atteindre 30 m et plus, signe qu'ils existent depuis plusieurs centaines d'années.

La présence de taches ou de cercles vert sombre dans les prés évoque immédiatement ce phénomène, car la croissance des végétaux est stimulée sur le pourtour du mycélium. Parmi les champignons qui forment le plus de ronds de sorcière, citons les lépistes, les clitocybes, les agarics et les grandes lépiotes. Il arrive également que l'on voie des anneaux d'amanites tue-mouches ou de cèpes de Bordeaux. Dans ce cas, le phénomène a une origine différente : les champignons mycorhiziques « encerclent » l'arbre hôte et forment un cercle fixe.

Comme pour les plantes, la croissance des champignons est également influencée par la pesanteur. Ainsi, le chapeau est toujours orienté de façon que les spores tombent verticalement sur le sol. Si le substrat se modifie, par exemple si un arbre tombe, la disposition des carpophores évolue en conséquence. Les polyporacées âgés de plusieurs années produisent des formes intéressantes qui permettent de tirer des conclusions sur les différents états du substrat. On peut également observer ce phénomène en faisant une expérience toute simple : l'idéal est de cueillir une jeune amanite dont le chapeau n'est pas encore complètement ouvert. Poser ensuite ce carpophore longitudinalement sur une feuille de papier et fixer le pied dans sa partie inférieure avec un morceau de ruban adhésif. Une heure plus tard, le chapeau aura pivoté de façon à être perpendiculaire au pied, et se sera ouvert…

Les malformations sont rares chez les champignons. Dans le cas où elles se produisent, il s'agit le plus souvent de carpophores poussant côte à côte ou l'un sur l'autre, plutôt que des souches doubles. Sur le chapeau d'un champignon se développe alors, par exemple, un autre carpophore de la même espèce, normal mais généralement un peu plus petit, avec pied et chapeau. Dans d'autres occasions, on constate l'apparition de formes tout à fait inhabituelles qui rappellent les morilles. Ces aberrations donneront bien du fil à retordre au meilleur des mycologues !

Un ensoleillement intense se traduit souvent par la fissuration de la cuticule des champignons, chaque espèce adoptant généralement un motif qui lui est propre. Ces modifications de la surface du chapeau posent souvent des énigmes insolubles pour le profane. Les principaux champignons concernés sont ceux dont les carpophores se développent à la fin du printemps ou en été. Ainsi, la cuticule feutrée et crevassée du cèpe réticulé *(Boletus reticulatus)* ou du bolet à pied rouge *(Xerocomus chrysenteron)* peut présenter un étonnant motif en damier, tandis que sur les chapeaux des russules apparaissent plutôt des crevasses larges et aléatoires.

En cours de formation, les carpophores des polyporacées ne se laissent pas troubler par de petits obstacles tels des brins d'herbe ou des brindilles : ils continuent leur croissance comme si de rien n'était.

Ci-dessus en haut : en cas d'ensoleillement intense, des motifs intéressants apparaissent sur la cuticule (ici, russule olivacée, *Russula olivacea*).

Ci-dessus : le polypore rouge cinabre *(Pycnoporus cinnabarinus)* englobe autour des brins d'herbe et des brindilles.

Ci-dessus en haut: les carpophores du champignon des trottoirs (*Agaricus bitorquis*) sont capables de soulever même le bitume.

Ci-dessus: les organes de survie particuliers de l'armillaire couleur de miel (*Armillaria mellea*), d'épaisses fibres de mycélium entourées d'une écorce noire.

Aussi n'est-il pas rare de voir des polypores rouge cinabre *(Pycnoporus cinnabarinus)* transpercés de quelques brins d'herbe.

Si difficile à croire que cela puisse paraître, les carpophores tendres et à forte teneur en eau ne poussent pas tous sur un sol meuble, mais au contraire souvent sur des pierres ou du bois. Le champignon des trottoirs *(Agaricus bitorquis)* est même capable de soulever le bitume du bord des routes.

Pour survivre par les temps difficiles, de nombreux champignons ont enfin mis au point des organes de survie particuliers. L'armillaire couleur de miel *(Armillaria mellea)* forme par exemple d'épais filaments mycéliens dits «rhizomorphes». Ils consistent en un réseau hyphal assez lâche entouré d'une écorce noire compacte. Ces filaments rhizomorphes se trouvent généralement entre 3 et 30 cm de profondeur, et ont une croissance annuelle pouvant atteindre 1 m de longueur. C'est grâce à ces organes que l'armillaire couleur de miel peut survivre jusqu'à quarante ans sur la même souche ou le même substrat.

Il existe un autre type d'organes doué de vie latente, les «sclérotes». Il s'agit de corps hyphaux durs, généralement ronds ou ovales, dont le diamètre varie de moins de 1 mm à 30 cm.

Un exemple de sclérote est celui, hautement toxique, que forme l'ergot de seigle, ce parasite bien connu des céréales. La pézize tubéreuse *(Dumontinia tuberosa)*, un parasite de l'anémone des bois, forme elle aussi des sclérotes.

Les champignons et l'homme

Les champignons occupent une place significative dans la nature et accomplissent des tâches écologiques essentielles. Ils contribuent par ailleurs largement aux transformations qui modifient en permanence notre environnement. C'est donc seulement par rapport à l'homme que l'on peut les qualifier d'utiles ou de nuisibles.

Outre les champignons comestibles qu'il cueille dans la nature, l'homme apprécie de plus en plus les champignons de culture.

Le plus connu est bien sûr le champignon de Paris, qui a fait parler de lui pour la première fois en France vers 1650. Il est aujourd'hui cultivé de façon intensive dans le monde entier. L'offre en champignons de culture s'est récemment multipliée en Europe, de sorte que l'on peut aujourd'hui acheter frais des champignons parfumés asiatiques, ou shiitake *(Lentinula edodes)*, et des pleurotes en forme d'huître *(Pleurotus ostreatus)*.

L'importance des champignons pour l'homme dépasse toutefois la consommation des espèces comestibles. En effet, de nombreuses variétés de fromages doivent leur arôme particulier à l'addition de « champignons », dont *Penicilium roqueforti* et *Penicilium camemberti* sont deux exemples bien connus. Mais ce n'est pas tout. Les diverses levures utilisées comme levains ou ferments dans la fabrication du pain, de la bière et du vin sont elles aussi des champignons. Les levures transforment le sucre contenu dans le malt ou dans le moût en alcool. Cela n'est pas nouveau : cela fait des siècles que l'homme sait tirer parti de ces substances.

Sous forme de moisissures, en revanche, les champignons sont moins appréciés dans les cuisines. Certaines, il est vrai, produisent des substances qui même en petites quantités peuvent se révéler très dange-

Ci-dessous : culture de champignons de Paris à grande échelle.

Ci-dessous en bas : la moisissure du pain est aussi due à la présence d'un champignon (ici *Aspergillus flavus*).

reuses pour l'homme et pour les animaux. Les plus connues sont les aflatoxines produites par *Aspergillus flavus*.

Les champignons qui parasitent les plantes utiles peuvent provoquer des dégats importants. Parmi les parasites qui poussent sur les arbres, outre l'armillaire couleur de miel *(Armillaria mellea)*, *Heterobasidion annosum* est particulièrement redouté. Ce champignon, qui provoque une pourriture brune très violente, est très répandu dans de nombreuses régions. Il décime même des épicéas jeunes. Cette pourriture entraîne des épanchements de résine caractéristiques et, chez les spécimens âgés, un épaississement de la base du tronc. Les premières victimes sont les monocultures et les vieux arbres.

Les champignons parasites peuvent également entraîner des pertes considérables dans l'agriculture. En 1846 par exemple, le mildiou, ou *Phytophtora infestans,* a envahi l'Irlande en raison de raisons climatiques favorables (un été humide et frais). La totalité de la récolte de pomme de terre fut anéantie, ce qui provoqua une grande famine. La population rurale perdit la base de sa subsistance, et un grand nombre d'Irlandais furent contraints d'émigrer en Amérique du Nord.

On s'efforce aujourd'hui de limiter autant que possible les attaques de ces parasites à l'aide de fongicides.

Le *Gymnosporangium sabinae (voir ci-contre)* provoque chez le poirier la rouille grillagée. Il s'agit d'un champignon hétéroïque, qui se développe en partie sur le genévrier et en partie sur le poirier. En avril-mai apparaissent sur les rameaux de genévrier de petites tumeurs brun foncé qui, par temps humide, donnent des masses gélatineuses rouille de 1 à 2 cm de long. Par temps sec, les amas de spores se rabougrissent et se déssèchent. Les grandes quantités de spores qu'elles contiennent sont ensuite transportées par le vent sur de grandes distances. Si une spore atterrit sur la feuille d'un poirier, de petites taches jaune orangé apparaissent trois à quatre semaines plus tard sur la face supérieure de la feuille. Elles atteindront jusqu'à 10 mm de diamètre en été.

Une forte attaque de rouille réduit la photosynthèse, et si le processus se répète plusieurs années de suite le poirier ne donnera presque plus de fruits, voire plus du tout. Dans les cas extrêmes, il arrive même que l'arbre meure. Cependant, le genévrier commun *(Juniperus communis)* n'est jamais attaqué par ce parasite. Seules les variétés ornementales sont susceptibles de l'être, or elles sont généralement déjà por-

La rouille grillagée *(Gymnosporangium sabinae)* prend des aspects différents sur ses deux plantes hôtes.
Ci-dessous: de petites masses gélatineuses brunes sur les rameaux de genévrier.
Ci-dessous en bas: des taches jaune orangé sur des feuilles de poirier.

Un ergot de seigle noirâtre et hautement toxique *(Claviceps purpurea)*.

teuses du parasite lorsqu'on les plante. De fait, la multiplication de ces arbrisseaux exotiques dans les jardins publics et privés conduit à la prolifération de la rouille grillagée.

Les champignons jouent un rôle important dans d'autres domaines encore. C'est en observant très précisément un champignon qu'en 1928 Alexander Fleming a découvert la pénicilline. La découverte de cet antibiotique a ouvert de nouveaux horizons au traitement de maladies infectieuses d'origine bactérienne. On produit actuellement quelque 20 000 tonnes de pénicilline dans le monde.

Comme disait le grand Paracelse, médecin, alchimiste et rénovateur de la médecine (1494-1541 environ), «c'est la dose qui fait le poison». Ses paroles n'ont aujourd'hui encore rien perdu de leur valeur. C'est ce principe qui a permis de découvrir parmi les innombrables plantes toxiques des substances médicinales très précieuses. Au cours des quarante dernières années, plus de 1 000 substances ont été isolées dans des champignons qui, bien que vénéneux, ont une action bénéfique utilisés en quantités infimes.

Citons le cas de l'ergot de seigle *(Claviceps purpurea)* par exemple. Sur les épis de céréales infestés, on observe à la place des grains sains des sclérotes tubulaires noirs et arqués en mycélium solidifié qui contiennent toute une panoplie de substances toxiques. Des régions entières ont été décimées au cours des siècles passés par la consommation de céréales infestées. Toutefois, les substances que contient l'ergot de seigle peuvent être utilisées à petites doses à des fins médicales. Elles servaient autrefois à rendre les contractions de l'accouchement moins douloureuses; aujourd'hui, elles sont plutôt administrées pour traiter les crises de migraine. Pour obtenir ce médicament, des champs de céréales entiers sont infectés avec le parasite. L'immense potentiel qu'offrent les principes actifs produits par les diverses espèces de champignons doit faire l'objet d'études approfondies, car il n'est pas impossible que l'une ou l'autre de ces substances se révèle bientôt particulièrement intéressante du point de vue médical.

Les animaux et les hommes peuvent eux aussi faire l'objet d'affections parasitaires : c'est ce que l'on appelle les «mycoses», qui sont généralement provoquées par des champignons microscopiques du groupe des deutéromycètes. L'une des plus redoutées est le «poumon de fermier», une pneumopathie immunologique provoquée par l'inhalation de spores d'actinomycètes thermophiles. Cette maladie évolue parfois vers la chronicité avec insuffisance respiratoire, puis cardiaque.

Nos problèmes d'élimination des déchets seraient enfin partiellement résolus grâce aux champignons. Des substances organiques comme le bois, le carton et le papier peuvent en effet être décomposées par des champignons spécialisés, tandis que leur utilisation dans des installations de production de compost produit des engrais de bonne qualité.

Les champignons et les animaux

Les hommes ne sont pas les seuls à apprécier les carpophores de nombreux champignons. Diverses espèces animales s'en nourrissent également, mais ce faisant elles réagissent parfois très différemment aux poisons. Ainsi, les limaces se délectent d'amanite phalloïde et d'amanite vireuse sans souffrir le moins du monde des poissons qu'elles contiennent. Il serait donc faux et dangereux de déduire que les champignons que mangent les animaux sont comestibles. Dans notre exemple, on constate que les limaces supportent une dose de poison mille fois supérieure à celle tolérée par l'homme.

Les champignons constituent une part essentielle de l'alimentation des larves de mouches et de moustiques. On a d'ailleurs recensé plus de 200 espèces différentes qui pondent leurs œufs dans des carpophores afin d'assurer à leur progéniture les bases de sa subsistance.

Certains insectes, dont le grand cousin, la mouche des champignons et la mouche des fleurs *(Anthomyida)*, recherchent pour pondre des carpophores jeunes et frais, tandis que d'autres, comme la mouche domestique, les moustiques papillons *(Psychodidae)* et les mouches scatophages, les préfèrent mûrs, pratiquement à l'état de décomposition, dont ils accélèrent d'ailleurs le processus.

La plupart des espèces de mouches ou de moustiques se limitent à une ou quelques espèces de champignons. D'autres, cependant, sont moins difficiles et choisissent leur hôte au sein d'une palette plus étendue. Certaines préfèrent pondre sur des carpophores coriaces, d'autres sur des champignons tendres. Certaines se limitent aux champignons qui poussent sur du bois, d'autres optent pour les carpophores se développant à même le sol. Les larves affamées envahissent souvent le carpophore du pied au chapeau et en dévorent une grande partie, de sorte qu'il ressemble bientôt à un véritable gruyère.

Toutefois, les champignons ne sont pas entièrement perdants. En effet, une fois les insectes changés en chrysalides dans le sol à proximité du carpophore, ils disséminent les spores et en couvrent les insectes

Ci-dessous : les limaces apprécient beaucoup l'amanite vireuse (*Amanita virosa*), pourtant mortelle pour l'homme.

Ci-dessous en bas : amanites rougissantes (*Amanita rubescens*) dévastées par des larves d'insectes.

Les rongeurs aussi aiment les champignons! Ici, un bolet blafard *(Boletus luridus).*

rampants, assurant ainsi une large propagation. C'est particulièrement par temps chaud que les champignons sont la proie des insectes, alors que, pendant la saison froide, à la fin de l'automne par exemple, ces espèces animales sont moins actives.

Certains vertébrés, notamment les souris, les écureuils, les lièvres, les chevreuils, les cerfs et les sangliers, mangent eux aussi des champignons. Les chevreuils, les cerfs et les lièvres recherchent souvent, grâce à leur odorat particulièrement développé, les tubercules souterrains d'*Elaphomyces granulatus,* tandis que les sangliers, gourmands, préfèrent les truffes, qu'elles soient blanches comme la truffe blanche du Piémont *(Tuber magnatum)* ou le choeromyce à méandres *Choeromyces meandriformis,* noires ou très odorantes. Par leurs habitudes alimentaires, ces animaux contribuent ainsi à la propagation des spores de ces champignons *(voir aussi p. 78 et suivantes).*

La richesse culinaire des champignons

Il ne fait aucun doute que l'homme mange des champignons depuis très longtemps. Du temps de l'Empire romain, l'amanite des césars *(Amanita caesarea)* et diverses espèces de truffes étaient déjà considérées comme des mets de choix, tandis qu'au Moyen Âge leur consommation était généralement réservée aux seuls nobles.

Avec la pénurie alimentaire qui sévit au cours des deux guerres mondiales, les champignons sont revenus au goût du jour pour l'ensemble de la population. Le manque d'expérience et la méconnaissance des espèces vénéneuses, d'une part, et les cueillettes avariées, d'autre part, aboutirent à de nombreuses intoxications graves, et les issues fatales n'étaient alors pas rares. Les autorités de la plupart des pays européens établirent de ce fait des directives à respecter pour la vente de champignons comestibles.

Tous les champignons commercialisés aujourd'hui, qu'ils soient issus de cultures ou cueillis sauvages, notamment à l'étranger, sont soumis à des contrôles extrêmement stricts. Quant aux promeneurs du dimanche, ils peuvent toujours aller montrer leur cueillette au pharmacien le plus proche.

Valeur nutritive

On sait aujourd'hui que la valeur nutritive des champignons ne correspond pas, comme on le pensait autrefois, à celle de la viande, mais plutôt à celle des légumes. La teneur en eau des champignons, comprise entre 80 et 93 %, est semblable à celle du lait. Leur teneur en protéines, qui varie de 2,6 % dans le cas de la girolle *(Cantharellus cibarius)* à plus de 5,5 % pour le cèpe de Bordeaux *(Boletus edulis)* et la grande lépiote élevée *(Macrolepiota procera),* est comparable à celle du lait (3,5 %) ou du pain de seigle (6,1 %). Le corps humain ne peut cependant en absorber et en assimiler qu'une petite partie, car il est dans l'impossibilité de digérer les parois des cellules des champignons comestibles, qui contiennent de la chitine, un matériau que l'on retrouve dans la carapace des insectes. Pour que l'organisme assimile la plus grande quantité de protéines possible, il faut couper les champignons en petits morceaux et bien les faire cuire. Si elle est indigeste, la chitine est tout de même utile à l'homme comme substance de lest.

La teneur des champignons en hydrates de carbone assimilables est par ailleurs considérable (3 à 6 %), tandis que la quantité de sels minéraux qu'ils contiennent est relativement haute (1 % environ), notamment pour ce qui est du potassium, du phosphate, du magnésium et du fer. Leur teneur en fibres est du même ordre. Les champignons sont en outre riches en vitamines D, B1 et B2, et aussi parfois en vitamines A et C. Leur taux de matières grasses est en revanche très faible (0,2 à 0,8 %).

La valeur nutritive des champignons n'est donc pas très élevée, mais ils sont équivalents aux autres légumes de par leur forte teneur en vitamines et en sels minéraux. Les substances responsables de leur goût et de leurs arômes particuliers en font cependant des végétaux très différents.

Les substances toxiques contenues dans les champignons

Métaux lourds

Les champignons absorbent des quantités beaucoup plus importantes de métaux lourds (notamment de mercure, de plomb et de cadmium) que les plantes vertes, et les emmagasinent dans leurs carpophores. Ces substances, prises en quantité infime, sont inoffensives pour l'homme ; à forte dose, elles se révèlent toxiques. Les plus fortes teneurs en cadmium ont été observées chez deux agarics, l'agaric à grandes spores *(Agaricus macrosporus)* et *Agaricus augustus*, ainsi que chez d'autres agarics à odeur d'anis et chez la pholiote ridée *(Rozites caperata).*

La quantité de cadmium est indépendante du lieu où poussent les champignons : les variétés des régions non contaminées présentent une teneur en cadmium aussi élevée que celle des champignons séchés provenant de collections scientifiques du siècle dernier, ce qui porte à croire que l'essentiel de la teneur en cadmium est d'origine naturelle et ne doit pas être attribuée à l'aggravation de la pollution.

En revanche, la teneur en plomb et en mercure est sans aucun doute déterminée par la détérioration de l'environnement. Le long des routes très fréquentées, la teneur en plomb de nombreuses espèces de champignons est nettement plus élevée. De même, dans les régions industrielles, le taux de mercure est plus fort. La teneur en mercure des champignons saprophytes tend à être supérieure à celle des espèces symbiotes.

Voici donc deux mesures destinées à protéger l'amateur de champignons : d'une part, éviter d'en cueillir le long des routes fréquentées, dans les zones industrielles et sur les sols enrichis avec des boues d'épuration et, d'autre part, ne pas manger de trop grandes quantités de champignons à forte teneur en métaux lourds. C'est justement en raison de leur taux de métaux lourds que l'OMS (Organisation mondiale de la santé) recommande de ne pas consommer plus de 250 g de champignons par personne et par semaine.

Radioactivité

À la suite de l'accident survenu en avril 1986 à la centrale nucléaire de Tchernobyl, on a constaté dans toute l'Europe une élévation des taux de césium radioactif dans les aliments. Les champignons des bois étaient également concernés, et davantage qu'on ne l'a tout d'abord envisagé. Comme le césium radioactif reste dans les couches supérieures de l'humus que parcourent largement les champignons par l'intermédiaire de leur mycélium, qui couvre parfois jusqu'à plusieurs mètres carrés, certaines espèces en ont emmagasiné une quantité importante.

De nombreux amateurs de champignons se sont alors demandé s'ils pouvaient continuer à manger le fruit de leur cueillette sans absorber une trop forte dose de produits radioactifs.

Aujourd'hui, les spécialistes en la matière estiment que l'on peut consommer sans risque des champignons des bois, dans la mesure où l'on ne mange pas de grandes quantités des espèces particulièrement riches en matières radioactives.

Parmi celles-ci, citons le bolet bai *(Xerocomus badius, voir photo ci-contre)*, la pholiote ridée *(Rozites caperata)*, que l'on trouve même dans les régions alpines, le clitocybe améthyste *(Laccaria amethystea)*, rarement consommé du fait de la petite taille de ses carpophores, et le bolet à chair jaune *(Xerocomus chrysenteron)*.

Les russules et les lactaires ainsi que le bolet élégant *(Suillus grevillei)* et le bolet rude *(Leccinum scabrum)* ont également une forte teneur en césium radioactif, alors que le cèpe de Bordeaux *(Boletus edulis)* en contient très peu, comme les lépiotes,

Le bolet bai *(Xerocomus badius)* est l'une des espèces de champignons qui ont la plus forte teneur en césium.

les chanterelles, le coprin chevelu *(Coprinus comatus)*, l'armillaire couleur de miel *(Armillaria mellea)*, les lépistes, les agarics, le clitocybe géotrope *(Clitocybe geotropa)*, la pholiote changeante *(Pholiota mutabilis)* et *Leccinum aurantiacum*.

Toutefois, le taux de césium ne varie pas seulement en fonction de l'espèce considérée, mais aussi et surtout en fonction du lieu. Il a été prouvé que la concentration en césium dans les carpophores est considérablement réduite lorsque la structure cellulaire du champignon est brisée, par exemple en coupant soigneusement les champignons, puis en les faisant tremper dans l'eau pendant des heures. Malheureusement, ce genre de manipulation modifie considérablement leur goût.

Il est donc recommandé, du fait de la tendance des champignons à emmagasiner les substances toxiques, mais également compte tenu de leur digestibilité relativement faible, d'en servir plutôt de petites portions. Il n'est d'ailleurs pas nécessaire d'en manger de grandes quantités pour apprécier leurs substances aromatiques uniques au cours d'un repas.

La préparation des champignons

Vous venez de cueillir des champignons. Afin d'éviter tout risque d'intoxication, nous vous recommandons de procéder de la façon suivante :
- Utilisez seulement des champignons que vous savez identifier de façon certaine et qui sont classés comestibles dans les ouvrages les plus récents ;
- Si vous avez le moindre doute, montrez l'ensemble de votre cueillette (et non un carpophore isolé) à un pharmacien ou à un mycologue ;
- Utilisez uniquement des champignons frais et en bon état ;
- La plupart des champignons dits comestibles sont toxiques crus. Qu'il s'agisse de champignons de culture ou du produit de votre cueillette, il convient donc de les faire cuire au moins 10 à 15 minutes.

Triez le produit de votre cueillette à la maison : coupez les pieds et éliminez la cuticule visqueuse des chapeaux si elle a résisté à la cueillette. Dans le cas de l'hydne imbriqué *(Sarcodon imbricatum)*, retirez les écailles du chapeau, qui sont particulièrement amères. En règle générale, laissez les lames, tubes et aiguillons, car ce sont eux qui contiennent l'essentiel de la valeur nutritive. Il est simplement conseillé d'éliminer les tubes s'ils sont vieux, spongieux et poisseux.

Afin de pouvoir observer l'intérieur des carpophores, coupez-les en deux dans le sens de la longueur depuis le chapeau jusqu'à la base du pied. Si, en dépit de tout le soin apporté lors de la cueillette, vous découvrirez alors encore des parties véreuses, éliminez-les. Vous pouvez ensuite émincer les carpophores, et si besoin est les passer rapidement sous l'eau.

Ne lavez pas les champignons qui peuvent être poêlés, comme les lactaires ou la lépiote élevée *(Macrolepiota procera)*. Pour les nettoyer, utilisez une brosse, un pinceau ou un chiffon. Retirez ensuite le pied et faites cuire les chapeaux sans les hacher menu.

Pour ce qui est du clitocybe nébuleux *(Clitocybe nebularis)*, du tricholome rutilant *(Tricholomopsis rutilans)* et de l'armillaire couleur de miel *(Armillaria mellea)*, procédez de la façon suivante : faites-les cuire 5 minutes dans l'eau, puis jetez l'eau et terminez la cuisson normalement, en faisant sauter les champignons. Dans le cas de l'armillaire couleur de miel, seuls les spécimens qui poussent sur les conifères sont comestibles. En effet, ceux qui se développent sur les feuillus sont légèrement toxiques, et donc à éviter.

Les champignons sont comme le poisson : ils s'abîment vite. Leurs protéines se décomposent rapidement et peuvent entraîner des intoxications alimentaires graves. C'est pourquoi il est recommandé de garder les cueillettes soigneusement nettoyées (mais pas émincées) et les restes de champignons cuisinés au réfrigérateur une demi-journée seulement, et de ne surtout pas les conserver dans un récipient en aluminium.

Nous allons maintenant vous proposer des recettes et vous donner quelques

Une cueillette bien nettoyée et coupée en morceaux.

astuces et conseils. Néanmoins, n'hésitez pas à laisser libre cours à votre imagination, d'autant plus que les diverses associations de champignons comestibles offrent d'infinies possibilités. Veillez cependant à ne pas trop assaisonner ou épicer vos plats, car cela couvrirait leur arôme subtil.

Recettes

Cèpes à la bordelaise
Pour 6 personnes
1 kg de cèpes, 300 g de jambon de Bayonne, 1 gousse d'ail, persil, huile d'arachide ou de tournesol, beurre, 1 citron, sel et poivre.

Découper les cèpes en quartiers pas trop épais et les jeter dans l'huile préalablement chauffée. Laisser cuire et rissoler les champignons environ 20 minutes. Surveiller la fin de la cuisson pour qu'ils ne soient pas trop cuits. Égouter les champignons. Couper le jambon en dés. Faire revenir les champinons et le jambon dans une poêle avec un peu de beurre. Rajouter la gousse d'ail coupée en tous petits morceaux, le jus de citron. Saupoudrer avec le persil haché. Servir aussitôt.

Cèpes à la crème
Pour 6 personnes
1 kg de cèpes, 250 g de crème fraîche, 1 oignon, 60 g de beurre, 1 demi citron, fenouil haché, sel, poivre.

Émincer l'oignon et le faire revenir dans 60 g de beurre fondu à la poêle. Ajouter les champignons découpés en lamelles. Saler et poivrer. Faire revenir pendant quelques minutes, puis verser la crème fraîche. Laisser encore mijoter 5 minutes. Rajouter alors le jus de citron ainsi qu'une pincée de fenouil haché. Laisser à nouveau mijoter jusqu'à ce que les champignons soient bien cuits. Servir aussitôt.

Chanterelles au lard
Pour 6 personnes
1 kg de chanterelles, 250 g de lard fumé, 1 petit verre de vin blanc sec, beurre, persil, 1 oignon, sel et poivre.

Hacher l'oignon, couper le lard en petits dés et couper les champigons. Mettre le tout à revenir dans une sauteuse avec le beurre. Laisser cuire jusqu'à l'évaporation totale de l'eau des champignons. Saler et poivrer. Verser le vin blanc, couvrir et laisser cuire à feu doux pendant 1 heure.

Lactaires au gril
Pour 6 personnes
18 champignons, huile, 3 gousses d'ail, persil, fines herbes, sel et poivre.

Couper les pieds des champignons. Tremper les chapeaux dans l'huile et les poser sur le gril chaud. Laisser griller puis les retirer et saupoudrer d'un hachis fait avec l'ail, le persil et les fines herbes.

Lépiotes panées
Pour 6 personnes
12 chapeaux de lépiotes, chapelure, 3 jaunes d'œuf, 1 citron, beurre, sel et poivre.

Couper les champignons en deux ou en quatre s'ils sont très gros. Tremper les champignons dans le jaune d'œuf puis les passer dans la chapelure. Faire fondre le beurre; quand il est bien chaud, y jeter les champignons; saler, poivrer et laisser revenir 15 minutes environ. Servir avec des tranches de citron.

Morilles à la crème
Pour 6 personnes
1 kg de morilles, 250 g de crème fraîche, beurre, sel et poivre.

Faire fondre le beurre dans une cocotte, ajouter les morilles et laisser cuire trois quarts d'heure à couvert, en rajoutant un peu d'eau ou de jus de viande au cours de la cuisson si c'est nécessaire. Saler et poiver. Ajouter la crème et laisser réduire quelques minutes. Ce plat accompagne merveilleusement un poulet ou une pintade.

Champigons de Paris à la grecque
Pour 6 personnes
À préparer à l'avance : se sert froid
500 g de champignons de Paris, 1 petit verre de vin blanc sec, 1 boîte de concentré de tomates, 10 petits oignons blancs, quelques grains de coriandre, 1 citron, huile d'olive, poivre en grains et sel.

Préparer une marinade avec le verre de vin blanc, une cuillerée d'huile d'olive, le jus de citron, les grains de coriandre et de poivre, une cuillerée à soupe de concentré de tomate et les petits oignons. Mettre à cuire tout ce mélange pendant 5 minutes à feu vif sans couvrir. Rajouter les champignons et laisser bouillir pendant cinq minutes. Laisser refroidir et servir froid en entrée.

Vous trouverez dans les vieux livres de cuisine des recettes de salades préparées avec des champignons crus. Or, on sait maintenant que même les champignons cultivés contiennent crus des substances toxiques pour le corps humain. En outre, la plupart des champignons sauvages sont vénéneux crus. C'est pourquoi nous vous recommandons de toujours les faire cuire. Seuls le trémollodon gélatineux *(Pseudohydnum gelatinosum)* et le guépinie en helvelle *(Tremiscus helvelloides)* peuvent être consommés crus. Attention également aux risques d'infection par les œufs du ténia du renard. Il est donc préférable de ne pas cueillir de champignons dans les régions fréquentées par ce dernier.

La conservation des champignons

Congélation
À l'exception du *Tremiscus helvelloides*, du trémollodon gélatineux *(Pseudohydnum gelatinosum)* et de la vesse-de-loup géante *(Langermannia gigantea,* qui devient alors amère), vous pouvez congeler toutes les espèces de champignons. Si l'on compare le travail que représentent le séchage des champignons, d'une part, et la congélation, d'autre part, ce second mode de conservation est nettement plus rapide. Toutefois, certaines espèces développent un arôme plus intense en séchant.

Après avoir sélectionné les carpophores que vous souhaitez congeler, nettoyez-les ou, le cas échéant, lavez-les. Coupez-les ensuite en gros morceaux prêts à cuire. Il est préférable de les congeler crus. Si vous les faites blanchir au préalable, vous allez certes gagner de la place, mais perdre en qualité. Veillez également à congeler des spécimens bien frais. La congélation doit être la plus rapide possible. Aussi est-il recommandé de monter la puissance de votre appareil au maximum auparavant. Si vous voulez congeler de grosses quantités de champignons, procédez par lots. Attention ! Le bac à glaçons de votre réfrigérateur n'est absolument pas adapté à la congélation, et ne doit en aucun cas être utilisé à cette fin.

Dans un congélateur classique, vous pouvez conserver vos champignons jusqu'à six mois à une température maximale de -18 °C. Il est inutile de les décongeler avant de les préparer : jetez-les encore congelés dans la poêle.

Ne recongelez en aucun cas des plats de champignons ou des paquets de champignons décongelés, car les protéines qu'ils contiennent se décomposent très rapidement et peuvent provoquer des intoxications alimentaires aiguës. Si vous respectez tous ces conseils, vous pourrez savourer avec plaisir un plat de champignons en plein cœur de l'hiver.

Séchage
Chez certaines espèces, le séchage améliore nettement l'arôme. C'est le cas notam-

ment des morilles *(Morchella)*, de la pézize veinée *(Disciotis venosa)*, du cèpe de Bordeaux *(Boletus edulis)*, du bolet bai *(Xerocomus badius)*, du bolet à chair jaune *(Xerocomus chrysenteron)*, de la chanterelle en tube *(Cantharellus tubaeformis)* de la *Cantharellus xanthopus*, de la trompette de la mort *(Craterellus cornucopioides)* et de l'hydne imbriqué *(Sarcodon imbricatus)*. D'autres champignons se prêtent également bien au séchage, comme les bolétacées, les clitocybes, les tricholomes, les lépiotes et agarics, de même que la pholiote changeante *(Pholiota muabilis)* et l'armillaire couleur de miel *(Armillaria mellea)*.

D'autres espèces, en revanche, ne sont pas du tout adaptées au séchage : c'est par exemple le cas des russules, des lactaires, des bovistes et des coprins ainsi que de la girolle *(Cantharellus cibarius)*, du mousseron, ou tricholome de la Saint-Georges *(Calocybe gambosa)*, de l'hygrophore de mars *(Hygrophorus marzuolus)*, du pied-de-mouton *(Hydnum repandum)*, du *Tremiscus helvelloides* et du trémellodon gélatineux *(Pseudohydnum gelatinosum)*.

Commencez par nettoyer soigneusement les champignons que vous voulez faire sécher (mais ne les lavez pas, vous ne pourriez plus les faire sécher!), puis coupez-les dans le sens de la longueur en tranches de 2 à 3 mm d'épaisseur. Il existe aujourd'hui des appareils spécialement conçus pour le séchage des champignons. Une autre possibilité consiste à utiliser votre four. Laissez-en la porte entrouverte et veillez à ce que la température ne dépasse pas 70 °C. Si vous ne disposez ni d'un appareil spécial ni d'un four, vous pouvez faire sécher vos champignons à l'air libre, en enfilant les tranches sur un fil ou en les posant sur un torchon propre, et en les laissant dans un endroit chaud et aéré, dans le grenier par exemple. Veillez à ce qu'ils ne pourrissent pas, soit par manque d'aération, soit à cause du froid. Les morceaux de champignons sont secs lorsqu'ils ont la texture du papier et qu'ils ne dégagent aucune humidité lorsqu'on les replie.

Pour conserver vos champignons séchés, mettez-les dans des bocaux en verre à fermeture hermétique, que vous entreposerez dans un endroit sec et sombre. Veillez à ce que tous les morceaux de champignons soient bien secs. Un morceau encore humide peut faire moisir le contenu de tout un bocal. Vous pouvez également mettre vos champignons dans des sachets en tissu que vous suspenderez dans votre grenier s'il est bien aéré, mais attention aux risques de moisissures et aux ravageurs, notamment les insectes.

Avant de les cuisiner, faites tremper vos champignons séchés pendant 2 heures environ dans de l'eau froide. Vous pouvez, suivant les recettes, utiliser également l'eau de trempage pour parfumer votre plat.

<u>Conserver les champignons dans leur propre jus</u>
Avec l'introduction de la congélation, cette méthode est elle aussi tombée dans l'oubli. Les espèces à chair ferme s'y prêtent toutefois particulièrement bien, notamment les clitocybes, les tricholomes, les

Des cèpes de Bordeaux *(Boletus edulis)*, prêts à être séchés.

agarics, la pholiote changeante *(Pholiota mutabilis)*, l'armillaire couleur de miel *(Armillaria mellea)*, les russules, les lactaires, les chanterelles, le mousseron, ou tricholome de la Saint-Georges *(Calocybe gambosa)*, les hygrophores, les grandes lépiotes, le pied-de-mouton *(Hydnum repandum)*, l'hydne imbriqué (*Sarcodon imbricatum*) et diverses espèces de bolets.

Prenez des spécimens jeunes et frais, nettoyez-les bien, coupez-les en gros morceaux et rincez-les à l'eau froide ou tiède. Mettez-les ensuite dans une poêle, assaisonnez-les légèrement et faites-les cuire à l'étouffée 15 à 20 minutes. Ajoutez de l'eau si besoin est. Remplissez ensuite les bocaux avec les champignons et leur jus de cuisson et fermez-les hermétiquement avec un caoutchouc. Stérilisez-les au bain-marie à 95 °C pendant une heure. Laissez-les ensuite refroidir lentement et vérifiez quelques jours plus tard que les bocaux étaient bien fermés.

Conservez-les dans un endroit frais, une cave par exemple. Éliminez et jetez tous les bocaux mal fermés, car la consommation de champignons abîmés peut provoquer de sérieux problèmes de santé. Ce mode de conservation nécessite certes beaucoup de travail, mais il est idéal pour les champignons à chair ferme.

Les champignons au vinaigre

Certains champignons se prêtent à ce type de préparation : c'est le cas des agarics, de la girolle *(Cantharellus cibarius)*, du clitocybe géotrope *(Clitocybe geotropa)* et surtout de certains lactaires.

Commencez par préparer la saumure : faites chauffer du vinaigre de vin aromatisé avec des graines de moutarde et des grains de poivre, et éventuellement, selon votre goût, des clous de girofle, des baies de genièvre, des tomates, des poivrons, des carottes, des oignons, de l'estragon ou de l'aneth.

Occupez-vous ensuite des champignons : utilisez seulement de jeunes carpophores qui ne sont pas encore totalement développés. Nettoyez-les, coupez-les en petits morceaux, puis faites-les cuire dans de l'eau salée (1 cuillerée à café de sel par litre d'eau) additionnée de quelques gouttes de vinaigre pendant un quart d'heure environ. Remplissez ensuite des bocaux de taille moyenne avec les champignons, puis versez la préparation refroidie sur les champignons encore chauds. Fermez hermétiquement les bocaux, puis mettez-les dans un endroit frais. Vous pourrez ainsi les conserver longtemps. Ils seront par exemple délicieux avec une raclette par une froide soirée d'hiver.

Cultiver des champignons soi-même

Les Grecs et les Romains avaient déjà essayé de cultiver des champignons. Pour ce faire, ils appliquaient souvent avec succès une méthode très simple. Il s'agissait d'étaler des carpophores mûrs sur des morceaux de bois de l'essence appropriée, afin qu'ils y déposent leur sporée. La chaleur méditerranéenne permettait ensuite généralement aux champignons de se développer spontanément. Cette méthode aurait en revanche vraisemblablement échoué dans des régions au climat plus rude.

C'est en France que les premières cultures de champignons de Paris virent le jour, au début du XXe siècle. Ce champignon est aujourd'hui connu dans le monde entier et indispensable à la cuisine. Ce fut longtemps la seule espèce cultivée, bien que l'on sût que d'autres, la pholiote changeante *(Pholiota mutabilis)*, le pied-bleu *(Lepista nuda)*, la collybie à pied velouté *(Flammulina velutipes)* et le pleurote en forme d'huître *(Pleurotus ostreatus)* notamment, pouvaient elles aussi être produites relativement facilement.

Depuis quelques années, il est désormais possible de cultiver ces champignons dans son propre jardin. Bon nombre de jardiniers en herbe et d'amateurs de champignons peuvent enfin réaliser un rêve cher. Les pépiniéristes, grainetiers et autres commerçants spécialisés proposent plusieurs espèces de champignons sous forme de semences ou même de cultures toutes prêtes. Il s'agit de barquettes contenant environ 1 litre (soit à peu près 500 g) de compost entièrement recouvert de mycélium blanc.

Comme ces cultures sont très sensibles à la chaleur, qui entraîne immédiatement l'apparition de moisissures, nous vous conseillons de les conserver au réfrigérateur. À l'heure actuelle, seuls les champignons saprophytes peuvent être cultivés. Les essais réalisés avec des champignons particulièrement savoureux comme le cèpe de Bordeaux *(Boletus edulis)*, la girolle *(Cantharellus cibarius)* et les vraies morilles *(Morchella)* restent à ce jour infructueux. En effet, ces espèces ne peuvent vivre qu'en symbiose avec certaines plantes et d'autres champignons spécifiques.

Cultures d'intérieur

On trouve dans le commerce des cultures toutes prêts de champignons de Paris *(Agaricus bisporus)* dans ses variétés blanche et rose ainsi que de pleurotes en forme d'huître *(Pleurotus ostreatus)*. Le compost étant déjà couvert de mycélium au moment de l'achat, il est possible de récolter les premiers carpophores peu de temps après. Ainsi, si l'humidité est suffisante, quelques semaines suffisent. Ces cultures peu exigeantes sont de plus en plus appréciées. Les deux variétés de champignons de Paris peuvent tout à fait être cultivées en appartement, où leur production n'est pas très encombrante. Pour leur part, les pleurotes en forme d'huître préfèrent les emplacements ombragés sur un balcon, dans un jardin ou dans une cave, avec une température comprise entre 14 et 22 °C. La récolte vous amusera beaucoup, et vous ne pourrez jamais vous procurer des champignons plus frais !

Cultiver des champignons dans son jardin

Culture sur bois

Les champignons cultivés du bois donnent des carpophores pendant plusieurs années. Les semences pour culture sur bois que l'on trouve dans le commerce poussent uniquement sur du bois de feuillu. Le bois doit provenir d'un arbre qui n'a pas été abattu plus de trois à cinq mois auparavant, car dans le bois sec et fissuré il n'y a pas suffisamment d'humidité. Le bois frais ne convient pas non plus, car le mycélium n'est pas en mesure de se développer sur un support sain.

On distingue les bois durs et les bois tendres. Parmi les premiers, citons le chêne, le hêtre rouge, le charme, le frêne, l'érable, le pommier et le poirier, tandis que le bouleau, le tilleul, l'aulne, le saule et le peuplier appartiennent à la seconde catégorie. Les champignons cultivés sur du bois tendre donnent généralement des carpophores plus rapidement qu'avec du bois dur. On peut les récolter dès la première année, et de façon certaine l'année suivant l'ensemencement.

La culture reste active pendant 3 ans environ. Sur le bois dur, en revanche, on ne peut généralement récolter ses premiers carpophores que 1 an après l'inoculation, mais la culture donne des carpophores pendant 5 à 7 ans.

Pour ne pas devoir garder la délicate culture de mycélium trop longtemps au réfrigérateur, nous vous conseillons de l'acheter juste avant l'ensemencement du bois. Les blocs de feuillus doivent mesurer 15 à 50 cm de diamètre et 30 à 50 cm de longueur. Seuls les champignons parfumés originaires de Chine ou du Japon, ou shiitake *(Lentinula edodes),* nécessitent des branches de 8 à 15 cm de diamètre et de 90 à 120 cm de longueur.

Il existe plusieurs façons d'inoculer le bois. L'une consiste à percer plusieurs trous de plus de 1 cm de diamètre, puis à les remplir de semence ou de mycélium et enfin à les reboucher avec des copeaux de bois ou de liège. Pour les rondins, voici une seconde méthode : découpez une tranche de 2 à 5 cm d'épaisseur. Étalez la semence ou le mycélium sur 1 cm d'épaisseur sur la face sciée du rondin. Reposez la tranche découpée sur le rondin et maintenez-la en place avec un clou. Pour éviter que des moisissures, des souris ou des escargots ne pénètrent et ne détruisent ou ne dévorent les semences, couvrez la fente avec du plastique ou du ruban adhésif. Voici enfin une troisième méthode, très simple mais très efficace. Pratiquez une entaille transversale de 2 cm d'épaisseur, de préférence avec une scie électrique, au milieu d'un rondin. Coupez à peu près jusqu'au milieu du rondin. Remplissez ensuite soigneusement la fente de semences et couvrez le tout avec du plastique ou du ruban adhésif.

La plus grande propreté est recommandée lors de l'inoculation, car sinon la semence risquerait de pourrir. L'idéal est de manipuler la semence avec une cuillère à soupe pour éviter de la toucher avec les doigts.

La première étape, qui est aussi la plus délicate, est désormais terminée. La phase de croissance peut commencer. Placez les morceaux de bois ensemencés dans un endroit ombragé. Pour maintenir une humidité suffisante, recouvrez-les de sacs de jute mouillés ou, mieux encore, de paille humide. Enveloppez le tout d'une feuille de plastique par exemple (perforée pour permettre les échanges gazeux avec l'air ambiant) maintenue en place avec des pierres ou des morceaux de bois. Vérifiez l'humidité de temps en temps et arrosez un peu si besoin est. Les températures supérieures à 30 °C sont fatales au mycélium, mais ce problème peut être évité en installant un petit toit pour protéger la culture du soleil. La température optimale est de 20 °C.

Au bout de 2 mois environ, le mycélium a traversé le substrat. Déballez les morceaux de bois ensemencés au printemps ou en été au mois d'août, ceux qui ont été inoculés en août et septembre en novembre. Installez toujours les rondins ensemencés de champignons parfumés *(Lentinula edodes)* dans un endroit ombragé et abrité du vent. Les rondins inoculés avec

Culture des champignons sur bois :
faire une entaille dans un rondin de bois, puis remplir l'espace libre de mycélium *(en haut à gauche)* et refermer l'entaille de façon hermétique *(en haut à droite)*. Conserver le bois dans un lieu ombragé et le couvrir de paille mouillée pour assurer une certaine humidité *(ci-dessus à gauche)*. Au bout de quelques mois, le mycélium a poussé à travers le support *(ci-dessus à droite)*. Il est temps de déballer le boiset de poursuivre la culture en suivant les indications correspondant à l'espèce choisie.

des pleurotes en forme d'huître *(Pleurotus ostreatus)*, des collybies à pied velouté *(Flammulina velutipes)*, des pholiotes changeantes *(Pholiota mutabilis)* ou des pholiotes du peuplier *(Agrocybe cylindracea)* doivent également être placés à l'ombre, mais à une vingtaine de centimètres de profondeur, car ces espèces ont besoin du contact avec la terre pour se développer. Elles tirent du sol les substances nutritives dont elles ont besoin, l'eau en particulier. En cas de sécheresse prolongée, il faut donc les arroser modérément. Le rendement de ces cultures avoisine, selon les essences et les espèces de bois considérées, les 15 à 20 % du poids du bois.

Culture sur paille

Le strophaire à anneau rugueux *(Stropharia rugosoannulata)* et le pleurote en forme d'huître *(Pleurotus ostreatus)* peuvent être cultivés directement sur des balles de paille tassées. La paille d'orge, de blé ou de seigle convient tout à fait. Vous pourrez vous procurer cette paille bon marché chez n'importe quel agriculteur, après avoir cependant vérifié qu'il n'a utilisé aucun fongicide pour la culture de ses céréales, car cela empêcherait le développement du mycélium.

Assurez-vous par ailleurs qu'aucun autre produit phytosanitaire n'a été appliqué,

car les carpophores de vos champignons en seraient contaminés.

Avant d'ensemencer vos balles de paille, mouillez-les abondamment. Mettez-les dans un récipient suffisamment grand, un tonneau ou une vieille baignoire par exemple, et immergez-les complètement dans l'eau pendant 2 jours, ou bien mouillez-les avec un arroseur de pelouse plusieurs jours durant. Le chaume étant recouvert d'une couche de cire imperméable, il faut en effet plusieurs jours pour que les balles soient bien imprégnées d'eau. Elles pèsent alors parfois plus de 50 kg.

Vous pouvez ensuite commencer l'ensemencement. Avec un plantoir ou un bâton, creusez des trous dans la paille. Cette tâche exigeant la plus rigoureuse propreté, nettoyez soigneusement vos mains et vos outils au préalable.

Prévoyez huit trous d'une dizaine de centimètres de profondeur par face environ, dans lesquels vous glisserez un petit morceau de mycélium. Refermez ensuite

Culture des champignons sur paille : inoculer les balles de paille imbibées d'eau *(en haut à gauche)*. 2 à 3 mois plus tard apparaissent les premiers carpophores *(en haut à droite)*. Les balles de paille sont rapidement couvertes de champignons, que l'on peut alors cueillir.

Ci-dessus : il s'agit ici de strophaire semi-globuleux *(Stropharia rugosoannulata)*.

ces trous en foulant la balle, puis placez celle-ci dans un endroit mi-ombragé, abrité du vent, en contact avec la terre. Pour créer des conditions optimales, couvrez la balle avec une toile de jute mouillée, elle-même enveloppée dans une feuille de plastique. Pour permettre les échanges gazeux avec l'air ambiant, il convient de pratiquer une assez large ouverture latérale dans le plastique. Le mycélium se développe par une température comprise entre 5 et 25 °C. Au bout de 2 mois, retirez la feuille plastique. Les premiers carpophores apparaissent 8 à 12 semaines après l'inoculation.

Culture sur compost spécial

On trouve enfin dans le commerce un compost spécialement conçu pour la culture de champignons de Paris *(Agaricus bisporus)*, de coprins chevelus *(Coprinus comatus)* et de pieds-bleus *(Lepista nuda)*. Il est vendu en sac, généralement accompagné de la bonne quantité de terreau nécessaire. Cela évite de devoir préparer soi-même ce substrat assez délicat.

Avant de commencer l'inoculation du substrat, vérifiez l'humidité du compost. S'il est trop sec, ajoutez 1 à 2 litres d'eau tiède. Veillez à ce que le compost soit encore compact après l'addition d'eau. Vous pouvez alors l'ensemencer. Le mieux est de vider le sac de compost dans un récipient en plastique de 50 litres. Là encore, la plus grande propreté est de rigueur : lavez donc soigneusement vos mains, récipients et éventuels outils. Sortez ensuite le mycélium du réfrigérateur et mélangez-le au compost, puis remettez le tout dans le sac en plastique. Fermez-le bien puis pratiquez plusieurs entailles pour assurer une aération suffisante.

Laissez le sac à la cave, sur le balcon ou dans le jardin. Avec une humidité constante, le mycélium traversera le substrat en 2 à 3 semaines. Les conditions optimales correspondent à une température comprise entre 20 et 23 °C. Au-delà de 30 °C, le mycélium meurt. 3 semaines plus tard, ouvrez le sac et enroulez le bord supérieur pour exposer le dessus de son contenu. Répartissez le terreau régulièrement sur la culture et pressez-le légèrement avec les doigts. Au bout de 2 semaines apparaissent les premiers hyphes de champignons dans le terreau. Sauf dans le cas des pieds-bleus, il convient maintenant de passer la surface du terreau à la brosse métallique pour stimuler la croissance des carpophores. Placez la culture dans une pièce ou dans le jardin, dans un endroit ombragé et protégé du vent, à une température comprise entre 16 et 18 °C.

Les champignons peuvent se développer dans l'obscurité d'une cave, tandis que les coprins chevelus et les pieds-bleus ont besoin d'un peu de lumière. Dans de bonnes conditions de culture, vous pouvez récolter vos premiers carpophores 2 à 3 semaines plus tard. Ils apparaissent en plusieurs fois, avec des pauses de quelques jours entre chaque poussée.

Pour maintenir l'humidité de la culture, vous pouvez l'arroser légèrement pendant ces pauses. Lors de la récolte, éliminez tous les restes de champignon pour ne pas risquer d'attirer d'insectes nuisibles. Une fois les cultures épuisées, vous pouvez réutiliser le compost dans votre jardin.

Champignons de culture

Espèces cultivables sur bois seulement

Champignons parfumés (shiitake, *Lentinula edodes*)

Le shiitake *(voir p. 102 en haut)* est l'un des champignons cultivés depuis le plus longtemps au monde. En Chine et au Japon, il est en effet considéré depuis plus de 2 000 ans comme un aliment aux vertus particulières, parfois même comme un élixir d'amour, et consommé en tant que tel. Des études récentes ont d'ailleurs

établi que la consommation de shiitake frais entraînait une forte diminution du taux de cholestérol dans le sang. Les champignons parfumés secs ont la même action, mais dans une moindre mesure. On a en outre constaté la présence dans ces champignons de substances anticancéreuses.

Habitat: mi-ombre, à l'extérieur ou à l'intérieur.
Substrat: exclusivement sur des branches ou des souches de feuillus (charme, hêtre, chêne ou bouleau), d'un diamètre de 8 à 15 cm et d'une longueur de 90 à 120 cm.
Période d'inoculation: février à juin et août à novembre.
Récolte: première récolte généralement au printemps suivant seulement.

Collybie à pied velouté (Flammulina velutipes)

La collybie à pied velouté *(voir ci-contre, photo du bas)* est l'un des rares champignons à produire des carpophores en hiver. On la trouve parfois à l'état sauvage dans nos régions, mais comme elle pousse en dehors de la saison des champignons elle passe souvent inaperçue. Si la température est comprise entre 2 et 14 °C, les carpophores poussent même sous la neige. Les connaisseurs l'apprécient, car elle apporte un peu de variété dans les menus d'hiver. Cette collybie est enfin elle aussi censée contenir des substances anticancéreuses.

Habitat: mi-ombre et à l'abri du vent.
Substrat: exclusivement sur des rondins de feuillus (hêtre, frêne, peuplier, saule, bouleau, tilleul ou chêne) d'un diamètre de 15 à 50 cm et d'une longueur de 30 à 50 cm.
Période d'inoculation: février à juin et août à novembre.
Récolte: en cas d'inoculation printanière, première récolte dès l'automne et l'hiver suivants.

Ci-dessus en haut: champignons parfumés, ou shiitake *(Lentinula edodes)*.

Ci-dessus: collybie à pied velouté *(Flammulina velutipes)*.

Pholiote changeante
(Pholiota mutabilis)

Dans nos régions, les carpophores de cette pholiote sauvage *(voir photo ci-contre)* poussent en touffes sur les souches de feuillus du printemps jusqu'à l'automne. Il faut faire extrêmement attention à ne pas la confondre avec la galère marginée *(Galerina marginata)*, qui elle est très toxique, voire mortelle dans certains cas. Le plus sage, si vous avez le moindre doute, est de montrer votre cueillette à un spécialiste.

En les cultivant soi-même, on évite bien sûr ce risque de confusion. Les carpophores de la pholiote changeante sont savoureux et très délicats. Ils sont notamment délicieux en soupe, dans une sauce ou bien mélangés avec d'autres champignons en fricassée.

Habitat: mi-ombre et à l'abri du vent.
Substrat: exclusivement sur des souches de feuillus (hêtre rouge, charme, frêne, aulne, tremble, peuplier, saule, bouleau ou chêne) d'un diamètre de 15 à 50 cm et d'une longueur de 30 à 50 cm.
Période d'inoculation: février à juin et août à novembre.
Récolte: dans le cas d'une inoculation printanière, première récolte généralement un an plus tard.

Pholiote du peuplier
(Agrocybe cylindracea)

Comme le shiitake, cette pholiote est cultivée depuis très longtemps. C'est en effet avec cette espèce aromatique que les Romains, qui appréciaient beaucoup les champignons, ont fait leurs premiers essais de culture.

Ce champignon est d'ailleurs encore cultivé dans le sud de l'Italie. Étant donné qu'il aime beaucoup la chaleur, sa culture est assez difficile dans le nord de l'Europe, mais peut être tentée dans une serre suffisamment humide.

Habitat: mi-ombre, à l'abri du vent.
Substrat: exclusivement sur des souches de feuillus (peuplier ou saule) d'un diamètre de 15 à 50 cm et d'une longueur de 30 à 50 cm.
Inoculation: avril à septembre.
Récolte: en cas d'inoculation printanière, première récolte dès l'automne suivant.

Pholiote changeante *(Pholiota mutabilis)*.

Espèces cultivables sur le bois et sur la paille

Pleurote en forme d'huître
(Pleurotus ostreatus)

Ce champignon au pied excentrique *(voir p. 104)* est très apprécié en raison de sa haute teneur en protéine, facilement assimilable, et en vitamines B. Dans les bois, on trouve ses carpophores à la fin de l'automne, voire en hiver si le temps est doux, sur divers types de feuillus morts.

On peut cultiver le pleurote en forme d'huître sur la paille comme sur le bois. On en distingue trois sortes: le type hivernal, qui ne fructifie qu'en dessous de 15 °C; la variété estivale, qui ne fructifie qu'entre 15 et 25 °C; et le quatre-saisons, dont les carpophores se développent entre 6 et 28 °C. C'est ce dernier type que l'on trouve généralement dans le commerce.

Habitat: mi-ombre ou ombre, à l'abri du vent, avec une humidité élevée si possible.
Substrat: paille saine qui n'a pas été traitée avec des fongicides, ou souches de feuillus (hêtre, chêne, bouleau, peuplier, saule ou arbres fruitiers) de 15 à 50 cm de diamètre et 30 à 50 cm de longueur.
Inoculation: toute l'année.
Récolte: sur paille, première récolte 3 à 5 mois après l'inoculation ; sur bois, l'année suivante seulement.

Espèces cultivables sur paille seulement

Strophaire à anneau rugueux
(Stropharia rugosoannulata)

On trouve rarement ce champignon à spores sombres à l'état sauvage. Il pousse de préférence sur des déchets végétaux en décomposition. Bien qu'il soit très facile à cultiver sur la paille, ce n'est que dans les années 60 que sa culture a commencé. Sa chair est savoureuse et très délicate.

Pleurote en forme d'huître *(Pleurotus ostreatus).*

Habitat: mi-ombre, à l'abri du vent.
Substrat: paille saine qui n'a pas été traitée avec des fongicides.
Inoculation: février à juin et août à novembre.
Récolte: 8 à 12 semaines après une inoculation printanière, 5 mois dans le second cas.

Espèces cultivables sur compost spécial

Coprin chevelu
(Coprinus comatus)

Le coprin chevelu *(voir page de droite, photo du haut)* est l'un des champignons comestibles les plus délicats. S'il n'est pas rare de voir sortir ses carpophores dès le printemps près des cours d'eau dans les prairies, c'est en automne qu'il y en a le plus. Des études scientifiques ont montré que les carpophores de coprin chevelu contenaient des substances entraînant une diminution du taux de glycémie dans le sang, dont la quantité est plus élevée dans les spécimens sauvages que dans les champignons cultivés.

Les coprins chevelus doivent être utilisés immédiatement après la cueillette, car, en quelques heures, ils se liquéfient en une sorte d'encre noire.

Habitat: en plein air, sur le balcon, dans le greniers, la cave ou même sous serre.
Substrat: compost pour champignons.
Inoculation: à l'extérieur de mai à août, à l'intérieur toute l'année.
Récolte: 8 à 10 semaines après l'inoculation.

Champignon de Paris
(Agaricus bisporus)

C'est grâce à la cuisine française que le champignon de Paris *(voir ci-dessous)* a conquis le monde entier. Ce délicieux champignon existe en deux variétés, l'une blanche et l'autre brun rosé. On ne récolte et on ne vend généralement que des spécimens fermés, pas encore parvenus à maturité. Cependant, les champignons mûrs, plus gros, sont tout aussi comestibles, et même plus parfumés. Bien que l'on trouve partout des champignons de Paris frais, issus de culture industrielle, n'hésitez pas à tenter votre chance avec la méthode simplifiée qui consiste à utiliser du compost spécial pour champignons: succès garanti!

Ci-contre: coprin chevelu
(Coprinus comatus).
Ci-dessous: champignon de Paris
(Agaricus bisporus).

Pied-bleu *(Lepista nuda)*.

Habitat : dans le grenier, la cave, le garage, la salle de bains, sur le balcon ou bien sous serre.
Substrat : compost pour champignons.
Inoculation : toute l'année.
Récolte : entre 3 ou 4 et 12 semaines après l'inoculation.

Pied-bleu
(Lepista nuda)

C'est à l'automne, quand les nuits deviennent plus fraîches, que l'on peut voir dans les forêts de nos régions les carpophores des pieds-bleus *(voir ci-dessus)*.

On reconnaît aisément ce champignon à ses tons violets plus ou moins foncés. C'est un mets délicieux qui illumine sauces et soupes de son arôme.

Habitat : en plein air ou dans les pièces fraîches comme le grenier et la cave.
Substrat : compost pour champignons.
Inoculation : en plein air, en mai ou à l'automne ; à l'intérieur, toute l'année.
Récolte : 6 à 8 semaines après l'inoculation.

Ces champignons qui valent de l'or

Les gourmets apprécient tellement certains champignons qu'ils sont prêts à les payer très chers. Parmi ces espèces fort prisées, la truffe *(Tuber)*, à croissance souterraine, est, comme la morille, un ascomycète. La trufficulture est délicate, car les truffes sont très exigeantes : elles ne peuvent se développer que par un climat doux, sur un sol calcaire, en présence de certains arbres, avec un ensoleillement suffisant et surtout des périodes de sécheresse ponctuées d'averses orageuses au bon moment. Ce n'est en outre qu'après 8 à 10 ans de croissance du mycélium que les premiers carpophores peuvent se former. 20 à 30 ans plus tard, le mycélium est épuisé, et il ne reste plus qu'à trouver un autre emplacement.

Les carpophores bulbeux sont donc enfouis dans la terre comme des pommes de terre, entre 3 et 30 cm de profondeur. Comment les trouver ? Les porcs, attirés par l'odeur pénétrante des carpophores parvenus à maturité, les dénichent d'emblée. C'est pourquoi ces animaux ont longtemps été utilisés à cette fin. Le maître devait cependant être vigilant pour que le cochon ne dévore pas les truffes sous son nez ! Aujourd'hui, on a plutôt recours à des chiens truffiers, qui, par la finesse de leur odorat, sont tout aussi capables que les porcs de dénicher les précieux tubercules. Ils présentent en outre l'avantage d'être plus discrets, plus obéissants et surtout moins gourmands !

Pendant la saison, les spécialistes de la cueillette des truffes conduisent leurs chiens jusqu'à leurs truffières dont l'emplacement est un secret jalousement gardé. Là, ils déterrent délicatement les truffes dénichées par leurs animaux. Ils gardent également en mémoire pour l'année suivante les nouveaux emplacements découverts. C'est en effet la qualité de ses truffières qui fait la réputation d'un bon cueilleur de truffes.

La plus chère de toutes les truffes est la truffe blanche d'Italie *(Tuber magnatum)*, dont le prix peut dépasser les 15 000 FF le kilogramme suivant les conditions météorologiques. On la trouve dans le nord de l'Italie, près des villes d'Alba et d'Acqualanga. Elle vit en symbiose avec les racines de chêne, mais accepte aussi le tilleul et le peuplier comme partenaires mycorhiziens.

La récolte s'étend de fin septembre à début décembre. Une truffe blanche pèse en moyenne entre 40 et 100 g. Comme la plupart des truffes, elle est essentiellement utilisée comme « aromate » pour parfumer un plat. Elle est tout d'abord brossée (en aucun cas pelée), puis coupée en fines lamelles et dispersée crue sur un plat chaud de pâtes, de polenta ou de risotto. Son parfum envoûtant mettra l'eau à la bouche des gourmets, qui dégusteront ce mets unique avec délice.

Quant à la truffe du Périgord *(Tuber melanosporum)*, elle pousse non seulement en France, au sud et à l'est de Périgueux, mais aussi en Italie. On la récolte à l'aide de chiens ou de cochons truffiers dans les bois de chênes de ces régions, et plus rarement au pied de noisetiers. Quelque 20 tonnes sont ramassées chaque année de la mi-novembre à la fin mars. Elle peut coûter jusqu'à 5 000 FF le kilogramme.

Poussent également dans ces régions la truffe d'été *(Tuber aestivum*, récolte de juin à décembre, *voir photo ci-contre)* et la truffe d'hiver *(Tuber brumale*, récolte en hiver). Toutes deux sont noires, comestibles et savoureuses, mais de qualité inférieure à celle de la truffe du Périgord. La truffe noire mésentérique *(Tuber mesentericum)* est également souvent vendue avec les deux précédentes. Elle est néanmoins de seconde catégorie, et pas particulièrement bonne.

Recette

Truffes sous la cendre
1 truffe par personne, 1 tranche fine de lard maigre par personne, 1 verre d'armagnac, huile d'olive, sel et poivre.
Bien nettoyer les truffes. Les entourer d'une bande de lard maigre après les avoir arrosées d'armagnac. Saler et poivrer. Envelopper les champignons dans une feuille de papier aluminium enduite d'huile pour obtenir une papillote. Mettre à cuire sous la cendre pendant trois quarts d'heure environ.

La très bonne truffe d'été *(Tuber aestivum)*.

Les champignons vénéneux et leurs poisons

Depuis que l'on cueille et que l'on mange des champignons, on sait que certains provoquent des intoxications. Ces mauvaises expériences ont néanmoins fourni de précieuses indications sur les champignons vénéneux, que complètent aujourd'hui des études plus scientifiques.

Les poisons des champignons sont donc bien connus, et redoutés à juste titre. Bon nombre de variétés comestibles donnent des carpophores qui ressemblent beaucoup à ceux d'espèces vénéneuses, d'où un grand risque de confusion. La seule façon de se protéger est de savoir distinguer avec certitude les espèces comestibles de celles qui sont vénéneuses. Il n'existe malheureusement aucune règle universelle. On trouve en effet des espèces toxiques dans pratiquement toutes les familles et tous les genres de champignons. Aucune forme, aucune couleur de carpophores ne détermine à elle seule si un champignon est vénéneux ou non.

Il existe des champignons vénéneux splendides et d'autres qui passent complètement inaperçus. Aucun mode de cuisson ne permet par ailleurs de distinguer les champignons comestibles des espèces toxiques. Les méthodes d'autrefois, telle celle qui consistait à mettre en même temps que les champignons cuisent une cuillère en argent ou un autre objet qui était censé changer de couleur si les carpophores étaient toxiques, ne sont pas fiables non plus, et ont même été fatales à un grand nombre de gens.

Malgré tous les avertissements prodigués, d'innombrables intoxications ont lieu chaque année, et un certain nombre d'entre elles sont mortelles. Les intoxications les plus graves sont provoquées par certaines amanitacées, le gyromitre dit comestible *(Gyromitra esculenta)* et divers cortinaires. Des connaissances lacunaires et l'orgueil mal placé de certains, qui les pousse à ne pas faire examiner leur cueillette par un spécialiste, sont souvent à l'origine de ces drames.

Soyez donc très prudent. N'utilisez que des champignons que vous avez identifiés en toute certitude et qui sont considérés comme comestibles dans les ouvrages les plus récents. Si vous avez le moindre doute, montrez l'ensemble de votre cueillette à un pharmacien ou à un mycologue, et pas seulement un spécimen ou deux. Nous allons maintenant vous présenter les principaux champignons vénéneux et leurs poisons.

Amanitines

Intoxication par les amanitacées *(Amanitaceae)*, certaines petites lépiotes *(Lepiota)* et la galère marginée *(Galerina marginata).*

C'est parmi les amanitacées que l'on trouve les espèces de champignons les plus toxiques. La consommation de carpophores d'amanite phalloïde *(Amanita phalloides, voir ci-contre, photo du haut)*, d'amanite vireuse *(Amanita virosa)* ou d'amanite printanière *(Amanita verna)* est mortelle pour l'homme si l'intoxication n'est pas immédiatement détectée et traitée. Ces trois champignons contiennent des amatoxines, qui comptent parmi les poisons les plus violents que l'on connaisse. Ce sont des substances qui agissent essentiellement sur les cellules du foie. Elles sont très résistantes, et ni la cuisson, ni la sécheresse, ni le détrempage ne diminuent leur action. La dose létale moyenne est de 50 g de champignon frais environ pour un adulte, tandis que 5 à 10 g peuvent suffire à tuer un enfant, beaucoup plus sensible à ce type d'intoxication.

On retrouve le même poison dans la galère marginée *(Galerina marginata, voir ci-dessous, photo du bas),* qui ressemble beaucoup à la pholiote changeante *(Pholiota mutabilis),* qui, elle, est comestible. La lépiote brune *(Lepiota brunneoincarnata)* et d'autres petites lépiotes contiennent elles aussi des amatoxines. De l'avis des rescapés, tous ces champignons vénéneux ne sont ni amers ni coriaces, mais au

Ci-dessous: amanite phalloïde
(Amanita phalloides).
Ci-dessous en bas: galère marginée
(Galerina marginata).

contraire fort bons. Le goût d'un plat de champignons ne laisse donc aucunement présager de leur toxicité.

Les premiers symptômes (qui rappellent ceux d'une gastro-entérite) apparaissent généralement 10 à 12 heures après le repas (parfois dès 6 heures ou, au contraire, 24 heures plus tard seulement). Si ce long temps de latence est typique de l'intoxication aux amatoxines, une réaction plus rapide ne l'exclut pas pour autant, car la fricassée consommée pouvait contenir d'autres champignons vénéneux au temps d'action plus court. Coliques et diarrhées durent 2 à 4 jours. Cette perte de liquide peut provoquer simultanément une baisse de la pression artérielle, une accélération du pouls, des crampes, une déshydratation et un état de choc. Après un semblant d'amélioration surviennent les premiers troubles hépatiques. La mort survient 4 à 7 jours plus tard, provoquée par un coma hépatique si la quantité de poison consommée était suffisante et si un traitement n'a pas été entrepris assez rapidement pour protéger le foie. À ce titre, la silybine, un principe actif du chardon Marie *(Silybum marianum)*, particulièrement efficace, est utilisée depuis quelques années.

La plupart des intoxications sont provoquées par l'amanite phalloïde *(Amanita phalloides)*. Contrairement aux agarics *(Agaricus)*, les amanitacées *(Amanitaceae)* ont des lames blanches et non pas roses. Malgré cette différence, il existe des risques de confusion certains entre les deux familles, notamment en ce qui concerne les jeunes carpophores. Soyez vigilant.

Gyromitrine

Intoxication due au gyromitre dit comestible *(Gyromitra esculenta)* ou à la pézize étoilée *(Sarcosphaera coronaria)*.

Séché, ce gyromitre était, il y a quelques années encore, considéré comme comestible et même très apprécié. De grandes quantités en étaient importées et vendues dans le commerce. Fort heureusement, la vente en a été récemment interdite dans de nombreux pays européens.

La toxicité du champignon frais ne fait aucun doute depuis très longtemps. Le poison qu'il contient, la gyromitrine, disparaît cependant presque entièrement à la dessiccation des carpophores. On peut également fortement réduire la teneur des champignons en poison en les faisant blanchir plusieurs fois. Toutefois, même des champignons ainsi traités peuvent provoquer de graves intoxications. En outre, on risque, en faisant cuire ces carpophores, d'inhaler le poison passé dans la vapeur. De par leur faible poids et leur sensibilité accrue, les enfants sont les premières victimes de ces intoxications. Les adultes supportent en effet des quantités six fois supérieures.

Les premiers symptômes apparaissent généralement entre 6 et 24 heures après ingestion du poison : une grande fatigue, des maux de tête, de violents vomissements et des coliques.

Gyromitre dit comestible *(Gyromitra esculenta)*. Le diamètre de la pièce de monnaie est de 3,1 cm.

Les intoxications graves provoquent la désagrégation des globules rouges ou des troubles hépatiques susceptibles d'entraîner la mort.

Une confusion avec des morilles comestibles *(Morchella)* est souvent à l'origine de ces intoxications. La pézize étoilée *(Sarcosphaera coronaria)* provoque le même type d'empoisonnement.

Orellanine

Intoxication due au cortinaire couleur de rocou *(Cortinarius orellanus)*, au cortinaire très élégant *(Cortinarius rubellus)*, au cortinaire éclatant *(Cortinarius splendens)*, dont la toxicité est actuellement remise en cause, ou à d'autres cortinaires *(Cortinarius)* encore.

Ce n'est que depuis 1952 que l'on sait que certains cortinaires sont vénéneux. Cette année-là en effet, 135 personnes tombèrent malades en Pologne après avoir mangé des cortinaires couleur de rocou, et 19 d'entre elles en moururent. De plus, un nombre croissant de rapports publiés ces dernières années traitaient d'intoxications accompagnées de troubles néphrétiques pouvant aller jusqu'au non-fonctionnement des reins, provoquées par le cortinaire très élégant *(Cortinarius rubellus, voir photo du haut)* ou, comme on l'a soupçonné, le cortinaire éclatant *(Cortinarius splendens)*.

Il faut généralement attendre plusieurs jours, voire des semaines, avant qu'apparaissent les premiers symptômes (fatigue, soif et douleurs rénales) de ce type d'intoxication. Du fait de ce long temps de latence, médecins et patients ont généralement du mal à les associer à un plat de champignons.

Afin d'éviter tout risque d'empoisonnement avec des cortinaires, nous vous conseillons de ne manger que le cortinaire remarquable *(Cortinarius praestans)*.

Cortinaire très élégant *(Cortinarius rubellus)*.

Poisons provoquant des douleurs gastriques et intestinales

Intoxication due à l'agaric jaunissant *(Agaricus xanthoderma)*, à l'entolome sinueux *(Entoloma sinuatum)*, au clitocybe de l'olivier *(Omphalotus olearius)*, au paxille enroulé *(Paxillus involutus)*, au tricholome tigré *(Tricholoma pardalotum)*, au bolet de Satan *(Boletus satanas)*, à l'hypholome en touffe *(Hypholoma fasciculare)*, à *Ramaria*

Bolet de Satan *(Boletus satanas)*.

pallida, à certaines russules *(Russula)* et à certains lactaires *(Lactarius)* à l'odeur forte.

Ce groupe rassemble toute une gamme de champignons toxiques aussi bien crus que cuits. Leur consommation entraîne des douleurs gastriques et intestinales désagréables, mais rarement mortelles, qui ne laissent généralement pas de séquelles. Ces problèmes sont dus à de nombreux poisons, encore inconnus pour la plupart. Les premiers symptômes (essentiellement des diarrhées et des vomissements) surviennent entre un quart d'heure et 4 heures après la consommation des champignons. Les enfants sont généralement beaucoup plus affectés que les adultes. Il arrive que la déshydratation soit fatale.

Une grosse proportion de champignons vénéneux contiennent des poisons de ce type. L'entolome livide et le tricholome tigré sont notamment très dangereux. Le premier, qui aime la chaleur, s'est multiplié ces derniers temps du fait de la douceur du climat. On le confond parfois avec le clitocybe nébuleux *(Clitocybe nebularis)*, qui lui ressemble un peu et pousse dans les mêmes endroits. Quant au tricholome tigré, au chapeau gris et charnu, il affectionne les bois de feuillus au sol calcaire. On le confond souvent avec le tricholome couleur de terre *(Tricholoma terreum)*.

La consommation de petits morceaux crus de bolet de Satan *(voir p. 111, photo du bas)* provoque une violente intoxication, alors que l'action du poison diminue un peu avec la cuisson. Ce champignon assez rare pousse dans les chênaies au sol calcaire et donne dès l'été de gros carpophores robustes bien tentants. Les vieux spécimens en revanche sentent très fort la charogne, ce qui décourage fort heureusement la cueillette. Les ramasseurs inexpérimentés risquent de confondre ce bolet au chapeau clair garni de tubes avec le cèpe de Bordeaux *(Boletus edulis)*. Bien d'autres champignons, notamment ceux cités au début du chapitre, donnent de désagréables douleurs gastriques et intestinales plus ou moins semblables.

Muscarine

Intoxication due aux inocybes et aux clitocybes.

Le temps de latence de la muscarine s'étend de quelques minutes à 2 heures. Les symptômes typiques comprennent accès de sueur, suivis de coliques, de vomissements et de diarrhées, mais aussi hypersalivation, ralentissement du rythme cardiaque et rétrécissement de la pupille. Les intoxications graves se terminent par un pseudo-œdème pulmonaire ou un arrêt cardiaque.

Ce poison a tout d'abord été isolé chez l'amanite tue-mouches *(Amanita muscaria)*, d'où son nom. On a toutefois constaté par la suite que la concentration de muscarine dans l'amanite tue-mouches était très faible, tandis que les inocybes et les clitocybes en contenaient 10 à 12 fois plus. En cas d'intoxication, il est possible d'administrer au patient un antidote, l'atropine, extrait de la belladone, qui annule en grande partie l'action de la muscarine.

Inocybe rimeux *(Inocybe rimosa)*.

On trouve souvent les carpophores blanchâtres de l'inocybe de Patouillard *(Inocybe patouillardii),* très toxique, à la même époque et au même endroit que ceux, concolores, du mousseron, ou tricholome de la Saint-Georges *(Calocybe gambosa),* comestible. Attention aux risques de confusion. L'inocybe rimeux *(Inocybe rimosa, voir page de gauche)* est également un champignon particulièrement toxique. Parmi les clitocybes les plus dangereux, citons le clitocybe des feuilles *(Clitocybe phyllophila),* le clitocybe blanchi *(Clitocybe dealbata)* et le *Clitocybe fragrans.* Pour éviter tout risque d'intoxication, le plus simple est de ne pas ramasser de petits carpophores blancs.

Acide ibotonique et muscimol

Intoxication due à l'amanite tue-mouches *(Amanita muscaria)* ou à l'amanite panthère *(Amanita pantherina).*

Les intoxications à l'amanite tue-mouches *(voir ci-contre, photo du haut)* sont plutôt rares, car tout le monde, même les enfants, connaît ce dangereux champignon rouge moucheté de blanc. Il a cependant des adeptes, amateurs de cette drogue hallucinogène. L'acide ibotonique et le muscimol ne sont pas les seules substances toxiques à l'origine de l'intoxication provoquée par la consommation de ce champignon, mais les autres poisons n'ont pas encore été isolés. La muscarine, présente en très petite quantité, n'a ici qu'une incidence secondaire.

Après un court temps de latence d'une demi-heure à 2 heures apparaissent des troubles psychiques qui peuvent se manifester sous la forme d'hallucinations, de troubles de la conscience ou d'un état d'ébriété. Dans les cas graves, on assiste parfois à une perte de la conscience avec éventuellement un arrêt respiratoire ou circulatoire. Le poison est néanmoins géné-

Ci-dessus en haut : amanite tue-mouches *(Amanita muscaria).*

Ci-dessus : amanite panthère *(Amanita pantherina).*

ralement éliminé en 10 à 15 heures, après un sommeil profond. Une intoxication à l'amanite panthère *(voir ci-dessus, photo du bas)* provoque des symptômes sensiblement plus marqués. Selon une croyance populaire erronée, le fait de retirer la cuticule du chapeau de cette amanite rendrait les jeunes carpophores comestibles. Ce type d'expériences est vivement déconseillé. Le fait est que, en fonction de leur habitat, des conditions météorologiques et d'autres éléments encore, la teneur en poison des amanites tue-mouches et panthère varie. Leur toxicité est donc imprévisible et leur consommation extrêmement dangereuse.

Psilocybine et psilocine

Intoxication due aux champignons dits «hallucinogènes».

Certaines espèces de champignons contiennent des substances qui agissent essentiellement sur le système nerveux central et provoquent des hallucinations. Comme ces champignons sont de petite taille et ne présentent aucun intérêt gastronomique, les intoxications de ce type sont rares. En tant que drogue, ils jouent en Europe un rôle relativement secondaire compte tenu de leur teneur variable, voire très faible, en substances toxiques. Aux États-Unis, en revanche, ils ont davantage de succès, car leur concentration en substances hallucinogènes est plus élevée. Il s'agit essentiellement de psilocybine et de psilocine, dont l'effet est comparable à celui du LSD, substance isolée au départ à partir d'un champignon de ce type avant d'être obtenue par synthèse. Les premiers symptômes apparaissent entre un quart d'heure et 2 heures après la prise. Il n'est heureusement pas rare que le *trip*, qui dure quelques heures, soit ressenti comme anxiogène, de sorte que la première consommation de champignons hallucinogènes est souvent aussi la dernière.

Parmi les psilocybes présents en Europe, citons *Psilocybe semilanceata* et *Stropharia coronilla* (voir ci-dessous, photo de gauche).

Coprine

Intoxication due à la consommation conjointe de coprin noir d'encre *(Coprinus atramentarius)* et d'alcool.

Le coprin noir d'encre *(voir ci-dessous, photo de droite)* contient de la coprine, qui bloque la dégradation métabolique de l'alcool chez l'homme. On ne peut donc manger ce champignon, excellent par ailleurs, que si l'on ne boit pas une goutte d'alcool pendant les deux jours qui précèdent et qui suivent sa consommation, repas compris. Le non-respect de cette mesure entraîne l'apparition d'incidents cardio-

Stophaire coronille
(Stropharia coronilla).

Coprin noir d'encre
(Coprinus atramentarius).

vasculaires graves pouvant aller jusqu'à un évanouissement ou des troubles du rythme cardiaque. Le bolet blafard *(Boletus luridus)* et le *Clitocybe clavipes* peuvent provoquer le même type d'intoxication.

Poison hémolytique du paxille enroulé

Intoxication due à la consommation répétée de paxille enroulé *(Paxillus involutus)*.

On sait depuis quelques années seulement que le paxille enroulé *(voir ci-contre)* peut provoquer, dans le cas d'une ingestion répétée, de très fortes intoxications, qui n'apparaissent généralement que des années plus tard.

Une substance qui n'a pas encore été identifiée entraîne en effet une réaction brutale dont les symptômes sont semblables à ceux d'une leucémie, avec destruction des globules rouges. Cette intoxication grave est parfois mortelle.

Paxille enroulé (*Paxillus involutus*).

D'autres substances toxiques provoquent par ailleurs des douleurs gastro-intestinales immédiatement après la consommation de ce champignon *(voir pages 111-112)*. Il est donc vivement déconseillé de manger le paxille enroulé, malheureusement considéré comme comestible dans de nombreux ouvrages mycologiques anciens.

Que faire en cas d'intoxication?

Dès l'apparition des premiers symptômes d'une intoxication, consultez un médecin, un hôpital ou un centre antipoison.

Videz immédiatement l'estomac de la victime en provoquant des vomissements.

Conservez les restes de champignon et les vomissures pour permettre au médecin d'identifier l'espèce en cause et de déterminer le traitement adapté.

Les symptômes apparaissent généralement plus tard dans le cas d'une intoxication grave. Cependant, un temps de latence bref n'exclut pas la possibilité d'une double intoxication avec un second poison, plus dangereux.

Si les symptômes apparaissent plus de 4 heures après l'ingestion, l'intoxication risque d'être due à l'amanite phalloïde, mortelle. Il convient alors d'emmener aussitôt tous les convives à l'hôpital.

Bolet pomme de pin
Strobilomyces strobilaceus (S. floccopus)

Chapeau: 5-10 cm, couvert d'écailles pyramidales écartées, bistre sur fond gris brunâtre à presque blanc, hémisphérique, puis convexe. Marge avec franges irrégulières; tubes saillants, avec des résidus de voile gris pâle à l'état jeune.
Tubes: pores d'abord blancs, puis gris brunâtre teinté de vert olive, brunissant à la pression, arrondis à anguleux, tubes blanchâtres à gris, adnés à légèrement décurrents.
Pied: orné de grosses écailles, fibrilleux, avec un anneau fugace cotonneux, cylindrique, légèrement élargi au sommet, plein.

Chair: blanchâtre, devenant brun rosé à la coupe, puis virant au noirâtre, spongieuse, ligneuse dans le pied, coriace; odeur légèrement terreuse, saveur douce.
Spores: 10-13/9-10 µm, réticulées-échinulées, sporée noirâtre.
Comestibilité: non comestible, goût amer.
Habitat: bois de conifères et de feuillus, en solitaire; de juillet à octobre.
Remarques: ce bolet sombre, et le plus souvent dans les tons de gris, ne peut être confondu avec aucun autre bolet.

Bolet à spores pourpres
Porphyrellus porphyrosporus (Boletus porphyrosporus)

Chapeau: 5-12 cm, brun-gris à bistre, parfois maculé de taches plus claires, d'abord hémisphérique, puis convexe; cuticule finement veloutée, marge d'abord incurvée, puis fine et recouvrante.
Tubes: pores gris, puis brun-gris, verdissant au toucher, puis rougissant ou noircissant, tubes de même couleur ou plus clairs, adnés à échancrés sur le pied.
Pied: concolore au chapeau, cylindrique à trapu, légèrement aminci au sommet; revêtement velouté à fibrilleux, base souvent tomenteuse et blanche.
Chair: blanche ou gris-blanc, virant parfois au rouge ou au bleu-vert; odeur désagréable de moisi, saveur douce et légèrement terreuse.
Spores: 15-18/6-7 µm, lisses, sporée rousse.
Comestibilité: non comestible, un peu amer, à préserver.
Habitat: bois de feuillus et de conifères, plutôt rare; de juin à octobre.
Remarques: certains auteurs distinguent deux espèces différentes, l'une venant dans les bois de feuillus *(P. porphyrosporus)* et l'autre dans les forêts de conifères *(P. pseudoscaber).*

STROBYLOMYCÉTACÉES

Bolet châtain
Gyroporus castaneus

Chapeau : 4-10 cm, d'abord brun châtaigne, puis cannelle et enfin jaune paille à ocré, hémisphérique jeune, puis convexe et étalé, parfois déprimé avec l'âge ; cuticule finement feutrée, puis lisse, marge fine.
Tubes : pores d'abord blancs, puis teintés de jaune citron, tubes concolores, adnés ou presque libres.
Pied : concolore au chapeau, cassant, cylindrique, se détachant aisément du chapeau, d'abord plein, puis spongieux à celluleux ; revêtement d'abord feutré, puis lisse, base souvent renflée à légèrement claviforme.
Chair : blanche, de couleur immuable à la coupe, cassante ; odeur et saveur douces.
Spores : 7-11/4,5-6 µm, lisses, sporée jaunâtre.
Comestibilité : comestible, mais à préserver absolument.
Habitat : bois de feuillus, notamment sous les chênes, moins fréquemment sous les conifères, en sol acide et sableux, rare ; de juillet à octobre.
Remarques : quoique moins cloisonné, son pied ressemble souvent fortement à celui de son proche parent, *G. cyanescens* (voir p. 119). Ces deux espèces sont très rares.

Bolet bleuissant, indigotier
Gyroporus cyanescens

Chapeau : 4-10 cm, jaune paille à ochracé, d'abord hémisphérique, puis convexe et plan ; cuticule tomenteuse à feutrée, marge longtemps incurvée, avec des tubes saillants.

Tubes : pores d'abord blancs, puis jaune clair, virant au bleu de bleuet au toucher, tubes jaune pâle, bleuissants, échancrés sur le pied.

Pied : jaune paille, obèse à claviforme, lacuneux, creux ou farci (d'une substance cotonneuse) avec l'âge ; revêtement feutré, lisse vers la base.

Chair : virant immédiatement au bleu de bleuet à la coupe, puis blanc-gris sale ; odeur faible, saveur douce.

Spores : 8-16/4-8 µm, lisses, sporée ocre jaune.

Comestibilité : comestible, mais à préserver absolument.

Habitat : bois de feuillus et de conifères, aime les emplacements chauds, à l'abri du vent, rare ; de juillet à octobre.

Remarques : le bolet châtain *(voir p. 118),* tout aussi comestible, mais rare et à préserver, se distingue de *G. cyanescens* par une chair de couleur immuable, ainsi qu'un chapeau et un pied plus foncés.

Bolet à pied creux
Boletinus cavipes

Chapeau : 6-12 cm, brun-jaune, brun-doré, brun foncé à brun rouge, d'abord bombé à conique arrondi, puis plan et déprimé ; cuticule d'abord feutrée, puis rapidement squameuse, marge fine et pourvue de résidus de voile.

Tubes : pores jaunes à vert olive, en forme de rectangle allongé, à mailles plus serrées vers la marge, tubes vert olive, légèrement décurrents sur le pied et ornés de résidus de voile.

Pied : cerclé d'un anneau clair membraneux-fibreux plus ou moins marqué, jaunâtre au-dessus, jaune brunâtre en dessous et légèrement atténué, cylindrique, creux même jeune, renflé vers la base.

Chair : jaunâtre, spongieuse ; odeur de champignon agréable, saveur douce.

Spores : 7-10,5/3-4 µm, lisses, sporée ocre olivacé.

Comestibilité : comestible, mais à préserver.

Habitat : sous les mélèzes ; d'août à octobre.

Remarques : son habitat exclusif, sa cuticule squameuse, son pied creux et son anneau sont autant de caractéristiques uniques qui font de ce champignon une espèce impossible à confondre avec une autre.

Bolet élégant
Suillus grevillei

Chapeau : 4-10 cm, jaune-roux, brun orangé, jaune, d'abord hémisphérique, puis convexe à plan ; cuticule lisse, glutineuse sèche et très visqueuse humide, marge lisse, tubes légèrement saillants, ornés de résidus de voile à l'état jeune.

Tubes : pores d'abord jaunes, puis cannelle, se colorant en brun cannelle au toucher, tubes adnés jaune citron.

Pied : pourvu d'un anneau membraneux fugace jaune blanchâtre, réticulé de rouge orangé sur fond jaune en dessous de l'anneau et jusqu'à la base, jaunâtre au-dessus, généralement cylindrique, charnu, plein, parfois légèrement renflé à la base.

Chair : blanchâtre, jaune pâle à jaune d'or, d'abord ferme, puis spongieuse ; odeur et goût caractéristiques des bolets.

Spores : 8-11/3-5 µm, lisses, sporée brun jaunâtre.

Comestibilité : comestible, après retrait de la cuticule.

Habitat : sous les mélèzes ; de juillet à octobre.

Remarques : on peut le confondre avec le bolet du Trentin *(voir p. 123)* et avec le bolet jaune des pins *(voir p. 128)*. Tous deux sont comestibles.

Bolet vert-de-gris, bolet visqueux
Suillus viscidus (S. aeruginascens)

Chapeau : 4-10 cm, gris-blanc à gris-brun, d'abord hémisphérique, puis convexe et enfin plan ; cuticule glutineuse humide et irrégulière, marge longtemps enroulée et pourvue de restes de voile blancs.
Tubes : pores d'abord blanchâtres, puis gris-brun, fonçant légèrement au toucher, tubes de même couleur, adnés et légèrement décurrents.
Pied : doté d'un anneau membraneux fugace supère, d'abord blanchâtre, puis brunâtre, blanchâtre à jaunâtre et lisse au-dessus, gris-blanc à rouge brunâtre et fibreux à squameux en dessous, cylindrique, parfois légèrement renflé à la base.
Chair : blanche ou gris jaunâtre pâle, surtout vers la base des tubes, un peu jaune dans le pied, se colorant plus rarement en bleuâtre ou verdâtre pâle ; odeur fruitée, saveur douce.
Spores : 10,5-13,5/3,5-6,2 µm, lisses, sporée brun verdâtre.
Comestibilité : comestible.
Habitat : sous les mélèzes ; de juillet à octobre.
Remarques : compte tenu de ses pores gris et de son habitat exclusif sous les mélèzes, il est quasiment impossible à confondre avec un autre.

Bolet du Trentin
Suillus tridentinus

Chapeau : 5-10 cm, ocre brun à rouge orangé, d'abord hémisphérique, puis convexe et enfin plan, avec parfois une belle forme un peu conique ; cuticule d'abord visqueuse, puis rapidement méchuleuse, marge d'abord pourvue de résidus de voile membraneux blancs, puis nette.
Tubes : pores anguleux, d'abord orange vif, s'élargissant à proximité du pied, tubes jaune verdâtre.
Pied : pourvu d'un anneau blanchâtre très fugace, lisse et orangé au-dessus, légèrement fibreux et un peu plus foncé vers la base, cylindrique, sinueux, base légèrement obèse.
Chair : jaune citron, se colorant lentement de rougeâtre ou de brunâtre à la coupe, ferme, puis spongieuse ; odeur légèrement fruitée, saveur douce.
Spores : 9-13/4-6 µm, lisses, sporée brun doré.
Comestibilité : comestible, mais à préserver.
Habitat : sous les mélèzes, en sol calcaire ; de juillet à octobre.
Remarques : le bolet élégant *(voir p. 121)* lui ressemble beaucoup, à part pour ses pores qui sont jaunâtres.

Bolet de Sibérie var. *helveticus*
Suillus sibiricus var. *helveticus*

Chapeau: 4-8 cm, brun à jaune paille, couvert d'écailles fibreuses, d'abord hémisphérique, puis convexe à étalé; cuticule glutineuse humide et visqueuse une fois sèche, marge d'abord ornée de résidus de voile blancs.
Tubes: pores anguleux, assez gros, jaunâtres, puis aussi rougeâtres, souvent guttulés, tubes jaune foncé, échancrés à décurrents.
Pied: fond jaune clair, couvert de points glanduleux gluants, avec un anneau blanc laineux, cylindrique, un peu sinueux, base ornée de mycélium rosé.

Chair: jaune pâle, légèrement brunâtre à la coupe; odeur agréable de bois d'arolle, saveur douce.
Spores: 9-12/3,5-4,5 µm, lisses, sporée brun olivacé.
Comestibilité: comestible, mais à préserver.
Habitat: sous les arolles et les pins de lord Weymouth; d'août à octobre.
Remarques: variété très peu connue, car elle pousse dans les Alpes jusqu'à 2 000 m d'altitude. L'espèce *S. sibiricus* se rencontre dans le nord de la Russie. *S. plorans* est très semblable, mais plus foncé.

Bolet jaune, nonette voilée, cèpe annelé
Suillus luteus

Chapeau : 5-10 cm, brun foncé, rarement brun-jaune, d'abord hémisphérique, puis convexe et plan avec l'âge, très charnu ; cuticule glutineuse humide et visqueuse, satinée et mate une fois sèche, ornée de filaments bruns, marge lisse, tubes saillants.
Tubes : pores d'abord jaune citron s'assombrissant, tubes également jaune citron, soudés au pied ou décurrents.
Pied : pourvu d'un anneau membraneux ascendant violet-noir, jaune pâle avec des points glanduleux brunâtres au-dessus, blanc jaunâtre un peu plus clair, mais avec les mêmes points en dessous, cylindrique, légèrement renflé à la base.
Chair : blanc jaunâtre, d'abord tendre, puis spongieuse. Saveur douce.
Spores : 7-11/2,5-3,5 µm, lisses, sporée brune à ochracée.
Comestibilité : comestible, après retrait de la cuticule.
Habitat : bois de conifères, sous les pins, plus rarement sous les épicéas ou les mélèzes ; de juin à octobre.
Remarques : Il ressemble un peu au bolet jaune des pins *(voir p. 128)*, qui a les mêmes exigences d'emplacement, mais ne possède pas d'anneau et présente un chapeau plus clair.

GENRE *SUILLUS* 125

Bolet agréable
Suillus placidus (Boletus placidus)

Chapeau: 3-8 cm, d'abord blanc ivoire, puis jaune à légèrement brunâtre, d'abord hémisphérique, puis convexe et enfin étalé et mamelonné. Cuticule légèrement visqueuse humide, glutineuse une fois sèche.
Tubes: pores d'abord blanchâtres, puis jaunes à jaune orangé, avec des guttules laiteuses, tubes concolores, soudés au pied.
Pied: fond blanc, couvert sur toute sa longueur de points glanduleux roussâtres qui foncent progressivement avec l'âge, cylindrique, légèrement aminci à la base.
Chair: blanche, molle, spongieuse avec l'âge; odeur agréable, saveur douce.
Spores: 7-10,5/2,5-3,5 µm, lisses, sporée jaune olivacé.
Comestibilité: comestible, mais à préserver.
Habitat: sous les arolles et les pins de lord Weymouth; de juin à octobre.
Remarques: le seul bolet blanc en Europe centrale. Il ne fructifie que sous les pins à cinq aiguilles. On le trouve généralement en association mycorhizique avec l'arolle dans les Alpes, mais il pousse aussi en solitaire sous les plantations de pins de lord Weymouth d'Amérique du Nord.

Bolet à mycélium rosé
Suillus collinitus (S. fluryi)

Chapeau : 8-11 cm, roux, brun châtain, d'abord hémisphérique, puis convexe et enfin presque plan ; cuticule visqueuse à glutineuse humide, satinée et mate une fois sèche, finement filamenteuse, marge longtemps enroulée.
Tubes : pores d'abord jaunes, puis jaune olivacé, brunissant au toucher, tubes de même couleur et échancrés sur le pied.
Pied : sommet jaune citron, brunâtre en dessous, plein ; revêtement non gluant, sec, base rosée pourvue de mycélium rosé.
Chair : jaune pâle, légèrement roussâtre à la base du pied ; odeur acidulée, saveur douce.
Spores : 7,5-10/3,5-4,5 µm, lisses, sporée orange ochracé.
Comestibilité : comestible, mais à préserver. Purgatif dans les régions méridionales.
Habitat : sous les espèces de pins à deux aiguilles, en sol calcaire, rare ; d'août à novembre.
Remarques : se distingue du bolet jaune *(voir p. 125)* par l'absence d'anneau et du bolet jaune des pins *(voir p. 128)* par la base rosée de son pied. Il fructifie de préférence durant les journées chaudes de fin d'automne.

Bolet jaune des pins, bolet granulé
Suillus granulatus

Chapeau : 2-9 cm, jaune, ocre ou brun cuir, hémisphérique, puis convexe et enfin étalé, recouvert d'une épaisse couche gélatineuse qui disparaît avec l'âge ; cuticule se retirant aisément.
Tubes : pores arrondis à anguleux, sécrétant à l'état jeune et par temps humide des guttules blanc laiteux qui subsistent et sèchent, tubes jaune pâle, jaune olivacé à ocre terne.
Pied : jaunâtre pâle, sécrétant également des guttules en son sommet, cylindrique, plein, ferme, base légèrement atténuée.
Chair : blanche à jaune clair, d'abord tendre et ferme, puis spongieuse. Odeur et saveur non caractéristiques.
Spores : 8-11/3-4,5 µm, lisses, sporée orange ochracé.
Comestibilité : comestible, après retrait de la cuticule.
Habitat : sous les pins, souvent dans les pâturages ; de juin à octobre.
Remarques : on peut le confondre avec le bolet jaune *(voir p. 125)*. Mais cette espèce souvent plus grosse, possède une collerette fugace et une cuticule plus foncée. Le rare bolet à mycélium *(voir p. 127)* lui ressemble aussi, mais la base de son pied est rosée. Tous deux sont comestibles.

Bolet des bouviers
Suillus bovinus (Boletus bovinus)

Chapeau: 4-12 cm, jaunâtre foncé à brun orangé, d'abord convexe, puis étalé; cuticule lisse, visqueuse humide, glutineuse une fois sèche, marge nette, plus ou moins sinuée.
Tubes: pores blanchâtres, jaune brunâtre, puis brun olivacé, grands, légèrement allongés, tubes courts, inséparables de la chair du chapeau.
Pied: concolore au chapeau, cylindrique, généralement sinué, élastique, base le plus souvent ornée de mycélium rosé.
Chair: blanchâtre, crème, avec des nuances faiblement rougeâtres; odeur insignifiante, saveur amère.
Spores: 7-11/3-5 µm, lisses, sporée olivacée.
Comestibilité: comestible, mais de qualité gustative médiocre.
Habitat: sous les espèces de conifères à deux aiguilles; de juillet à octobre.
Remarques: contrairement aux espèces voisines très semblables que sont le bolet jaune des pins *(voir p. 128)* et le bolet tacheté *(voir p. 130),* le bolet des bouviers pousse en groupe et le plus souvent en grande colonie.

GENRE *SUILLUS*

Bolet tacheté, bolet moucheté
Suillus variegatus

Chapeau: 8-15 cm, ocre jaune à brun olivacé, d'abord hémisphérique avec une marge involutée, puis convexe et enfin étalé; cuticule micacée, c'est-à-dire couverte de petites squames tomenteuses qui donnent l'impression que le chapeau est saupoudré de sable, légèrement visqueuse humide, pas du tout par temps sec.
Tubes: pores jaune olivacé, très petits, tubes ocre jaune, bleuissant légèrement à la coupe.
Pied: un peu plus clair que le chapeau, cylindrique, glabre à légèrement tomenteux.
Chair: jaunâtre, bleuissant légèrement; odeur légèrement acidulée, saveur douce.
Spores: 7,5-12/3-4 µm, lisses, sporée jaunâtre.
Comestibilité: comestible, mais de qualité gustative moyenne.
Habitat: sous les espèces de conifères à deux aiguilles; d'août à octobre.
Remarques: il ressemble à *S. plorans,* mais ce dernier présente un chapeau toujours visqueux et un pied teinté de rose à la base par le mycélium. Il ne fructifie en outre que sous les arolles (conifère à cinq aiguilles), alors que le bolet tacheté pousse sous les espèces de pins à deux aiguilles.

Bolet subtomenteux
Xerocomus subtomentosus

Chapeau : 3-12 cm, jaune olivacé, ocre jaune à gris brunâtre, d'abord hémisphérique, puis convexe ; cuticule finement tomenteuse et mate.
Tubes : pores jaune d'or, assez grands et anguleux, tubes également jaune d'or, généralement échancrés sur le pied.
Pied : ocre jaune, brun rouille surtout au sommet, parcouru de points longitudinaux brunâtres ou brun rougeâtre, cylindrique, en général légèrement sinueux et un peu renflé à la base.
Chair : blanc jaunâtre, nettement jaune dans le pied, bleuissant à peine à la coupe ; odeur faible, saveur douce.
Spores : 11-14/4-6 µm, lisses, sporée olivâtre.
Comestibilité : comestible, plutôt fade.
Habitat : bois de feuillus et de conifères ; de juillet à octobre.
Remarques : il ressemble à *X. ferrigineus,* mais ce dernier est rare. Son chapeau est parfois brun rosé. On peut alors le confondre avec le bolet à chair jaune *(voir p. 132)* ou avec *X. truncatus,* fréquent sous les chênes en sol sableux. Mais toutes ces espèces sont comestibles.

Bolet à chair jaune
Xerocomus chrysenteron

Chapeau : 3-10 cm, brun-jaune à brun foncé, avec des nuances olivacées ou parfois rouges, rougeâtre à l'endroit de cassures ou de morsures, d'abord hémisphérique, puis convexe et enfin plan ; cuticule finement tomenteuse à veloutée, se craquelant souvent de manière caractéristique par temps sec.

Tubes : pores d'abord jaune pâle, puis jaune olivacé, assez gros et anguleux, bleuissant presque toujours un peu au toucher, tubes jaune clair, le plus souvent décurrents.

Pied : jaunâtre, nuancé de divers tons de rouges plus ou moins vifs, rarement aussi sans nuances, cylindrique, parfois un peu sinueux, fibrilleux, en général un peu renflé à la base.

Chair : jaune blanchâtre, rouge sous la cuticule, légèrement bleuissante ; odeur légère, saveur douce.

Spores : 10,5-16/4-6,5 μm, lisses, sporée brun olivacé.

Comestibilité : comestible, très apprécié des amateurs de champignons.

Habitat : bois de feuillus et de conifères, très commun ; de juillet à novembre.

Remarques : *X. truncatus,* qui pousse sous les chênes, lui ressemble à s'y

méprendre. Les autres espèces ressemblantes sont le bolet rougeâtre *(voir p. 134)*, le bolet subtomenteux *(voir p. 131)* et *X. ferrugineus*. Toutes sont comestibles. Pendant la saison froide, il est fréquent que les carpophores du bolet à chair jaune perdent la nuance rouge caractéristique de leur pied et la coloration brun clair de leur cuticule *(en haut à droite)*. Le pied prend alors des tons exclusivement jaunes et le chapeau des tons brun foncé. La chair de ces individus est rarement infestée par les larves d'insectes et moins spongieuse. On rencontre aussi souvent des bolets à chair jaune moisis *(en bas à droite)*. D'ailleurs, les pores des carpophores cueillis par temps chaud moisissent également très rapidement.

GENRE *XEROCOMUS*

Bolet rougeâtre
Xerocomus rubellus

Chapeau : 3-7 cm, rouge sang vif, pâlissant avec l'âge, légèrement brillant, d'abord hémisphérique, puis plan et étalé, souvent même ondulé avec l'âge.
Tubes : pores jaune citron à jaune d'or, puis olivâtres, tubes jaune verdâtre, échancrés sur le pied.
Pied : jaune clair au sommet, moucheté, sinon concolore au chapeau, légèrement bleuissant au toucher, cylindrique à claviforme, presque radicant.
Chair : jaunâtre, bleuissant légèrement à la coupe ; odeur légère, saveur douce.

Spores : 7-17/4-7 µm, lisses, sporée brun-jaune à brun olivacé.
Comestibilité : comestible, mais à préserver.
Habitat : bois de feuillus, sur les sols particulièrement herbeux, plutôt rare ; de juillet à septembre.
Remarques : il affectionne particulièrement les parcs et les prairies boisées à l'ombre des tilleuls et des chênes. On peut le confondre avec certains spécimens très rouges du bolet à chair jaune *(voir p. 132)*. Mais il s'en distingue le plus souvent par la splendide coloration rouge sang de son chapeau et de son pied.

Bolet bai
Xerocomus badius

Chapeau: 3-15 cm, souvent brun foncé à presque noir et hémisphérique à l'état jeune, puis châtain ou brun foncé, convexe, plan et finalement étalé, feutré à velouté par temps sec, légèrement visqueux humide.
Tubes: pores d'abord jaune pâle, puis jaune-vert, virant au bleu foncé au toucher, tubes de même couleur, adnés et partiellement décurrents sur le pied.
Pied: fond jaune clair, couvert de fines fibrilles ocre brun plus foncées, marbré, cylindrique, base atténuée.
Chair: blanchâtre, jaunâtre par endroits, bleuissante, d'abord ferme, puis molle; odeur légèrement fruitée, saveur douce.
Spores: 11-18/4,5-6 µm, lisses, sporée brun olivacé.
Comestibilité: comestible, bonne qualité gustative. Suite à l'accident de Tchernobyl, il a été contaminé par le césium dans certaines régions, et ne doit donc pas être ramassé en grande quantité.
Habitat: bois de conifères et de feuillus, commun; de juin à novembre.
Remarques: avec son pied non réticulé et sa chair bleuissante, il est quasiment impossible à confondre.

Bolet amer, bolet de fiel, chicotin, faux cèpe
Tylopilus felleus

Chapeau : 5-12 cm, jaune miel, brun plus ou moins clair avec des nuances de gris, d'abord hémisphérique, puis convexe et enfin étalé. Cuticule mate, veloutée, légèrement visqueuse par temps humide.
Tubes : pores d'abord blancs, puis rosés à brun-rose, brunissant au toucher, tubes de même couleur, assez longs, échancrés sur le pied.
Pied : concolore au chapeau à l'exception du sommet, un peu plus clair, orné d'un réseau à grosses veines brun-jaune plus ou moins nettes, cylindrique à claviforme.
Chair : blanche, se colorant à peine à la coupe ; odeur agréable, saveur très amère.
Spores : 11-15/3,5-5 µm, lisses, sporée brun rosé.
Comestibilité : toxique.
Habitat : bois de conifères, sur les sols pauvres en calcaire ; de juillet à octobre.
Remarques : on confond souvent le bolet amer avec le cèpe de Bordeaux *(voir p. 138)* en dépit de son goût amer, de ses pores brun rosé et de son pied orné d'une réticulation foncée. Consommé en grande quantité, il peut provoquer de violents maux d'estomac et de ventre.

Cèpe d'été, bolet réticulé
Boletus aestivalis (B. reticulatus)

Chapeau: 8-25 cm, brun foncé, puis couleur café au lait clair, d'abord hémisphérique, puis convexe et enfin pulviné, avec une chair épaisse. Cuticule finement veloutée, devenant souvent squameuse par temps sec ou avec l'âge, marge émoussée.
Tubes: pores d'abord blancs à gris-blanc, puis jaune verdâtre et enfin vert olive, tubes de même couleur, échancrés sur le pied.
Pied: brun clair, gris-brun, orné d'un réseau blanc à brunâtre s'étendant jusqu'à la base, d'abord obèse, puis claviforme à cylindrique.
Chair: blanchâtre à crème, brun clair sous la cuticule, molle, spongieuse; odeur agréable, saveur douce de noisette.
Spores: 13,5-17/4-5 µm, lisse, sporée olivacée.
Comestibilité: comestible, bonne qualité gustative.
Habitat: bois de feuillus, sur les sols calcaires, généralement à proximité de hêtres ou de chênes; de mai à juillet.
Remarques: un des premiers bolets à fructifier. Il se distingue du cèpe de Bordeaux *(voir p. 138)* par sa cuticule souvent squameuse et son pied plus foncé orné d'un réseau très net.

Cèpe de Bordeaux, gros-pied, cèpe comestible
Boletus edulis

Chapeau: 6-20 cm, blanchâtre, puis brun clair à brun foncé sans nuances de rouge, d'abord hémisphérique, puis convexe et enfin étalé et pulviné; cuticule lisse ou rugueuse, légèrement visqueuse par temps humide.
Tubes: pores blanchâtres, puis jaunes à vert olive, tubes de même couleur, se détachant aisément du chapeau, échancrés.
Pied: blanc à brunâtre crème, orné d'un réseau très net de fines mailles blanches dans sa partie supérieure, d'abord obèse, puis claviforme et enfin cylindrique.
Chair: d'abord blanche et ferme, puis brunâtre sous la cuticule et spongieuse; odeur agréable, saveur de noisette.
Spores: 14-17/4,5-5,5 µm, lisses, sporée brun olivacé.
Comestibilité: comestible, excellent.
Habitat: bois de feuillus et de conifères, dans les clairières et en lisière; de juillet à novembre.
Remarques: les individus très jeunes (embryons, en bas à droite) sont souvent profondément enfoncés dans le sol, de telle sorte que seul le chapeau brunâtre dépasse. Les spécimens plus âgés se distinguent par la coloration jaune à vert olive de leurs pores et

leur long pied cylindrique *(ci-dessus)*. Il existe plusieurs autres espèces de « cèpes comestibles » qui ont tous en commun un pied plus ou moins nettement réticulé et une chair ne virant pas de couleur (immuable). Ce sont : le cèpe des pins *(voir p. 140)*, à chapeau et pied roux, le cèpe d'été *(voir p. 137)*, à cuticule veloutée souvent squameuse et réseau nettement marqué et le bolet tête-de-nègre *(B. aereus)*, à splendide chapeau noirâtre. Tous ces « bolets comestibles » sont parmi les meilleures espèces et les plus connues de champignons sauvages.

Cèpe des pins
Boletus pinophilus (B. pinicola)

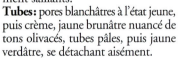

Chapeau : 6-15 cm, châtain, brun-rouge foncé, d'abord hémisphérique, puis convexe, remarquablement régulier, charnu ; cuticule mate, rugueuse, marge nette, avec des tubes légèrement saillants.

Tubes : pores blanchâtres à l'état jeune, puis crème, jaune brunâtre nuancé de tons olivacés, tubes pâles, puis jaune verdâtre, se détachant aisément.

Pied : fond roux pâle, orné d'un réseau de mailles blanchâtres à rousses vers la base, obèse à claviforme, base pourvue de mycélium blanc.

Chair : blanchâtre, rougeâtre sous la cuticule, ferme à spongieuse, ne virant pas de couleur à la coupe ; odeur agréable, saveur de noisette.

Spores : 14-17/4,5-5,5 µm, lisses, sporée olive foncé.

Comestibilité : comestible, excellent.

Habitat : surtout sous les pins, mais aussi sous les feuillus, peu fréquent ; de mai à août.

Remarques : avec beaucoup de chance, on pourra en trouver plusieurs en groupe ou même en véritable colonie au mois de juin. Il se distingue du cèpe de Bordeaux *(voir p. 138)* par un chapeau et un pied plus sombres et par son apparition précoce.

Bolet pulvérulent
Boletus pulverulentus

Chapeau : 4-10 cm, brun rougeâtre ou gris olivacé, virant au bleu-noir au toucher, d'abord hémisphérique, puis convexe, plan et enfin étalé et déprimé au centre ; cuticule lisse, finement veloutée.

Tubes : pores d'abord jaune citron, puis vert olive, très sensibles au toucher, virant immédiatement au bleu-noir, tubes de même couleur, adnés.

Pied : jaune citron au sommet, brun rougeâtre à rouge pourpre vers la base, bleuissant également au toucher, cylindrique, aminci à la base.

Chair : jaune, virant immédiatement au bleu-noir quand elle est exposée à l'air. Aucune odeur particulière, saveur douce.

Spores : 10-18/4-7 µm, lisses, sporée olivacée.

Comestibilité : comestible.

Habitat : bois de conifères et de feuillus, en terrain sableux ; de juillet à octobre.

Remarques : bien que la couleur de sa cuticule varie énormément, ce bolet est très facilement reconnaissable avec ses pores jaune vif et la coloration bleu-noir instantanée de toutes les parties de son carpophore.

Bolet Satan
Boletus satanas

Chapeau: 8-25 cm, blanchâtre, puis gris et se couvrant de taches brun olivacé avec l'âge, d'abord jaunâtre, puis rougeâtre à l'endroit de morsures, hémisphérique à l'état jeune, puis convexe et enfin un peu aplani, charnu; cuticule lisse, satinée à légèrement brillante, glabre, marge nette.
Tubes: pores petits, ronds, jaunes, puis virant progressivement au rouge carmin, bleuissant au toucher, tubes longs, jaunes à vert olive, hyménium jaune.
Pied: jaune d'or au sommet, orné d'un fin réseau rouge carmin à rouge violacé jusqu'à la base, bleuissant au toucher, obèse à bulbeux.
Chair: jaune pâle, bleuissant à la coupe, dense; odeur désagréable rappelant celle des anguilles chez les carpophores mûrs, saveur douce.
Spores: 10-16/5-7 µm, lisses, sporée brun olivacé.
Comestibilité: toxique.
Habitat: bois de feuillus, sur les sols calcaires, sous les hêtres, assez rare, pousse en groupe; de juin à septembre.
Remarques: seuls les ramasseurs inattentifs risquent de le confondre avec le cèpe de Bordeaux *(voir p. 138),* car il s'en distingue nettement. Il provoque de violents troubles digestifs.

Bolet radicant
Boletus radicans (B. albidus)

Chapeau: 8-20 cm, gris blanchâtre, puis jaune brunâtre sale avec l'âge, se colorant légèrement de bleu-vert au toucher, puis virant au brunâtre, d'abord hémisphérique, puis convexe et enfin aplani, le plus souvent déprimé un peu irrégulièrement.
Tubes: pores jaune citron à jaune d'or, puis olive, virant au bleu sale au moindre contact, petits, tubes concolores, bleuissants, presque libres.
Pied: jaune clair avec un réseau jaunâtre, devenant jaune brunâtre avec l'âge, parfois ceinturé de rougeâtre vers le centre, bleuissant au toucher, d'abord bulbeux, puis obèse et enfin claviforme.
Chair: blanchâtre à jaune clair, bleuissant immédiatement à la coupe, puis pâlissant de nouveau; odeur acidulée, saveur amère caractéristique.
Spores: 9-16/4-6 µm, lisses, sporée brun olivacé.
Comestibilité: non comestible.
Habitat: sur les sols calcaires, dans les bois de feuillus, principalement sous les hêtres; de juillet à septembre.
Remarques: le bolet à beau pied *(voir p. 148)* lui ressemble, mais se distingue par un pied rouge, une chair bleuissant plus faiblement et un habitat différent.

Bolet de Fechtner
Boletus fechtneri

Chapeau : 5-15 cm, d'abord gris-blanc, puis gris argenté et enfin gris brunâtre, formant des taches brun rougeâtre au toucher après quelque temps, hémisphérique, puis convexe à légèrement aplani ; cuticule finement feutrée, non visqueuse, marge dépassant des tubes.

Tubes : pores d'abord jaune citron, puis nuancés de brun rouille, bleuissant au toucher, tubes de même couleur, devenant brun olivacé avec l'âge, bleuissant aussi.

Pied : jaune intense, orné d'un fin réseau jaune nuancé par endroits du milieu jusqu'à la base de rouge carmin, obèse à l'état jeune, devenant cylindrique avec une base claviforme.

Chair : la chair du chapeau se colore en bleu ciel à la coupe, celle de la base en rose, le reste de la chair est jaunâtre ; odeur agréable, saveur douce.

Spores : 9-16/5-6,5 µm, lisses, sporée brun olivacé.

Comestibilité : comestible.

Habitat : bois de feuillus, plus particulièrement sous les hêtres, en sol calcaire et dans les emplacements chauds, rare ; de juillet à septembre.

Remarques : il ressemble au bolet Satan *(voir p. 142),* toxique, et au bolet radicant *(voir p. 143),* non comestible.

Bolet blafard
Boletus luridus

Chapeau: 6-20 cm, olivacé à brun foncé en passant par le brun orangé, voire rougeâtre, teinté de rougeâtre à l'endroit des morsures d'escargot, hémisphérique, puis convexe et pulviné; cuticule finement feutrée comme le daim.
Tubes: pores d'abord rouge orangé, puis orange jaunâtre, bleuissant fortement au toucher, tubes jaunes, puis vert olive, hyménium rouge orangé.
Pied: jaune clair à jaune orangé, presque entièrement recouvert d'un réseau rouge très net de veines allongées, pruiné de rouge vif au sommet, bleuissant fortement au toucher quand il est jeune et virant en peu de temps au bleu-noir, obèse.
Chair: jaunâtre pâle, bordeaux à la base, bleuissante. Saveur douce.
Spores: 9-17/5-7 µm, lisses, sporée brun olivacé.
Comestibilité: toxique.
Habitat: bois de feuillus et de conifères, en sol calcaire (calcicole), de préférence dans les clairières ou en lisière; de juin à octobre.
Remarques: le bolet blafard a été récemment reclassé dans les champignons toxiques. Il ressemble beaucoup au bolet à pied rouge *(voir p. 146)*.

Bolet à pied rouge
Boletus erythropus (B. luridiformis)

Chapeau : 5-15 cm, généralement brun foncé, parfois aussi rouge brique foncé, d'abord hémisphérique, puis pulviné, voire aplani avec l'âge, solide et charnu ; cuticule finement veloutée.
Tubes : pores jaune olivacé, devenant rapidement orange à rouge sang et bleuissant immédiatement, assez petits, tubes jaunes à jaune olivacé, bleuissant tout de suite comme les pores, échancrés, base des tubes jaunes.
Pied : fond jaune, moucheté de points floconneux rouges, jamais réticulé, très sensible au toucher et bleuissant immédiatement, généralement obèse ou légèrement claviforme, plus rarement cylindrique.
Chair : jaune, bleuissant immédiatement à la coupe, extrêmement dense et dure ; odeur et saveur faibles et douces.
Spores : 11-19/4,5-7 µm, lisses, sporée brun olivacé.
Comestibilité : n'est comestible que bien chauffé et parfaitement cuit.
Habitat : bois de feuillus et de conifères, sur les sols acides et pauvres en calcaire ; de mai à novembre.
Remarques : il ressemble beaucoup au bolet blafard *(voir p. 145)*, mais ne présente pas de réticulation rougeâtre comme ce dernier.

Bolet rouge sang
Boletus rubrosanguineus

Chapeau : 6-15 cm, d'abord brun rosé, puis pourpré à bordeaux, bordeaux clair à l'endroit des morsures d'animaux, mais se colorant ensuite de jaune, d'abord hémisphérique, puis convexe à plan ; cuticule mate, finement veloutée, souvent légèrement rugueuse.
Tubes : pores rouge sang même très jeunes, virant au bleu sale au toucher, tubes jaunes, bleuissant à la coupe.
Pied : fond jaunâtre, orné d'un réseau rouge pourpre très fin, avec une base à peine réticulée ou floconneuse et colorée en surface de rouge foncé, cylindrique à légèrement claviforme.
Chair : jaune, rougeâtre sous la cuticule, bleuissant rapidement mais pas de manière très prononcée à la coupe ; odeur acidulée, saveur douce.
Spores : 14-18/5,5-6,5 µm, lisses, sporée jaune-brun.
Comestibilité : non comestible, à préserver.
Habitat : bois de feuillus, sur les sols calcaires et dans les emplacements chauds ; de mai à juillet.
Remarques : ce champignon rare aux superbes couleurs n'est pas toujours très facile à identifier. Sa période de fructification précoce contribue au fait qu'il ne soit pas très connu.

Bolet à beau pied
Boletus calopus

Chapeau : 6-15 cm, brun très pâle, brun grisâtre à olivacé, hémisphérique, puis convexe et légèrement aplani ; cuticule le plus souvent irrégulièrement ondulée, mate, veloutée, marge longtemps enroulée.
Tubes : pores toujours jaunes, virant au bleu-vert au toucher, tubes également jaunes, échancrés.
Pied : sommet jaunâtre, en dessous, et jusqu'à la base, rouge pourpre orné d'un réseau à fines mailles allongées, claviforme à obèse, ferme et vigoureux, laissant apparaître le mycélium blanc à sa base.
Chair : blanchâtre, gris jaunâtre pâle, bleu verdâtre à la coupe ; odeur insignifiante, saveur amère.
Spores : 10-14/4-6 µm, lisses, sporée brun olivacé.
Comestibilité : toxique.
Habitat : bois de conifères de montagne, rare dans les forêts de feuillus ; de juillet à octobre.
Remarques : on confond souvent ce champignon avec le bolet Satan *(voir p. 142),* dont les pores sont pourtant colorés de rouge. Le bolet radicant *(voir p. 143),* l'un de ses plus proches parents, lui ressemble aussi beaucoup. Tous deux poussent dans les forêts de feuillus, sous les hêtres.

Bolet poivré
Boletus piperatus (Chalciporus piperatus)

Chapeau : 2-8 cm, cuivré, ochracé ou légèrement plus clair, d'abord hémisphérique, mais devenant rapidement convexe, puis étalé ; cuticule un peu visqueuse humide, mate quand elle est sèche.

Tubes : pores rouge rouille, plus foncés que le chapeau, assez gros et anguleux, tubes concolores, adnés et même presque décurrents.

Pied : jaune, cuivré, cylindrique, mince, avec une base légèrement atténuée laissant nettement apercevoir le mycélium jaune.

Chair : jaune citron vif dans le pied, rose chair à bordeaux dans le chapeau, d'abord ferme, puis un peu spongieuse ; odeur insignifiante, goût poivré.

Spores : 7-12/3-5 µm, lisses, sporée brun rougeâtre.

Comestibilité : comestible, mais en petite quantité comme condiment.

Habitat : bois de conifères, sur les pâturages, le plus souvent sous les épicéas ou les pins ; de juin à octobre.

Remarques : le bolet poivré peut être utilisé séché en petite quantité comme condiment. *B. amarellus* lui ressemble, mais en plus pâle, avec des pores rose tendre. Il est beaucoup plus rare et non comestible.

Bolet orangé
Leccinum aurantiacum (L. rufum)

Chapeau : 6-20 cm, rouge orangé, cuivré, d'abord globuleux, puis hémisphérique, convexe et enfin étalé avec l'âge, charnu ; cuticule lisse, finement veloutée, marge nette.

Tubes : pores blancs à l'état jeune, puis gris olivâtre et enfin jaunâtres, tubes très longs, blanchâtres, échancrés.

Pied : blanchâtre, orné de squames d'abord blanchâtres, puis orangées à rousses, cylindrique, très long, base légèrement renflée et parfois un peu coudée.

Chair : blanchâtre, ligneuse dans le pied (surtout à la base), virant au noirâtre à la coupe, sauf à la base où elle prend une teinte verdâtre ; odeur agréable, saveur douce.

Spores : 13-17/4-5 µm, lisses, sporée ocre brun.

Comestibilité : comestible, bonne qualité gustative.

Habitat : sous les trembles ; de juillet à novembre.

Remarques : ce bolet orangé est probablement le plus connu de tous. On peut le confondre avec *L. vulpinum*, *L. quercinum* et *L. versipelle*. Mais toutes ces espèces sont comestibles.

Bolet assez ferme, bolet des peupliers
Leccinum duriusculum

Chapeau: 6-16 cm, gris-brun, un peu plus clair au centre, fuligineux vers la marge, d'abord hémisphérique, puis convexe à plan; cuticule lisse à finement rugueuse, un peu visqueuse humide, mate une fois sèche.
Tubes: pores d'abord blancs, puis grisâtres, brunissant au toucher, tubes concolores, adnés.
Pied: fond blanchâtre, orné d'écailles oblongues grisâtres, voire presque noires, cylindrique, long.
Chair: blanche, virant au rose saumon, sans noircir à la coupe, la base du pied se colore de vert clair à l'endroit de la cassure, ferme; odeur agréable, saveur douce.
Spores: 13-17/5-6 µm, lisses, sporée brun-jaune.
Comestibilité: comestible, bonne qualité gustative.
Habitat: sous les trembles; de juillet à octobre.
Remarques: la base du pied qui verdit et la chair qui ne noircit pas sont deux critères d'identification constants. Il ressemble au bolet rude *(voir p. 153),* mais celui-ci s'en distingue principalement par son habitat (sous les bouleaux).

Bolet des charmes
Leccinum carpini

Chapeau : 4-10 cm, brun-jaune à brun-gris foncé, d'abord hémisphérique, puis pulviné à plan ; cuticule généralement rugueuse assez caractéristique.
Tubes : pores d'abord blancs, puis gris jaunâtre, noircissant au toucher, tubes blanc sale noircissant aussi.
Pied : gris-blanc, couvert de petites écailles gris-noir, cylindrique, long.
Chair : blanchâtre, se colorant de rougeâtre à violet, puis de noir au toucher, ferme seulement à l'état jeune ; odeur agréable, saveur douce.
Spores : 10-20/4-7 µm, lisses, sporée brun foncé.

Comestibilité : comestible.
Habitat : bois de feuillus, généralement sous les charmes, dans les emplacements chauds, pas très courant ; de juin à octobre.
Remarques : l'exploitation forestière intensive entraîne la raréfaction progressive des charmes et, avec elle, celle de leur champignon mycorhizique. On peut au départ le confondre avec le bolet rude *(voir p. 153),* mais ce dernier s'en distingue nettement par son habitat (sous les bouleaux). Tous les bolets du genre *Leccinum* sont de bons comestibles.

Bolet rude
Leccinum scabrum

Chapeau : 5-12 cm, brun-jaune, brun-gris, d'abord hémisphérique, puis convexe et enfin plan ; cuticule lisse, légèrement visqueuse humide, mate une fois sèche, marge nette, dépassant un peu des tubes.
Tubes : pores d'abord blanchâtres, puis gris clair, brunissant au toucher, tubes de même couleur, échancrés sur le pied.
Pied : fond blanchâtre à un peu jaunâtre, couvert d'écailles serrées gris-brun à noirâtres, souvent élancé, avec une base un peu renflée.
Chair : blanche, puis gris-blanc, ne virant pas à la coupe, d'abord ferme, mais devenant spongieuse, et même aqueuse par temps humide ; odeur et saveur insignifiantes.
Spores : 13-20/5-6 µm, lisses, sporée brun olivacé.
Comestibilité : comestible, bonne qualité gustative.
Habitat : sous les bouleaux, dans les emplacements secs, commun ; de juin à octobre.
Remarques : lui ressemblent *L. melaneum,* aux couleurs très sombres ; *L. oxydabile,* au chapeau clair et à la chair qui vire au rougeâtre ; et le bolet assez ferme *(voir p. 151),* à la base qui verdit et un habitat différent.

Phyllopore de Pelletier
Phylloporus pelletieri (P. rhodoxanthus)

Chapeau: 4-8 cm, roux, d'abord hémisphérique, puis étalé, généralement un peu déprimé au centre, charnu; cuticule mate, finement veloutée.

Lames: jaune citron à jaune d'or, espacées, très décurrentes sur le pied et reliées par de nombreuses veines transversales (anastomosées).

Pied: jaune rougeâtre à jaune-brun, lisse, légèrement pruineux, cylindrique, un peu atténué à la base, souvent torsadé et excentrique.

Chair: blanchâtre, rougeâtre sous la cuticule; presque inodore, saveur douce rappelant un peu la noisette.

Spores: 9,5-14/3-5 µm, lisses, sporée ocre jaune.

Comestibilité: comestible, mais à préserver.

Habitat: bois de feuillus et de conifères, en terrain sableux, rare; de juillet à septembre.

Remarques: en dépit d'un hyménium à lames, *Phylloporus pelletieri* est la seule espèce de bolet intermédiaire entre les champignons à tubes et les champignons à lames. On peut à première vue le confondre avec le bolet subtomenteux *(voir p. 131)* en raison de sa cuticule tomenteuse.

Hygrophore à dents jaunes
Hygrophorus chrysodon

Chapeau: 3-7 cm, blanchâtre, puis jaunâtre, d'abord convexe, puis aplani et mamelonné; cuticule très visqueuse, marge ornée de lambeaux de voile jaune d'or dentelés.
Lames: arêtes parfois blanches, mais souvent ornées de squames jaunes, lames blanches à crème, légèrement écartées, épaisses, adnées à décurrentes.
Pied: blanc, couvert de flocons et de guttules jaunâtres au sommet, visqueux, cylindrique, plein à farci (médulleux).
Chair: blanche, molle; odeur agréable, saveur douce.

Spores: 8-10/4-5 µm, lisses, sporée blanche.
Comestibilité: comestible.
Habitat: bois de feuillus et de conifères; d'août à novembre.
Remarques: on peut le confondre avec *H. discoxanthus,* mais celui-ci donne des carpophores plutôt plus gros, d'abord blancs, puis dorés, qui exhalent une odeur de chenille et poussent de préférence sous les hêtres. Il a un goût extrêmement fort et ne se prête donc pas très bien à la consommation.

Hygrophore blanc d'ivoire
Hygrophorus eburneus

Chapeau : 3-8 cm, d'abord blanc, puis blanc ivoire, hémisphérique à conique, puis ondulé avec l'âge, peu charnu ; cuticule très visqueuse, nettement graisseuse à gluante quand elle sèche.
Lames : blanches, larges, espacées et décurrentes, avec des arêtes lisses.
Pied : blanc, un peu poudré et sec au sommet, sinon recouvert d'une couche visqueuse, atténué à la base.
Chair : blanche ; odeur faible, mais rappelant le moisi, saveur douce.
Spores : 8-9/4,5-5 µm, lisses, sporée blanche.
Comestibilité : comestible.

Habitat : bois de feuillus, principalement sous les hêtres, courant ; d'août à novembre.
Remarques : il pousse souvent en colonies dans les hêtraies, sur les sols calcaires. *H. piceae* lui ressemble. Il est également comestible, mais présente un pied relativement moins visqueux et ne pousse en outre que sous les épicéas. On peut aussi le confondre avec *H. discoxanthus,* non comestible. Mais ce dernier prend une teinte jaunâtre avec l'âge.

Hygrophore de Hedrych
Hygrophorus hedrychii (H. melizeus)

Chapeau : 2-6 cm, d'abord blanc, puis ochracé pâle à rose, d'abord convexe, puis plan et ondulé, à chair rougeâtre et mince, très visqueux.
Lames : d'abord blanc neige, puis crème, très espacées, légèrement décurrentes.
Pied : blanchâtre à crème, pruineux au sommet, cylindrique et élancé, très visqueux.
Chair : blanchâtre ; odeur rappelant parfois faiblement celle des chenilles, saveur douce.
Spores : 6,5-8/4,5-5 µm, lisses, sporée blanche.
Comestibilité : comestible.

Habitat : sous les bouleaux, en terrain calcaire, peu fréquent ; de septembre à novembre.
Remarques : avec sa couleur blanchâtre, on peut aisément le confondre avec *H. discoxanthus,* l'hygrophore blanc d'ivoire *(voir p. 156)*, *H. picea* ou l'hygrophore à dents jaunes *(voir p. 155).* Mais il ressemble aussi aux clitocybes blancs *(Clitocybe),* très toxiques. Ceux-ci ont toutefois des lames très serrées et une odeur de farine.

Hygrophore rougissant
Hygrophorus erubescens

Chapeau : 4-8 cm, fond blanchâtre à rosé, couvert de petites squames ou de fibrilles rougeâtres à rose pourpre, avec une marge plutôt blanchâtre, presque hémisphérique à l'état jeune, puis convexe à plan, ou même déprimé avec l'âge.
Lames : blanches, roses ou maculées de taches rouges, parfois aussi jaunissantes, espacées, adnées, à peine décurrentes.
Pied : fond concolore au chapeau, couvert sur presque toute sa hauteur de points et de fibres rosés, cylindrique, parfois sinué et jaunissant.
Chair : blanchâtre, jaunissante ; odeur agréable, saveur amère.
Spores : 8-11/4-5 µm, lisses, sporée blanche.
Comestibilité : toxique.
Habitat : sous les épicéas, en terrain calcaire ; d'août à octobre.
Remarques : l'hygrophore russule *(H. russula)* lui ressemble beaucoup, à cela près qu'il vit dans les bois de feuillus, et plus particulièrement sous les chênes, et que sa chair ne jaunit pas. Ces deux hygrophores rougeâtres *(Hygrophorus)* ont déjà provoqué de légères intoxications.

Hygrophore pudibond
Hygrophorus pudorinus

Chapeau : 5-15 cm, orange pastel, jaune orangé vers le centre, d'abord hémisphérique, puis convexe à plan et mamelonné, lisse, à peine visqueux, un peu glutineux sec, marge longtemps enroulée, puis parfois légèrement crénelée.
Lames : blanchâtres, avec un reflet rose saumon surtout vers la marge, espacées, molles, adnées à légèrement décurrentes.
Pied : blanc, parfois nuancé de jaunâtre ou d'orangé, cylindrique, légèrement visqueux humide, pruineux à squameux au sommet quand il est sec, aminci à la base.

Chair : blanche, mais orange sous la cuticule ; odeur de térébenthine, saveur douce, mais désagréable, de résine.
Spores : 8-10/5-6 µm, lisses, sporée blanche.
Comestibilité : non comestible.
Habitat : sous les sapins, en terrain calcaire ; d'août à novembre.
Remarques : cet hygrophore est l'un des plus gros du genre *Hygrophorus*. Aucune confusion n'est possible avec un autre champignon si l'on tient compte de sa coloration orange, de son habitat (sous les sapins) et de son odeur spécifique.

HYGROPHORES

Hygrophore à lames jaunes
Hygrophorus hypothejus

Chapeau : 3-5 cm, brun olivacé, généralement un peu plus foncé vers le centre, d'abord convexe, puis aplani, un peu déprimé au centre et le plus souvent mamelonné, charnu ; cuticule fortement recouverte d'une épaisse couche visqueuse, marge longtemps incurvée.

Lames : d'abord blanches, puis jaunes à jaune orangé, larges, espacées, molles, décurrentes.

Pied : d'abord blanc, puis jaunâtre, mince, cylindrique, orné de résidus de voile qui le rendent glutineux et visqueux, légèrement méchuleux, parfois atténué à la base.

Chair : blanche, jaune sous la cuticule ; aucune odeur, saveur douce.

Spores : 8-9/4-5 µm, lisses, sporée blanche.

Comestibilité : comestible.

Habitat : sous les espèces de pins à deux aiguilles, en groupe ; de novembre à février, souvent après les premières gelées.

Remarques : comme il n'apparaît souvent qu'après les premières gelées, ce champignon ne laisse aucune confusion possible avec un autre. Le genre *Hygrophorus* englobe près de 50 espèces. On n'en connaît aucune de très toxique.

Hygrophore olivacé et blanc
Hygrophorus olivaceoalbus

Chapeau: 2-5 cm, gris-brun nuancé d'olivacé, centre plus foncé, d'abord hémisphérique à campanulé, puis convexe à étalé et mamelonné; cuticule très visqueuse humide, brillante une fois sèche, marge longtemps involutée.
Lames: blanches à blanc crème, larges, espacées, décurrentes.
Pied: fond blanchâtre, marbré de gris-brun à olivacé, long et mince, cylindrique, visqueux à gluant quand il est humide, avec une base amincie ou renflée.
Chair: blanchâtre, molle; odeur faible, saveur douce.
Spores: 12,5-16/7-8,5 µm, lisses, sporée blanche.
Comestibilité: comestible, bonne qualité gustative.
Habitat: bois de conifères, en terrain acide, principalement sous les épicéas, sur les sols sableux et pauvres en calcaire; de septembre à novembre.
Remarques: il a les mêmes exigences d'emplacement que le très populaire bolet bai *(voir p. 135)*. L'hygrophore de mars *(H. marzuolus),* qui fructifie dès le début du printemps, à l'abri sous une couverture de feuilles, est un autre hygrophore comestible fort apprécié.

HYGROPHORES

Hygrophore à odeur agréable
Hygrophorus agathosmus

Chapeau: 4-8 cm, gris, gris olivacé, gris jaunâtre – ou blanc, mais très rarement; d'abord hémisphérique, puis convexe à plan, mamelonné; cuticule visqueuse humide, gluante sèche, lisse, marge longtemps incurvée.
Lames: blanches à crème ou grisâtres, larges, épaisses, molles, décurrentes.
Pied: blanchâtre ou brun très pâle, cylindrique, plein, graisseux à floconneux, légèrement atténué à la base.
Chair: blanche, tendre; odeur de pâte d'amandes, saveur douce.
Spores: 8-11/5-6 µm, lisses, sporée blanche.
Comestibilité: comestible.

Habitat: bois de conifères et dans les prés boisés, principalement sous les épicéas; de septembre à octobre.
Remarques: ce champignon possède une odeur caractéristique si prononcée qu'il exclut toute possibilité de confusion avec une autre espèce. Il est comestible, mais son odeur ne plaît pas à tout le monde. Les hygrophores *(Hygrophorus)* se distinguent, entre autres caractères, par des lamelles espacées et décurrentes d'une consistance rappelant celle de la cire d'abeilles. On parle de lames «céracées».

Hygrophore blanc de neige
Camarophyllus virgineus (Hygrophorus virgineus)
(Camarophyllus niveus)

Chapeau : 1,5-4 cm, blanc d'ivoire, parfois teinté de jaunâtre, légèrement hygrophane, souvent vitreux avec l'âge, hémisphérique ou campanulé, devenant rapidement plan ou déprimé, marge striée par transparence.
Lames : aqueuses, blanchâtres, espacées, très décurrentes sur le pied.
Pied : blanc, mince, cylindrique, plein, puis creux, base un peu atténuée et parfois rose.
Chair : aqueuse, blanche ; odeur insignifiante, saveur douce.
Spores : 7-10/5-6 µm, lisses, sporée blanche.

Comestibilité : comestible, mais à préserver.
Habitat : sourtout dans les prés et les pâturages ; d'octobre à novembre.
Remarques : ce champignon unicolore peut fructifier jusque pendant les mois d'hiver quand il fait doux. *C. russocoriaceus* lui ressemble, mais il exhale une forte odeur de cuir qui le rend impropre à la consommation. Les camarophylles poussent dans les prés et les pâturages non fertilisés. On pense qu'ils vivent en symbiose avec les herbes et les graminées. Il en existe plus de dix espèces connues, parmi lesquelles aucune n'est toxique.

CAMAROPHYLLES

Hygrophore des prés
Camarophyllus pratensis (Hygrophorus pratensis)

Chapeau : 2-6 cm, cuivré, orange, ou jaune à ocré, pâlissant avec l'âge, convexe, puis plan et parfois déprimé, charnu au centre, mince vers la marge ; cuticule lisse.
Lames : blanc crème à orange, larges et espacées, anastomosées, décurrentes.
Pied : blanchâtre à crème, devenant plutôt orange avec l'âge, cylindrique, sec et lisse, fibrilleux, un peu atténué à la base.
Chair : blanchâtre à crème orangé pâle, ferme, cassante, quoique assez fibreuse ; odeur agréable, saveur douce.
Spores : 5-7/4-5 µm, lisses, sporée blanche.
Comestibilité : comestible, mais à préserver.
Habitat : dans les prés et les pâturages ; de septembre à novembre.
Remarques : on le rencontre fréquemment en compagnie de l'hygrophore blanc de neige *(voir p. 163)*. Il ressemble par la couleur à la girolle *(voir p. 354)*, également comestible et même fort appréciée des gourmets, mais celle-ci vit en symbiose avec les arbres et ne fructifie donc pas dans les prés.

Hygrophore perroquet
Hygrocybe psittacina

Chapeau : 1,5-4 cm, d'abord vert, puis vert-jaune, orange verdâtre, orange, virant au jaunâtre ou même au blanchâtre en automne avec les intempéries, d'abord campanulé, puis convexe à étalé et mamelonné ; peu charnu ; cuticule très visqueuse.
Lames : jaunâtres, verdâtres à proximité de la cuticule, le plus souvent de différentes couleurs, larges et ventrues, adnées, arêtes jaunâtres.
Pied : vert, devenant jaune ou orange, cylindrique, extrêmement fragile, creux et visqueux.
Chair : blanche, avec des nuances verdâtres, jaunâtres et orangées ; inodore, saveur douce.
Spores : 8-10/4-5 µm, lisses, sporée blanche.
Comestibilité : non comestible, à préserver.
Habitat : dans les prés et les pâturages ; de septembre à novembre.
Remarques : l'hygrophore perroquet est un ravissant petit champignon qui rappelle par ses belles couleurs celles des plumes de l'oiseau (d'où son nom). Comme ils sont verts, les jeunes spécimens se remarquent à peine parmi les herbes.

Hygrophore jaune
Hygrocybe chlorophana

Chapeau : 2-5 cm, d'abord jaune orangé, puis jaune citron à jaune soufre, pâlissant avec l'âge, d'abord hémisphérique, puis convexe à aplani et mamelonné, peu charnu, généralement strié par transparence.
Lames : jaune clair à jaune citron, larges, émarginées.
Pied : orange à jaune soufre, cylindrique, plein, devenant farci à creux avec l'âge.
Chair : jaune pâle ; inodore, saveur douce.
Spores : 7-9/4-6 µm, lisses, sporée blanche.
Comestibilité : toxique.

Habitat : dans les prés, à la lisière des bois et dans les clairières ; de septembre à novembre.
Remarques : malgré sa couleur jaune citron, ce champignon ne se remarque pas toujours immédiatement au milieu des herbes. Il se distingue nettement de l'hygrophore jaune doré *(voir p. 167)* par ses lames jaune pâle. *H. citrina*, un peu plus petit, et *H. flavescens*, très semblable au précédent, sont deux autres espèces d'hygrocybes *(Hygrocybe)* jaunes.

Hygrophore jaune doré
Hygrocybe obrussea

Chapeau : 1,5-4 cm, orange à jaune orangé, ne pâlissant que légèrement avec l'âge, lames souvent visibles par transparence, d'abord campanulé à conique, puis aplani et orné d'un mamelon, peu charnu, un peu graisseux, marge nette et parfois entaillée.
Lames : jaune orangé, un peu plus foncées que le chapeau, larges, décurrentes par une dent, arête jaune et lisse.
Pied : jaune orangé à jaunâtre, concolore aux lames, élastique, cylindrique, creux, légèrement sinueux, fibrilleux.
Chair : jaune citron à jaune orangé ; odeur particulière de punaise, saveur douce.
Spores : 7-10/4-5 µm, lisses, sporée blanche.
Comestibilité : non comestible, à préserver.
Habitat : dans les prés et les pâturages, de préférence à l'orée des bois, assez rare ; de septembre à novembre.
Remarques : cet hygrocybe, comme tous les autres du genre, est un véritable plaisir pour les yeux au milieu des prés. Mais il ne se prête guère à la consommation compte tenu de sa petite taille et de sa rareté.

Hygrocybe conique
Hygrocybe conica (H. nigrescens)

Chapeau: 1,5-5 cm, d'abord jaune, puis jaune orangé à rouge orangé et enfin noir, noircissant au toucher et avec l'âge, d'abord conique aigu à arrondi, puis convexe et souvent aplani avec l'âge, orné de fibres radiales.
Lames: blanchâtres à jaunâtres, noircissant au toucher et avec l'âge, larges et ventrues, presque libres.
Pied: d'abord jaune, puis rouge orangé à jaune orangé, parcouru de plus en plus de fibres noirâtres avec l'âge, le plus souvent torsadé, cylindrique, creux.
Chair: blanchâtre à jaunâtre, noircissant au toucher; odeur et saveur insignifiantes.
Spores: 8-9,5/5-6 µm, lisses, sporée blanche.
Comestibilité: toxique.
Habitat: dans les prés et les pâturages, rarement dans les forêts claires, assez commun; d'août à octobre.
Remarques: il passe pour légèrement toxique, mais sa chair noircissante permet de le distinguer aisément des autres hygrocybes. Le genre *Hygrocybe* englobe quelque 55 espèces de champignons aux carpophores petits, fragiles et le plus souvent d'une seule couleur, mais vive.

Hygrophore écarlate
Hygrocybe coccinea

Chapeau : 2-6 cm, rouge cerise vif, pâlissant avec l'âge et les intempéries, devenant alors ochracé à jaune paille, d'abord hémisphérique, puis conique arrondi, peu charnu ; cuticule lisse, brillante quand elle est humide.
Lames : rouge orangé, puis jaune orangé, adnées et parfois un peu décurrentes.
Pied : rouge cerise à rouge orangé, cylindrique, cassant et fibrilleux, avec un revêtement lisse.
Chair : rouge à orange, aqueuse ; presque inodore, saveur douce.
Spores : 7-9/4-5 µm, lisses, sporée blanche.

Comestibilité : non comestible, à préserver.
Habitat : dans les prés et les pâturages maigres, à la lisière des forêts et dans les clairières, rare ; de septembre à novembre.
Remarques : il est pratiquement impossible de rater les jeunes spécimens rouge vif de ce beau champignon. Mais la pluie, le soleil et le froid ont tôt fait de le faire pâlir et virer à un jaune paille délavé assez inesthétique. Seules quelques taches isolées ici et là sur la marge témoignent encore de sa splendeur passée.

Russule sans lait
Russula delica

Chapeau: 5-15 cm, blanchâtre, souvent maculé de taches ocre ou brun pastel, presque globuleux avec une marge enroulée à l'état jeune, puis déprimé à forme d'entonnoir, sec et mat, fibreux; il commence à s'ouvrir sous le sol, si bien que la cuticule est incrustée de particules de terre.
Lames: blanchâtres à crème, nuancées de tons bleuâtres ou verdâtres, espacées et larges, de longueurs différentes, adnées à légèrement décurrentes.
Pied: blanchâtre, brunissant légèrement, sommet parfois orné d'un anneau aux reflets bleuâtres, cylindrique et court, plein, ferme.

Chair: blanche, particulièrement dure et cassante; odeur de fruits au départ, puis de hareng, saveur douce, mais chair des lames âcre.
Spores: 8-11,5/6,5-8,5 µm, hérissées d'épines courtes, réticulées, sporée blanc crème pâle.
Comestibilité: comestible, mais de goût peu agréable.
Habitat: bois de feuillus et de conifères, sur terrain calcaire; de juillet à octobre.
Remarques: elle ressemble beaucoup au lactaire velouté *(voir p. 187)*. Mais ce dernier sécrète un lait blanc et a un goût piquant.

Russule noircissante
Russula nigricans

Chapeau: 5-15 cm, d'abord gris-blanc, puis noirâtre et enfin uniformément noir, d'abord globuleux, puis étalé et enfin ombiliqué, marge enroulée au début.
Lames: tons ivoire à légèrement jaunâtres, rougissant au toucher, puis noircissant, particulièrement épaisses et espacées, séparées par des lamelles, émarginées.
Pied: blanc, rougissant après quelque temps au toucher, puis noircissant, cylindrique, court et épais, charnu.
Chair: blanche, virant au rouge saumon à la coupe après quelques minutes; inodore, saveur douce.

Spores: 6-8/6-7 µm, finement verruqueuses et réticulées, sporée blanche.
Comestibilité: non comestible.
Habitat: bois de feuillus et de conifères; de juillet à octobre.
Remarques: champignon très facile à reconnaître avec ses lames particulièrement épaisses et écartées. Ses carpophores deviennent généralement totalement noirs avec l'âge et subsistent souvent pendant tout l'hiver et jusqu'au début de l'année suivante sous la forme d'un squelette desséché.

Russule fétide
Russula foetens

Chapeau : 5-15 cm, ocre jaune, un peu plus sombre vers le centre, d'abord globuleux et très visqueux, puis pulviné et enfin plan, marge joliment cannelée.
Lames : blanchâtre sale à crème pâle, d'abord couvertes de guttules incolores, qui brunissent et laissent des traces en séchant, serrées, le plus souvent anastomosées, émarginées.
Pied : blanc, brunissant au toucher, vigoureux, plus ou moins creux, cloisonné, base plutôt arrondie.
Chair : blanche à jaune pâle, fragile et cassante ; odeur fétide et pénétrante rappelant un peu l'alcali, goût écœurant, amer à âcre.
Spores : 7-9/7-10 µm, ornées de grosses verrues, sporée blanche.
Comestibilité : toxique.
Habitat : bois de feuillus et de conifères ; de juillet à septembre.
Remarques : à première vue, on peut la confondre quand elle est très jeune avec les différents bolets comestibles *(voir p.138)*. Mais son odeur fétide et sa cuticule visqueuse ne laissent aucun doute à l'examen.

Russule blanc ocré
Russula ochroleuca

Chapeau : 4-8 cm, jaune citron à ochracé, d'abord convexe, puis étalé et enfin déprimé ; cuticule brillante et se retirant aisément.

Lames : blanches, serrées et cassantes, souvent fourchues du côté de la marge, émarginées.

Pied : blanc, devenant un peu gris avec l'âge, cylindrique, spongieux à la fin, légèrement renflé à la base.

Chair : blanche ; odeur légèrement fruitée, saveur parfois douce, mais généralement âcre.

Spores : 8-8,5/7 µm, verruqueuses à réticulées, sporée blanche.

Comestibilité : non comestible.

Habitat : bois de conifères et parfois de feuillus, très commun ; de juin à octobre.

Remarques : la russule blanc ocré ressemble comme deux gouttes d'eau à la russule trompeuse *(R. fellea),* légèrement toxique. Mais cette dernière présente un pied crème à légèrement jaunâtre et a un goût nettement plus piquant. *R. claroflava,* comestible, s'en distingue par un chapeau jaune d'or, un pied grisâtre et une chair douce. Elle pousse en terrain acide, fréquemment dans les tourbières sous les bouleaux.

Russule décolorante
Russula decolorans

Chapeau : 5-12 cm, rouge orangé, mais aussi rouge brique pâle, globuleux, puis convexe à étalé, parfois légèrement ombiliqué ; cuticule un peu visqueuse par temps humide, sinon sèche et mate, se retirant à demi.
Lames : blanchâtre, puis jaune crème, virant au gris, presque serrées, fragiles, émarginées, presque libres.
Pied : blanchâtre, devenant gris à noirâtre avec l'âge, charnu et vigoureux, puis spongieux, légèrement renflé à la base.
Chair : blanche, devenant grise à l'endroit des cassures ou des entailles, rougissant parfois un peu avant ; presque inodore, saveur plutôt douce.
Spores : 10-14/9-12 µm, ornées de grosses verrues, sporée ocre pâle.
Comestibilité : comestible, bonne qualité gustative.
Habitat : bois de conifères, le plus souvent au milieu des myrtilles ; de juillet à octobre.
Remarques : ce champignon préfère les sols acides et pousse sous les conifères dans les forêts de marécages. Mais c'est en montagne qu'on le trouve le plus souvent. On rencontre dans les mêmes endroits la russule émétique *(voir p. 184),* une russule vénéneuse au splendide chapeau rouge.

Russule des marais
Russula paludosa

Chapeau: 5-15 cm, rougeâtre, rouge sang ou rouge brunâtre, ocre brun, parfois plus clair à certains endroits, d'abord hémisphérique très bombé, puis plus aplani, avec un centre légèrement déprimé, charnu, vigoureux; cuticule se retirant à demi, visqueuse, brillante.
Lames: crème pâle, crème, d'abord très serrées, puis plus écartées, fragiles, fourchues et séparées par de nombreuses lamelles, émarginées.
Pied: blanc, plus ou moins teinté de rougeâtre, cylindrique, aminci à la base, plein et ferme, avec un revêtement parcouru de gros sillons.

Chair: blanche, ferme; sans odeur particulière, saveur douce.
Spores: 8-11/6,5-8,5 µm, verruqueuses, ornées d'un réseau incomplet, sporée ocre clair.
Comestibilité: comestible, bonne qualité gustative.
Habitat: dans les forêts de conifères marécageuses; de juin à septembre.
Remarques: la russule décolorante *(voir p. 174)* lui ressemble énormément et pousse d'ailleurs presque aux mêmes endroits, mais sa chair vire au gris et son pied n'est pas teinté de rouge.

RUSSULES

Russule feuille-morte, russule à pied rouge
Russula xerampelina (R. erythropoda)

Chapeau : 5-10 cm, rouge sang vif à bordeaux foncé, presque noir au centre, hémisphérique, puis convexe et enfin étalé, cuticule mate et assez finement grenue, mais avec une marge brillante.
Lames : blanchâtres, puis crème, serrées à espacées, émarginées.
Pied : plus clair, avec un fond blanchâtre, entièrement ou partiellement teinté de rouge pourpre, brunissant et parcouru de fortes veines longitudinales, légèrement atténué à la base, épais et vigoureux, rugueux.
Chair : blanche, virant au brun pâle à l'air ; odeur de plus en plus prononcée de hareng, saveur douce.
Spores : 7,5-10,5/7-8,5 µm, hérissées de grosses épines, sporée ocre jaune.
Comestibilité : comestible.
Habitat : bois de conifères ; de juillet à novembre.
Remarques : l'odeur de ce champignon est une caractéristique constante et donc fiable. On peut néanmoins le confondre avec *R. badia*. Mais cette dernière a un goût très piquant, contrairement à la russule feuille-morte, et exhale une odeur de cèdre désagréable, car très forte.

Russule olivâtre
Russula olivacea

Chapeau : 4-20 cm, de couleur très variable : vert olive, brunâtre, rouge carmin ou bordeaux ; d'abord presque hémisphérique, puis étalé à infundibuliforme (en forme d'entonnoir), avec une chair ferme ; cuticule lisse et mate.
Lames : blanches à jaune paille, serrées, fourchues et anastomosées du côté du pied, émarginées.
Pied : blanc ou rose, teinté de rose pâle ou de rouge carmin, cylindrique, ferme et dur, farci une fois vieux.
Chair : blanche à jaunâtre, dure et ferme ; odeur légèrement fruitée, saveur douce de noisette.

Spores : 8-12/7-9 µm, hérissées de longues épines, sporée ocre jaune.
Comestibilité : comestible, mais doit cuire au minimum 20 min ; de rares cas d'intolérance.
Habitat : bois de feuillus et de conifères, plus ou moins commune selon l'endroit ; de juillet à novembre.
Remarques : la diversité des coloris de son chapeau ne la rend pas toujours facile à identifier avec certitude de prime abord. Mais son pied toujours plus ou moins teinté de rouge carmin et sa chair ferme la trahissent facilement.

Russule entière
Russula integra

Chapeau : 6-12 cm, de couleur très variable : bordeaux, roux, brun-jaune olivacé, chocolat, souvent maculé de taches ocre ; hémisphérique, puis convexe et enfin étalé en forme d'assiette, plus ou moins déprimé au centre ; cuticule brillante, marge marquée de stries peu prononcées.
Lames : blanchâtres, puis jaunâtre pâle et ocre jaune avec l'âge, serrées, ventrues, parfois fourchues et séparées par quelques lamelles, presque libres.
Pied : blanc devenant jaune brunâtre avec l'âge, parcouru de veines longitudinales, cylindrique, ferme et plein.
Chair : blanche, blanche à jaunâtre chez les vieux spécimens, particulièrement dure et ferme ; presque inodore, saveur douce.
Spores : 8-11/7-9,5 µm, hérissées d'épines rigides et pointues, sporée jaune.
Comestibilité : comestible, bonne qualité gustative.
Habitat : bois de conifères, sur les sols calcaires, commun ; d'août à octobre.
Remarques : sa large palette de coloris ne rend pas toujours son identification très facile. Il existe des espèces similaires, comme *R. badia* et *R. firmula*. Aucun des deux n'est comestible.

Russule comestible
Russula vesca

Chapeau : 5-10 cm, rouge chair à brun liliacé, souvent maculé de taches rouille, d'abord globuleux, puis convexe et enfin étalé ; cuticule rétractée à environ 1 mm de la marge, se retirant à demi, marge cannelée à la fin.
Lames : blanchâtres ou ocre pâle, se maculant souvent de taches rouille sur l'arête, serrées, continues et très peu fourchues, émarginées à presque décurrentes.
Pied : blanc, souvent maculé de taches rouille, légèrement rugueux et réticulé, cylindrique, un peu atténué à la base.
Chair : blanchâtre, souvent maculée de taches rouille, assez ferme ; inodore, saveur douce de noisette.
Spores : 6-8,5/5-6,5 µm, finement verruqueuses, sporée blanche.
Comestibilité : comestible.
Habitat : bois de feuillus et de conifères, courant ; de mai à septembre.
Remarques : on peut aisément la confondre avec la russule charbonnière *(voir p.180),* mais le chapeau de cette dernière est toujours teinté de violet. Le chapeau de la russule comestible s'inscrit davantage dans les tons de rouge et ses lamelles « mordent » un peu sur la marge.

RUSSULES

Russule charbonnière, charbonnier
Russula cyanoxantha

Chapeau : 4-15 cm, de couleur très variable : généralement violet-noir, mais aussi violet clair, violet grisâtre ou violet verdâtre, nuancé de tons ochracés ou bleus ; d'abord hémisphérique, puis convexe et enfin déprimé à en forme d'entonnoir ; cuticule se retirant aisément, lisse et légèrement visqueuse.

Lames : blanches, non cassantes, contrairement à celles des autres russules *(Russula),* mais souples, serrées, souvent fourchues, émarginées à légèrement décurrentes.

Pied : blanc pur, rarement lilacé, vigoureux, cylindrique à légèrement obèse, un peu aminci à la base.

Chair : blanche, ferme ; inodore, saveur de noisette.

Spores : 6,5-10/5,5-6,5 µm, finement verruqueuses, sporée blanche.

Comestibilité : comestible, bonne qualité gustative.

Habitat : bois de feuillus et de conifères, souvent sous les bouleaux ; de juillet à octobre.

Remarques : la russule charbonnière peut prendre de multiples aspects selon sa coloration, mais, bien que les tons de vert ou de bleu semblent parfois dominer, il existe toujours une nuance de violet quelque part.

Il faut prendre des précautions avec les spécimens verts, car il y a un risque de confusion avec l'amanite phalloïde *(voir p. 270)*. La russule charbonnière se distingue des autres russules par de belles lames élastiques qui plient sans se briser lorsqu'on passe le doigt vigoureusement en travers de leurs arêtes. C'est l'une des meilleures russules comestibles. Plusieurs espèces lui ressemblent, comme la russule vert-de-gris, qui n'est pas toujours très bien tolérée et ne doit donc être consommée qu'en petites quantités avec d'autres champignons, et *R. grisea,* comestible.

Le genre *Russula* englobe quelque 150 espèces qui se distinguent par une chair grenue, cassante et non fibreuse (à l'exception de la russule charbonnière). Les chapeaux présentent des colorations diverses, les lames sont sinuées et blanches à jaunes, la sporée est de même couleur et le pied, cylindrique, ne porte pas d'anneau, arbore des couleurs claires et une base arrondie. Les espèces à saveur douce sont comestibles, celles à goût piquant peuvent provoquer des intoxications. Les russules sont des champignons mycorhiziques qui ne poussent que sous leurs arbres respectifs.

Russule à pied violet
Russula violeipes

Chapeau: 4-8 cm, vert-jaune, jaune olivacé, teinté de nuances lilas pourpre ou bordeaux, mat, d'abord globuleux, puis convexe à étalé et enfin déprimé; cuticule d'abord un peu céracée, ne se retirant pas, marge plus ou moins cannelée.
Lames: blanches, puis jaune paille, légèrement céracées à lardacées, serrées, un peu décurrentes.
Pied: d'abord blanc, puis teinté de nuances violettes ou rouge pourpre, cylindrique, un peu atténué à la base.
Chair: blanche; légère odeur de pêche, saveur douce.

Spores: 6,5-9/5-8 µm, verruqueuses, ornée d'un réseau incomplet, sporée blanc crème pâle.
Comestibilité: comestible, bonne qualité gustative.
Habitat: bois de feuillus et de conifères; de juillet à septembre.
Remarques: ce délicieux champignon aime les emplacements chauds. La russule blanc ocré *(voir p. 173)*, non comestible, s'en distingue par son pied non teinté de violet et sa chair presque inodore.

Russule améthyste
Russula amethystina

Chapeau : 4-12 cm, lilas, violet, bordeaux, plus foncé vers le centre que les gouttes d'eau ponctuent de taches décolorées jaunes, d'abord hémisphérique, puis rapidement étalé et légèrement déprimé ; cuticule visqueuse humide, mate et veloutée une fois sèche.
Lames : crème, puis jaune clair, assez espacées et larges, émarginées.
Pied : blanc, puis jaunâtre à brunâtre, un peu obèse, farci (médulleux) à creux.
Chair : blanchâtre, cassante ; odeur, surtout à la base, d'iodoforme, saveur douce.

Spores : 7-9/5,5-8 µm, verruqueuses, sporée jaune clair.
Comestibilité : comestible.
Habitat : bois de conifères ; de juillet à octobre.
Remarques : cette belle et vigoureuse russule a une saveur douce. Ses taches jaunes au centre du chapeau, sa chair fragile et son odeur d'iodoforme (iodée) sont caractéristiques de l'espèce. Elle pousse de préférence sous les sapins, mais aussi sous les pins. Également comestible, *R. turci* lui ressemble fortement, mais ne présente pas de taches jaunes sur le chapeau.

Russule émétique
Russula emetica

Chapeau: 5-11 cm, rouge sang ou rouge cerise vif, pâlissant un peu avec l'âge et devenant rose plus clair avec des marques de morsures blanches, d'abord presque globuleux, puis convexe à étalé et enfin déprimé; cuticule glutineuse et brillante, marge cannelée.
Lames: blanches ou jaunâtres, espacées, ventrues, émarginées à libres.
Pied: blanc, cassant, cylindrique, d'abord plein, puis farci et spongieux.
Chair: blanche, rouge rosé sous la cuticule, fragile; odeur fruitée agréable, goût très âcre.

Spores: 7,5-12,5/6-9,5 µm, ornées de verrues allongées, sporée blanchâtre.
Comestibilité: toxique.
Habitat: bois de feuillus et de conifères; de juillet à octobre.
Remarques: c'est la plus colorée de toutes les russules à chair piquante. Elle aime les terrains tourbeux et marécageux, où elle pousse à l'abri des conifères et, plus rarement, des feuillus. On peut la confondre avec la russule dorée *(R. aurea),* comestible, mais celle-ci a des lames jaunes et une saveur douce.

Russule fragile
Russula fragilis

Chapeau : 3-6 cm, rose, rose lilas, violet bleuâtre, nettement gris verdâtre à gris-noir plus foncé au centre, d'abord convexe, puis rapidement étalé et un peu déprimé ; cuticule visqueuse et brillante, translucide (la structure des lames transparaît au travers), marge cannelée.
Lames : blanches, assez épaisses, continues, sans lamelles intermédiaires, très finement crénelées vers la marge, émarginées.
Pied : blanc, cylindrique, légèrement aminci à la base, fragile, farci.
Chair : blanche, cassante, tendre et molle ; odeur fruitée, goût très âcre.

Spores : 7-9/6-7,5 µm, ornées de verrues émoussées et réticulées, sporée blanchâtre.
Comestibilité : toxique.
Habitat : bois de feuillus et de conifères ; de juillet à octobre.
Remarques : un simple test de goût permet de l'identifier immédiatement comme une russule à goût piquant. Elle est légèrement toxique. Il est possible de la confondre avec d'autres russules toxiques en raison de sa coloration variable.

Russule de Quélet
Russula queletii

Chapeau : 5-7 cm, bordeaux foncé, violacé, brun pourpré, mêlé de tons verdâtres, pâlissant avec l'âge, convexe à étalé et légèrement déprimé au centre ; cuticule se retirant à demi, brillante, marge un peu incurvée.
Lames : blanches, crème à maturité, adnées à légèrement décurrentes.
Pied : orné d'un fin revêtement rougeâtre carmin pâlissant avec l'âge, cylindrique, légèrement aminci au sommet, plein, mais assez rapidement farci et aqueux.
Chair : blanche, concolore à la cuticule dans le chapeau, aqueuse et cassante ; odeur rappelant la compote de groseilles à maquereau, goût extrêmement âcre.
Spores : 8-10/7-9 µm, verruqueuses, sporée crème.
Comestibilité : toxique.
Habitat : bois de conifères humides, le plus souvent sous les épicéas ; de juillet à octobre.
Remarques : cette russule est l'une des plus fréquentes du genre. Sa chair est très piquante et provoque des troubles digestifs quand on la consomme. Son odeur faible, mais sans méprise possible, est caractéristique de l'espèce.

Lactaire velouté
Lactarius vellereus

Chapeau : 10-20 cm, blanc, souvent maculé de taches ocre avec l'âge, d'abord convexe, puis déprimé au centre et enfin profondément en forme d'entonnoir à pelviforme ; cuticule finement veloutée, laineuse, cotonneuse, généralement incrustée de terre, marge longtemps enroulée.
Lames : blanches, puis jaune ochracé, espacées, souvent fourchues et épaisses, adnées à légèrement décurrentes.
Pied : blanc à légèrement jaunâtre, ochracé clair à l'endroit où la chair a été comprimée, court et épais, finement velouté.
Chair : blanche, virant au crème jaunâtre, ferme et dure ; odeur agréable, goût âcre.
Lait : blanc, peu abondant, piquant.
Spores : 7,5-9/7-8 µm, finement verruqueuses, sporée blanche.
Comestibilité : non comestible.
Habitat : bois de feuillus et de conifères ; de juillet à novembre.
Remarques : c'est le plus gros champignon du genre *Lactarius*. La russule sans lait *(voir p. 170)* lui ressemble beaucoup, mais ne sécrète pas de lait. Le chapeau des deux espèces présente des incrustations de terre dues à leur développement précoce sous terre.

Lactaire poivré
Lactarius piperatus

Chapeau : 5-14 cm, blanc, blanc crème, tacheté de brunâtre avec l'âge, d'abord convexe, puis en forme d'entonnoir et plan ; cuticule presque glabre, lisse, sèche, marge longtemps enroulée.
Lames : blanches à crème, se tachant de brunâtre à l'endroit des blessures, d'abord parfois couvertes de gouttes d'eau, serrées, fourchues, décurrentes.
Pied : blanc, assez long et mince, lisse, atténué en forme de pieu à la base.
Chair : blanche, dure et ferme ; goût âcre.
Lait : blanc, jaunissant en séchant, abondant, très âcre.

Spores : 8-9/5,5-7 µm, finement verruqueuses, sporée blanche.
Comestibilité : non comestible.
Habitat : bois de feuillus, plus particulièrement sous les hêtres et les chênes ; de juillet à octobre.
Remarques : le lactaire poivré se distingue par un lait extrêmement âcre. Il ressemble à *L. glaucescens,* mais celui-ci donne des carpophores encore plus gros et sécrète un lait qui vire nettement au bleu-vert en séchant. Le lactaire velouté *(voir p. 187)* se distingue par sa cuticule duveteuse.

Lactaire plombé, lactaire couleur de plomb
Lactarius necator (L. turpis)

Chapeau : 7-15 cm, de couleur variant du vert olive foncé au noirâtre en passant par le jaune verdâtre foncé, tacheté, d'abord convexe, puis étalé et déprimé au centre ; cuticule glutineuse, gluante.
Lames : jaunâtre sale, nettement tachetées de brun, séparées par des lamelles, adnées à légèrement décurrentes.
Pied : verdâtre terne, plus clair que le chapeau, moucheté de points plus foncés, dur, creux quand il est vieux.
Chair : blanche, brunissant légèrement à l'air ; inodore, goût extrêmement âcre.
Lait : d'abord blanc, virant au gris, abondant, extrêmement âcre.
Spores : 6-8/5,5-6,5 µm, finement verruqueuses et réticulées, sporée crème.
Comestibilité : non comestible.
Habitat : bois de feuillus et de conifères, surtout sous les bouleaux et les épicéas ; de juillet à octobre.
Remarques : avec sa coloration foncée assez particulière et son lait blanc, cette espèce est impossible à confondre avec une autre. Il semble que le nom d'espèce *necator* (« meurtrier ») vienne de confusions anciennes avec l'amanite phalloïde *(voir p. 270)*.

Lactaire coulant
Lactarius fluens

Chapeau: 5-10 cm, olive, brun olivacé, brun verdâtre, zoné (de lignes concentriques plus foncées); cuticule finement veinée, d'abord convexe, puis déprimée au centre, marge incurvée.
Lames: crème, devenant lentement brun noisette à l'endroit de blessures éventuelles, assez serrées, adnées à légèrement décurrentes.
Pied: pâle, blanchâtre, avec une base jaunâtre ou rouille, blessures éventuelles brunes, cylindrique, lisse, légèrement atténué à la base.
Chair: blanchâtre; inodore, goût extrêmement âcre.

Lait: blanc, brunissant en séchant, très âcre.
Spores: 8-10/7,5-8 µm, verruqueuses à réticulées, sporée crème foncé.
Comestibilité: non comestible.
Habitat: bois de feuillus, surtout sous les hêtres et les charmes, sur les sols calcaires et argileux; de juillet à octobre.
Remarques: *L. blennius,* également très âcre, lui ressemble beaucoup, mais son chapeau est davantage gris-vert. *L. pyrogalus* est une espèce particulièrement âcre qui fructifie souvent au pied des noisetiers.

Lactaire couleur de suie
Lactarius lignyotus

Chapeau : 2-6 cm, brun-noir foncé, virant parfois au gris souris, convexe à légèrement déprimé, nettement umboné, velouté et sec, mat, généralement rugueux.
Lames : blanchâtres, puis ocre clair, s'insérant de plusieurs millimètres sur le pied noir, presque serrées, minces, séparées par des lamelles, adnées à décurrentes.
Pied : concolore au chapeau, noir velouté, avec une base souvent blanchâtre, relativement long, mince, rugueux, souvent un peu sinueux, farci une fois vieux.
Chair : blanchâtre, les entailles virant progressivement au rose pâle ; odeur insignifiante, saveur douce à amère.
Lait : blanc, un peu aqueux, virant au brun-rouge, abondant, légèrement amer.
Spores : 9-10 µm, verruqueuses et réticulées, sporée ocre clair.
Comestibilité : comestible, mais à préserver.
Habitat : bois de conifères, surtout sous les épicéas, en général en altitude ; de juillet à octobre.
Remarques : on peut le confondre avec le lactaire couleur de poix *(voir p. 192)*, mais celui-ci possède un pied plus clair.

Lactaire couleur de poix
Lactarius picinus

Chapeau : 4-9 cm, noir de poix, devenant gris-noir plus pâle, convexe à aplani, légèrement déprimé, plutôt irrégulier ; cuticule veloutée, marge longtemps incurvée.
Lames : jaunâtre clair à ochracé clair, formant des taches rousses au toucher, séparées par de nombreuses lamelles intermédiaires, adnées à légèrement décurrentes.
Pied : généralement uniformément brun sépia à ocre brun, parfois aussi maculé de taches blanchâtres, blessures formant des taches cuivrées, plein et ferme, farci ou médulleux à creux avec l'âge, atténué à la base.

Chair : blanchâtre, se teintant de taches roses à l'air ; presque inodore, goût âcre.
Lait : blanc, abondant, âcre.
Spores : 8-10/7,5-8 µm, verruqueuses, réticulées, sporée crème.
Comestibilité : non comestible.
Habitat : bois de conifères, surtout en altitude ; de juillet à octobre.
Remarques : on peut le confondre avec le lactaire couleur de suie *(voir p. 191)* à cause de son chapeau très foncé, mais le pied de celui-ci est plus foncé.

Lactaire à toison
Lactarius torminosus

Chapeau: 5-14 cm, teintes saumon clair à rose pâle, d'abord convexe, puis aplani, déprimé à en forme d'entonnoir, plus ou moins zoné; cuticule couverte d'un feutrage dense, laineuse, marge très enroulée chez les jeunes spécimens.
Lames: rosées, serrées, séparées par de nombreuses lamelles, légèrement décurrentes.
Pied: blanchâtre à rosé, cylindrique, pruineux et cotonneux.
Chair: blanche, dure et ferme; odeur fruitée agréable, goût âcre.
Lait: blanc, très abondant, extrêmement âcre.
Spores: 7,5-10/6-8 µm, verruqueuses, réticulées, sporée crème.
Comestibilité: toxique.
Habitat: exclusivement sous les bouleaux; d'août à octobre.
Remarques: ce lactaire (*Lactarius*) est un champignon mycorhizique du bouleau. Sa consommation provoque de graves coliques. Le lactaire à fossettes *(voir p. 194)* est une autre espèce velue, mais qui s'en distingue par des tons principalement jaunes et un lait jaunâtre. Il est également toxique.

Lactaire à fossettes
Lactarius scrobiculatus

Chapeau : 6-20 cm, jaune citron ou jaune d'or, avec des taches brun-jaune, souvent légèrement zoné, convexe, mais rapidement déprimé, avec une marge incurvée velue à feutrée, vigoureux, laineux à velouté et généralement un peu gluant.
Lames : tons de crème clair, brun rougeâtre à l'endroit des blessures, serrées et séparées par de nombreuses lamelles, décurrentes.
Pied : fond blanc, couvert de fossettes irrégulières ocre roux, cylindrique, épais et relativement court, rapidement creux.
Chair : jaune pâle et ferme ; odeur fruitée agréable, goût âcre.
Lait : blanc, virant au jaune soufre à l'air, abondant, extrêmement âcre.
Spores : 8-9/7 µm, verruqueuses, réticulées, sporée crème.
Comestibilité : toxique.
Habitat : bois de conifères, surtout sous les épicéas, en terrain calcaire, commun ; de juillet à octobre.
Remarques : il ne laisse aucune confusion possible avec ses grands carpophores et son lait qui jaunit.

Lactaire détestable
Lactarius deterrimus

Chapeau : 3-10 cm, rouge orangé, souvent zoné de verdâtre, mais de façon peu marquée, fortement maculé de taches vertes avec l'âge, convexe, rapidement déprimé et en forme d'entonnoir, marge longtemps enroulée.
Lames : orange, se maculant de taches gris-vert avec l'âge, modérément serrées, cassantes, adnées à légèrement décurrentes.
Pied : rouge orangé, sans fossettes ni taches, court, cylindrique et vigoureux, creux.
Chair : jaunâtre pâle ; odeur légèrement fruitée, saveur douce à amère.
Lait : rouge minium, virant au rouge bordeaux en 15 min, d'abord doux, puis amer et légèrement âcre.
Spores : 7,5-10/6-7,5 µm, verruqueuses, réticulées, sporée ocre pâle.
Comestibilité : comestible médiocre, champignon à griller.
Habitat : bois de conifères, sous les épicéas, souvent en grandes colonies dans les pépinières d'épicéas ; d'août à novembre.
Remarques : lui ressemblent, le lactaire saumoné *(voir p. 196)*, et le lactaire délicieux *(voir p. 197)*. Ces deux espèces sont des lactaires à lait rouge, ils sont comestibles.

Lactaire saumoné
Lactarius salmonicolor

Chapeau: 4-12 cm, orange pâle à orange vif, à peine zoné d'orangé foncé, rapidement déprimé et en forme d'entonnoir, marge plus claire que le reste du chapeau et longtemps enroulée.

Lames: ocre pâle, puis orange, séparées par des lamelles, pas très serrées, parfois fourchues du côté du pied, adnées à légèrement décurrentes.

Pied: jaune orangé, avec quelques rares fossettes peu profondes et plus foncées, cylindrique et vigoureux, creux.

Chair: ocre pâle; odeur légèrement fruitée.

Lait: rouge orangé, puis rouge minium, virant au brun orangé ou au bordeaux en 60 à 90 min, un peu amer.

Spores: 9-12/6,5-7,5 µm, verruqueuses, réticulées, sporée ocre pâle.

Comestibilité: comestible, champignon à griller.

Habitat: bois de conifères, sous les sapins, en terrain plus ou moins calcaire; d'août à novembre.

Remarques: contrairement au lactaire détestable *(voir p. 195),* également comestible, le lactaire saumoné ne vire quasiment pas au verdâtre. On le rencontre sous les sapins.

Lactaire délicieux, barigoule, vache rouge
Lactarius deliciosus

Chapeau : 4-12 cm, orange ochracé clair, presque crème, zoné d'anneaux plus foncés, parfois maculé de taches vertes, convexe, mais rapidement déprimé, puis creusé en entonnoir une fois vieux, marge longtemps enroulée.
Lames : orange pâle, séparées par des lamelles, modérément serrées, adnées à légèrement décurrentes.
Pied : fond orange pâle, avec des fossettes orangées peu profondes très nettes, cylindrique, court, rapidement creux, un peu atténué à la base.
Chair : orange pâle, ferme, cassante avec l'âge ; odeur fruitée et sucrée, saveur douce.
Lait : rouge carotte, doux.
Spores : 8,5-9/6,5-7 µm, verruqueuses, partiellement réticulées, sporée crème.
Comestibilité : comestible, à griller.
Habitat : sous les pins, surtout en sol calcaire, pas répandu partout ; de juillet à octobre.
Remarques : les autres lactaires mycorhiziques du pin sont le lactaire sanguin *(L. sanguifluus)* et le lactaire semi-sanguin *(L. semi-sanguifluus)*, qui verdit fortement et sécrète un lait devenant rouge bordeaux en 3 à 10 min.

Lactaire du mélèze
Lactarius porninsis

Chapeau : 3-7 cm, rouge orangé, cuivré, légèrement zoné ou non zoné, convexe, puis aplani à déprimé, parfois légèrement ombiliqué ; cuticule visqueuse-glutineuse humide, brillante, sinon sèche et lisse, marge nettement enroulée.
Lames : d'abord jaune pâle, puis ocre jaune, serrées, adnées à légèrement décurrentes.
Pied : plus clair que le chapeau, orange pâle, couvert de pruine blanchâtre au sommet, cylindrique, d'abord médulleux, puis creux.
Chair : celle du chapeau blanchâtre, celle du pied orange pâle ; odeur fruitée rappelant la pomme, saveur un peu amère.
Lait : blanc, doux à amer.
Spores : 8-10/7-9 µm, verruqueuses, sporée ocre pâle.
Comestibilité : non comestible.
Habitat : exclusivement sous les mélèzes, et donc assez peu fréquent, en groupes ; de juillet à octobre.
Remarques : avec la couleur de son chapeau et son aspect général, ce champignon peut passer pour un lactaire à lait rouge comestible. Mais son lait blanc, son habitat, son odeur de pomme et son goût amer ne laissent aucune confusion possible.

Lactaire brun-jaune
Lactarius helvus

Chapeau: 4-15 cm, jaune rougeâtre à gris rosé, convexe aplani, puis généralement à peine déprimé; cuticule tomenteuse à floconneuse, marge mince et légère.
Lames: jaunâtre pâle, serrées à espacées, séparées par de nombreuses lamelles intermédiaires, adnées à légèrement décurrentes.
Pied: couleur chair, gris jaunâtre, en général plus clair que le chapeau, sommet blanchâtre, pas très épais, court, avec une base tomenteuse blanche.
Chair: ocre clair, couleur chair claire, très cassante; odeur rappelant celle du Viandox, surtout quand le champignon se dessèche.
Lait: aqueux, clair, peu abondant et doux.
Spores: 6,5-9/5,5-6,5 µm, échinulées, sporée jaunâtre.
Comestibilité: non comestible.
Habitat: bois de conifères humides, au milieu de la mousse; de juillet à octobre.
Remarques: les carpophores décolorés du lactaire roux *(voir p. 200)* peuvent lui ressembler. Mais son odeur très prononcée de Viandox et sa chair cassante écartent toute confusion avec un autre champignon.

Lactaire roux
Lactarius rufus

Chapeau : 3-8 cm, roux, brun-rouge pourpré, recouvert de pruine blanchâtre ; marge plus claire, convexe aplanie, puis en entonnoir, généralement omboné.
Lames : couleur chair, mais saupoudrées de sporée blanche avec l'âge, modérément serrées, séparées par des lamelles, adnées à légèrement décurrentes.
Pied : un peu plus clair que le chapeau, cylindrique, creux quand il est vieux, base tomenteuse blanche.
Chair : blanchâtre, puis rougeâtre pâle, rigide ; odeur très nette de résine.
Lait : blanc, abondant, très âcre.
Spores : 7-9/6-8 µm, verruqueuses, réticulées, sporée blanche.
Comestibilité : non comestible.
Habitat : bois de conifères, surtout sous les pins et les arolles ; de juin à octobre.
Remarques : on peut le confondre avec le lactaire à lait abondant *(voir p. 201),* le lactaire camphré, ainsi que d'autres champignons roux du genre *Lactarius.* Mais tous les lactaires comestibles ont un lait à la saveur douce, si bien qu'un simple test de goût permet de les différencier des espèces toxiques.

Lactaire à lait abondant, vachette
Lactarius volemus

Chapeau: 5-15 cm, orange cuivré, d'abord convexe, puis plan et déprimé, mat, finement velouté, souvent craquelé quand il est vieux, avec une marge d'abord enroulée.
Lames: jaune pâle, se colorant de brun rouille au contact du lait séché, assez serrées, ventrues, irrégulières et souvent fourchues à la marge, adnées à légèrement décurrentes.
Pied: concolore au chapeau, souvent plus pâle, cylindrique à obèse, lisse, parfois parcouru de faibles sillons longitudinaux au sommet, plein.
Chair: blanchâtre, puis brunâtre, ferme dans le chapeau; odeur de hareng ou de crabe, saveur douce.
Lait: blanc, extrêmement abondant, devenant collant et brunâtre en séchant, saveur douce.
Spores: 7,5-10 µm, globuleuses, échinulées, sporée blanche.
Comestibilité: comestible, mais à préserver.
Habitat: bois de conifères et de feuillus, sur les sols calcaires et argileux, surtout en montagne, dans les forêts de pins et d'épicéas, en forte régression; de juin à octobre.
Remarques: se reconnaît à son abondante sécrétion lactée et à son odeur de hareng qui disparaît à la cuisson.

Lactaire à odeur suave
Lactarius glyciosmus

Chapeau : 2-6 cm, chair à rouge rosé, gris-mauve, convexe, puis rapidement déprimé et en général omboné, enfin étalé, peu charnu, brillant humide, mat une fois sec.

Lames : blanchâtres à couleur chair pâle, serrées, séparées par des lamelles, de longueur irrégulière, parfois aussi fourchues, adnées à légèrement décurrentes.

Pied : plus pâle que le chapeau, d'abord couvert de pruine blanchâtre, assez élancé, cassant et tubulaire, avec une base parfois coudée.

Chair : blanchâtre, cassante ; odeur caractéristique de noix de coco, saveur un peu amère.

Lait : aqueux, blanc, d'abord doux, puis âcre.

Spores : 7-8,5/5,5-7,5 µm, verruqueuses, ornées d'un réseau incomplet, sporée ocre pâle.

Comestibilité : non comestible.

Habitat : à proximité des bouleaux, généralement dans les prés, plus rarement en forêt ; d'août à octobre.

Remarques : son odeur unique de noix de coco et son lait blanc permettent d'identifier facilement cet assez petit lactaire. Mais son goût âcre interdit de le consommer.

Clitocybe améthyste, clitocybe laqué variété violette
Laccaria amethystea (L. amethystina)

Chapeau : 2-5 cm, violet vif, pâlissant fortement avec l'âge, d'abord convexe, avec une marge enroulée, puis étalé et généralement un peu ombiliqué, irrégulièrement ondulé avec l'âge, peu charnu.

Lames : violet vif, puis saupoudrées de sporée blanche, épaisses et ventrues, adnées à légèrement décurrentes.

Pied : concolore au chapeau, parcouru de fibrilles blanches, mince et long, cylindrique.

Chair : violette, assez caoutchouteuse à coriace, sans odeur ni saveur particulières.

Spores : 8-10 µm, échinulées, sporée blanche.

Comestibilité : comestible.

Habitat : bois de feuillus et de conifères, très répandu ; de juin à novembre.

Remarques : les jeunes carpophores de cette espèce attirent l'œil avec leur couleur violet vif qui exclut toute confusion. Les spécimens anciens et décolorés peuvent être confondus avec le mycène pur *(voir p. 252)*, mais celui-ci se distingue par une forte odeur de radis. Le clitocybe améthyste ne vire pas à la cuisson et apporte une note colorée aux plats.

Clitocybe laqué
Laccaria laccata

Chapeau : 2-5 cm, brun cuir à rouge brique, chair rougeâtre, convexe et un peu ombiliqué ; cuticule pelucheuse, mate, marge enroulée, incurvée, puis ondulée et irrégulière.
Lames : roses, chair rougeâtre, saupoudrées de sporée blanche à maturité des spores, très écartées, adnées à légèrement décurrentes.
Pied : concolore au chapeau, mince et long, cylindrique, parfois sinueux, coriace et fibrilleux.
Chair : couleur chair rougeâtre ou plus pâle ; odeur épicée, saveur douce.
Spores : 7-9/6-7,5 µm, échinulées, sporée blanchâtre.

Comestibilité : comestible.
Habitat : bois de feuillus et de conifères, dans les endroits humides ; de juin à novembre.
Remarques : il a le même habitat que le clitocybe améthyste *(voir p. 203)*, mais ce dernier est violet dans toutes ses parties. Les autres clitocybes laqués rougeâtres sont *L. bicolor* et *L. proxima*. Les confusions possibles entre ces espèces et les espèces apparentées sont sans danger puisqu'elles sont toutes comestibles.

Clitocybe en coupe
Pseudoclitocybe cyathiformis

Chapeau : 3-8 cm, roux jaunâtre à brun foncé, voire presque noir, hygrophane, étalé même chez les jeunes spécimens, déprimé au centre avec une marge enroulée, puis profondément creusé en entonnoir, ombiliqué, peu charnu.
Lames : gris cendré, serrées, minces, fourchues, très décurrentes, souvent reliées les unes aux autres au point d'insertion sur le pied, décurrentes.
Pied : brunâtre, partiellement blanchâtre, recouvert d'un réseau fibreux, aqueux, assez mince, cylindrique, avec une base feutrée blanche.
Chair : grise, aqueuse et spongieuse, parfois cassante ; odeur insignifiante, saveur douce.
Spores : 8-10/5-6 µm, lisses, sporée blanchâtre.
Comestibilité : comestible.
Habitat : dans les forêts, à l'orée des bois, dans les prés, sur les stères de bois, la terre et le bois en décomposition ; d'octobre à novembre.
Remarques : ce champignon pousse tard en automne et fructifie jusqu'aux premières gelées. Il est facilement identifiable, grâce à son chapeau profondément en forme d'entonnoir et à ses lames généralement fourchues.

Clitocybe anisé, clitocybe odorant, clitocybe vert
Clitocybe odora

Chapeau : 3-7 cm, bleu-vert, bleu-gris, gris verdâtre, se décolorant parfois fortement jusqu'à devenir presque blanchâtre, d'abord convexe, puis étalé et enfin en entonnoir plan, marge incurvée, ondulée avec l'âge.
Lames : généralement concolores au chapeau, mais aussi plus pâles, espacées, séparées par des lamelles, un peu décurrentes.
Pied : un peu plus pâle que le chapeau, assez court, cylindrique, avec une base tomenteuse blanche, parfois un peu renflée.
Chair : vert pâle, blanchâtre ; forte odeur d'anis, saveur douce.

Spores : 6-7/3-4 µm, lisses, sporée blanche.
Comestibilité : comestible.
Habitat : bois de feuillus et de conifères, surtout sur les litières d'aiguilles de pins ; d'août à novembre.
Remarques : comme ce champignon conserve sa forte odeur d'anis même cuit, mieux vaut ne l'utiliser qu'en mélange avec d'autres espèces. On peut confondre les spécimens blanchâtres décolorés avec le clitocybe des feuilles *(voir p. 209)* qui pousse également sur les litières d'aiguilles de pins. Il est très toxique, mais ne sent pas l'anis.

Clitocybe à pied en massue
Clitocybe clavipes

Chapeau : 4-6 cm, gris-brun, brun olivâtre, nettement plus clair vers la marge, d'abord convexe plan, puis étalé, légèrement en forme d'entonnoir et mamelonné, marge un peu cannelée.
Lames : blanc d'ivoire, séparées par des lamelles et en partie fourchues, espacées, très décurrentes.
Pied : plus pâle que le chapeau, feutré de blanc vers la base, aminci au sommet, mou et spongieux, base très renflée (en forme de massue).
Chair : blanche ou blanchâtre, spongieuse avec l'âge ; nette odeur d'amandes douces, saveur douce.
Spores : 5-7/3-4 µm, lisse, sporée blanche.
Comestibilité : non comestible.
Habitat : bois de feuillus et de conifères, où ils poussent en groupe ou en colonie en formant des ronds de sorcières ; de juillet à novembre.
Remarques : ce clitocybe est un champignon très répandu qui aurait déjà provoqué des intoxications en étant consommé en même temps que de l'alcool. Il est donc classé dans la catégorie « non comestible ». La base renflée de son pied et son goût sucré permettent de le distinguer du clitocybe nébuleux *(voir p. 211)*.

CLITOCYBES À CHAPEAU EN FORME D'ENTONNOIR

Clitocybe géotrope, tête-de-moine
Clitocybe geotropa

Chapeau : 5-20 cm, brun pâle ou couleur cuir, devenant plus clair, blanchâtre avec l'âge, mat, d'abord étalé et pelviforme, puis en forme d'entonnoir, mais toujours avec un petit mamelon, marge cannelée et longtemps enroulée.
Lames : blanchâtres, tons ivoire, assez serrées comparativement à la taille du chapeau, molles, très décurrentes.
Pied : concolore au chapeau, souvent fibreux, vigoureux et plein, devenant dur et aqueux avec l'âge, légèrement renflé en forme de massue et fortement feutré de blanc à la base.
Chair : blanchâtre à crème, ferme, d'abord croquante, puis souvent coriace avec l'âge, surtout dans le pied ; odeur sucrée, saveur douce.
Spores : 6-7/5-6 µm, lisses, sporée blanche.
Comestibilité : comestible, bonne qualité gustative.
Habitat : bois de feuillus et de conifères, dans les forêts claires, en terrain calcaire ; de septembre à novembre.
Remarques : il forme des ronds de sorcières qui dépassent fréquemment 10 m de diamètre. *C. maxima,* également comestible, est un de ses très proches parents, mais l'ombon de ses chapeaux n'est pas aussi net.

Clitocybe des feuilles, clitocybe blanc, clitocybe couleur de céruse
Clitocybe phyllophila

Chapeau: 2-6 cm, couvert d'une couche vernissée blanche, brun rougeâtre pâle en dessous, mais qui n'apparaît qu'en cas de blessure, de frottement ou avec l'âge; brillant satiné, convexe, rapidement aplani et un peu déprimé, peu charnu.
Lames: d'abord blanchâtres, puis crème, séparées par des lamelles, légèrement décurrentes.
Pied: blanchâtre, puis brun rougeâtre pâle, cylindrique, un peu torsadé, fibreux, parfois claviforme et toujours très tomenteux à la base.
Chair: blanche, ferme; odeur épicée de champignon, saveur douce.
Spores: 4,5-6/3-4 µm, lisses, sporée crème.
Comestibilité: très toxique.
Habitat: bois de feuillus et de conifères, surtout sur les litières d'aiguilles de pins, mais aussi sur celles de feuilles de hêtre; de juillet à octobre.
Remarques: le clitocybe blanchi, ou clitocybe blanc d'ivoire *(C. dealbata),* lui ressemble beaucoup. Il pousse à la lisière des forêts, dans les prés et les pâturages. Ils font tous deux partie des petits clitocybes blancs, renferment de la muscarine et comptent parmi les champignons très toxiques.

CLITOCYBES À CHAPEAU EN FORME D'ENTONNOIR

Clitocybe à odeur de poisson
Clitocybe inornata

Chapeau : 5-10 cm, blanchâtre à gris blanchâtre, gris brunâtre vers le centre, convexe aplani, puis légèrement déprimé ; cuticule finement feutrée à couverte de pruine satinée, marge infléchie, et nettement crénelée à striée.
Lames : gris-blanc, gris brunâtre, séparées par des lamelles et serrées, se détachent aisément du chapeau, adnées à légèrement décurrentes.
Pied : concolore au chapeau, cylindrique, pas très long, d'abord plein, puis farci avec l'âge, fibreux, densément feutré de blanc à la base.
Chair : blanchâtre, coriace ; odeur désagréable de rance, saveur douce, mais également rance.
Spores : 8-9/2,5-3 µm, lisses, sporée blanche.
Comestibilité : non comestible.
Habitat : bois de conifères, surtout sous les pins, en terrain calcaire ; pas très courant ; de septembre à novembre.
Remarques : le pied est couvert à la base d'un mycélium tomenteux et filamenteux qui se retire comme une peau et laisse apercevoir un pied étonnamment lisse et effilé en forme de pieu. Son odeur de rance ne donne pas envie de le consommer.

Clitocybe nébuleux, grisette
Clitocybe nebularis (Lepista nebularis)

Chapeau : 6-15 cm, brun-gris foncé à gris cendré clair, milieu parfois un peu plus foncé, fortement convexe quand il est jeune, puis aplani et enfin déprimé, finement velouté à pruineux, marge longtemps enroulée.
Lames : crème sale ou jaunâtre, serrées, se détachant aisément du chapeau, légèrement décurrentes.
Pied : gris-brun pâle, parfois maculé de taches brun rougeâtre, épais et vigoureux, d'abord plein, puis farci, fibreux, base claviforme à bulbeuse.
Chair : blanche ; odeur douceâtre caractéristique, saveur acidulée.
Spores : 6-7/3-4 µm, lisses, sporée crème jaunâtre.
Comestibilité : comestible, mais le faire d'abord blanchir dans l'eau bouillante *(voir p. 92)*, n'est pas toujours très bien digéré.
Habitat : bois de feuillus et de conifères ; fructifie souvent en colonie à la fin de l'automne ; de septembre à novembre.
Remarques : un risque de confusion existe entre le clitocybe nébuleux et l'entolome livide *(voir p. 259)*, vénéneux et dangereux. Mais ce dernier a une odeur agréable et des lames espacées, d'abord jaunâtres, puis roses.

Tricholome de la Saint-Georges, mousseron de la Saint-Georges, mousseron de printemps, mousseron vrai

Calocybe gambosa (Tricholoma Georgii, Calocybe Georgii)

Chapeau: 5-10 cm, blanc, crème, parfois ocre jaunâtre, mat, d'abord hémisphérique, puis longtemps convexe avec une marge enroulée et enfin étalé et bosselé, très charnu *(voir aussi page de droite, en haut).*
Lames: blanchâtres, serrées, minces, émarginées ou décurrentes par une dent.
Pied: blanchâtre, cylindrique, vigoureux, souvent court, plein et ferme, légèrement atténué à la base.
Chair: blanche, ferme; odeur et goût prononcés de farine.

Spores: 4-6/2-3,5 µm, lisses, sporée blanchâtre.
Comestibilité: comestible, bonne qualité gustative.
Habitat: bois de feuillus et de conifères, surtout à la lisière des forêts et dans les prés; d'avril à juin.
Remarques: page de droite en bas: variété crème *flavida*. L'inocybe de Patouillard *(voir p. 325),* très toxique, pousse à la même époque et souvent dans les mêmes lieux. Ses carpophores blanchâtres peuvent être à l'origine de dangereuses confusions.

Clitocybe renversé
Lepista gilva (L. flaccida, Clitocybe flaccida)

Chapeau : 4-10 cm, jaunâtre, brun-jaune pâle, présentant souvent des taches d'eau, d'abord convexe, puis plan à vaguement en forme d'entonnoir ; cuticule lisse, légèrement brillante, marge longtemps incurvée, irrégulièrement ondulée avec l'âge.
Lames : crème, puis ocre jaune, serrées, souvent fourchues, très décurrentes.
Pied : concolore au chapeau un peu plus pâle, cylindrique, mince, avec une base tomenteuse blanche incrustée de feuilles et d'aiguilles.
Chair : jaunâtre pâle, coriace ; odeur aromatique et goût un peu âpre.

Spores : 3,5-5 µm, finement verruqueuses, sporée crème jaunâtre.
Comestibilité : non comestible.
Habitat : bois de feuillus et de conifères, courant, poussant en groupe et formant souvent des ronds de sorcières ; d'août à octobre.
Remarques : le clitocybe retourné ou renversé lui ressemble beaucoup ; il est d'ailleurs considéré comme la même espèce par certains auteurs. Il s'en distingue pourtant par un chapeau cuivré à roux et, en principe, par l'absence de taches d'eau. Espèces non comestibles, car elles ont déjà provoqué des intoxications légères.

Lépiste à odeur d'iris
Lepista irina

Chapeau : 5-12 cm, tons de cuir sauvage, blanchâtre, brunâtre pâle, convexe avec une marge incurvée et irrégulière, puis étalé avec une marge ondulée, voire repliée avec l'âge.
Lames : d'abord crème, puis gris-rose, modérément serrées, séparées par des lamelles, étroitement adnées à légèrement émarginées.
Pied : généralement concolore au chapeau ou un peu plus pâle, cylindrique, vigoureux, d'abord plein, puis creux.
Chair : blanchâtre sale, aqueuse ; agréable odeur d'iris, saveur douce.
Spores : 6,5-9/4-5 µm, finement verruqueuses, sporée jaune crème.
Comestibilité : comestible.
Habitat : bois de feuillus et de conifères, dans les endroits herbeux, à la lisière des forêts ; de septembre à octobre.
Remarques : ce champignon forme souvent de grandes colonies, voire des ronds de sorcières. Son odeur caractéristique de violette est un bon critère d'identification. Seul *Rhodocybe gemina* possède la même, mais ses lames sont décurrentes et il est également comestible.

Rhodopaxille, ou tricholome gris glauque
Lepista glaucocana (Rhodopaxillus glaucocanus)

Chapeau : 5-12 cm, bleu-violet à gris-violet pâle, violet blanchâtre, perdant ses nuances violettes avec l'âge, hémisphérique, puis convexe et enfin plan et ondulé, charnu ; cuticule lisse, mate, marge longtemps infléchie, ne devenant bien nette qu'avec l'âge.
Lames : violet pâle à gris-violet, presque serrées, séparées par des lamelles, émarginées.
Pied : fond violet pâle ; revêtement couvert de fibres blanches, assez court, plein, claviforme, vigoureux.
Chair : blanchâtre à lilacé ; odeur de terre, saveur douce, avec un arrière-goût âcre.

Spores : 6-8/3-5 µm, lisses à finement verruqueuses, sporée beige rosé.
Comestibilité : non comestible, en raison de son goût terreux même une fois cuit.
Habitat : bois de feuillus et de conifères, au bord des chemins, sur les litières de feuilles et d'aiguilles, dans les prés, surtout dans la région alpine ; de septembre à octobre.
Remarques : le lépiste couleur d'iris *(voir p. 215)*, dans les tons crème brunâtre, et le pied-bleu *(voir p. 217)*, dans les tons violets et brunâtres, lui ressemblent tous les deux beaucoup et sont comestibles.

Pied-bleu, tricholome nu
Lepista nuda

Chapeau: 5-15 cm, d'abord violet vif, puis rapidement mauve brunâtre vers le centre et enfin complètement mauve brunâtre.
Lames: mauves à gris-mauve, modérément serrées, émarginées.
Pied: fond violet; revêtement couvert de fibres blanches, cylindrique à claviforme, avec une base solidement soudée au substrat.
Chair: d'abord violette, puis plus pâle; odeur agréable de fruits, saveur douce.
Spores: 6-8/4-5 µm, finement verruqueuses, sporée rose.
Comestibilité: comestible, bonne qualité gustative.
Habitat: bois de feuillus et de conifères, sur les litières de feuilles et d'aiguilles, dans les jardins sur les restes de végétaux; il fait une première apparition au mois de mai, mais sa véritable période de croissance se situe de septembre à novembre.
Remarques: il est depuis peu proposé dans le commerce comme champignon de culture. Ne pas le confondre avec les cortinaires violets, qui sont généralement toxiques, mais présentent toujours, quand ils sont jeunes, un voile filamenteux (la cortine) qui protège les lames

Tricholome rutilant
Tricholomopsis rutilans (Tricholoma rutilans)

Chapeau : 5-15 cm, recouvert de petites squames veloutées rouge bordeaux à pourprées sur fond jaune, d'abord ovoïde, puis convexe et enfin étalé, marge longtemps enroulée.
Lames : jaune vif, séparées par des lamelles, émarginées à largement adnées.
Pied : concolore au chapeau, cylindrique à claviforme, généralement vigoureux, plein, également creux quand il est vieux, feutré.
Chair : jaune clair, parfois aqueuse, molle ; odeur acidulée, saveur douce.
Spores : 7-8/5-6 µm, lisses, sporée blanche.

Comestibilité : comestible, mais le faire d'abord blanchir dans l'eau bouillante *(voir p. 92)*, seulement en petites quantités.
Habitat : dans les bois de conifères ou à proximité de souches de conifères récentes ; de juillet à septembre.
Remarques : ce champignon peut être utilisé en petite quantité dans les plats de champignons mélangés, mais en consommer davantage conduit dans la plupart des cas à des troubles digestifs. *T. decora* lui ressemble et fructifie lui aussi sur les souches de conifères, mais son chapeau est toujours jaunâtre.

Tricholome équestre, canari, chevalier, jaunet
Tricholoma equestre (T. flavovirens)

Chapeau: 5-10 cm, fond jaune-vert, couvert de fines écailles roussâtres, marge plus claire, centre d'abord complètement brun, hémisphérique à campanulé, puis étalé et mamelonné et enfin légèrement déprimé.
Lames: jaunes, séparées par des lamelles, serrées, émarginées.
Pied: jaune clair, jaune-vert, cylindrique à légèrement claviforme, plein, lisse.
Chair: blanchâtre, jaunâtre sous la cuticule; odeur farineuse, saveur douce.
Spores: 6-8/3-5 µm, lisses, sporée blanche.

Comestibilité: comestible, mais à préserver.
Habitat: dans les bois de conifères et de feuillus, les prés, à l'orée des bois, parfois en compagnie de trembles et de pins, rare; de septembre à novembre.
Remarques: ce champignon est très rare, voire en voie de disparition, il faut le préserver et ne pas le ramasser. On peut le confondre avec le tricholome soufré *(voir p. 220),* mais celui-ci dégage une désagréable odeur de gaz de ville, ou avec le tricholome rutilant *(voir p. 218),* qui fructifie sur les anciennes souches de conifères.

Tricholome soufré
Tricholoma sulphureum

Chapeau: 3-7 cm, jaune soufre à roux, parfois floconneux et pourpré au centre, d'abord hémisphérique, puis convexe et enfin plan; cuticule lisse et mate, marge nette.
Lames: jaune soufre, larges, très espacées, émarginées.
Pied: jaune soufre, couvert de fibrilles rouge, cylindrique, plein, orné de mycélium blanc à la base.
Chair: jaune soufre, jaune verdâtre, ferme; odeur écœurante et pénétrante de gaz de ville, saveur douce, mais désagréable.
Spores: 9-12/5-6 µm, lisses, sporée blanche.

Comestibilité: toxique.
Habitat: bois de conifères et de feuillus, très répandu; de juillet à octobre.
Remarques: les couleurs du tricholome équestre *(voir p. 219)*, comestible, sont très semblables, mais il exhale une agréable odeur de farine. *T. bufonium,* également vénéneux, sent comme lui le gaz de ville, mais son chapeau n'est pas teinté de brunâtre, ses lamelles sont plus serrées et il pousse dans les forêts de conifères de montagne.

Tricholome à odeur de savon
Tricholoma saponaceum

Chapeau : 4-8 cm, de couleur très variable : olive, gris-brun, gris-vert, noirâtre, d'abord hémisphérique, puis convexe et enfin plan avec une marge repliée et découpée en lobes irréguliers.
Lames : crème à vert jaunâtre, céracées, espacées, épaisses, émarginées.
Pied : fond crème ; revêtement fibreux floconneux gris-brun, avec une base généralement rouge orangé, parfois maculé de rose orangé à l'endroit de blessures, cylindrique ou ventru.
Chair : blanchâtre, se teintant parfois de rougeâtre ; odeur de savon neutre, saveur douce à amère.

Spores : 5-6/3,5-4 µm, lisses, sporée blanche.
Comestibilité : non comestible.
Habitat : bois de conifères et de feuillus, en groupe ; de septembre à novembre.
Remarques : ce champignon d'aspect extrêmement variable peut tromper certains ramasseurs. Sa chair rougissante offre cependant un critère d'identification constant et donc fiable. Quant à son odeur, elle dépend de l'âge et des conditions météorologiques et ne se perçoit pas toujours très nettement.

Tricholome blanc
Tricholoma album (T. stiparophyllum)

Chapeau : 4-10 cm, blanc, se teintant de jaune brunâtre au centre avec l'âge, hémisphérique, puis convexe et enfin étalé et mamelonné ; cuticule mate quand elle est sèche, brillante humide, avec une marge souvent côtelée.
Lames : blanchâtres, assez serrées, minces, émarginées.
Pied : blanc neige, cylindrique, mince, pruineux au sommet, légèrement coudé à la base.
Chair : crème pâle, ferme ; odeur âpre et désagréable, goût âcre.
Spores : 7-8/3-4,5 µm, lisses, sporée blanche.

Comestibilité : non comestible.
Habitat : bois de feuillus, sous les bouleaux, en groupe ; de septembre à octobre.
Remarques : le tricholome colombette *(T. columbetta),* également blanc, lui ressemble, mais sa chair a une saveur douce et il est comestible. Le tricholome désagréable *(voir p. 230)* pousse dans les forêts de conifères et *T. lascivum* sous les chênes et les hêtres. Ils sont tous les deux blancs, mais exhalent une désagréable odeur de gaz de ville et sont toxiques.

Tricholome à écailles noires
Tricholoma atrosquamosum

Chapeau : 4-8 cm, fond blanchâtre à grisâtre, couvert de petites squames feutrées noires, d'abord hémisphérique, puis convexe et enfin plan et mamelonné, marge enroulée chez les jeunes spécimens.
Lames : blanchâtres, serrées, émarginées, avec des arêtes souvent mouchetées de flocons noirs.
Pied : blanchâtre, gris pâle, en partie recouvert de fines squames noirâtres, cylindrique, vigoureux, parfois un peu claviforme à la base.
Chair : blanchâtre à gris pâle, odeur aromatique, saveur de farine.
Spores : 5-8/3,5-5 µm, lisses, sporée blanche.
Comestibilité : comestible.
Habitat : bois de conifères et de feuillus, surtout sous les hêtres, en terrain calcaire, assez rare et en nette régression ; de septembre à novembre.
Remarques : il ressemble fort au tricholome tigré *(voir p. 224),* le plus toxique du genre *Tricholoma*. Mais ce dernier a des squames plus grosses et plus claires sur son chapeau, des lames teintées de verdâtre et qui laissent souvent perler des gouttes quand elles sont jeunes.

TRICHOLOMES VRAIS, GENRE *TRICHOLOMA*

Tricholome tigré
Tricholoma pardinum (T. pardalotum)

Chapeau: 4-12 cm, fond blanc, avec de fines mèches fibreuses grises, gris-argent, gris-noir, souvent nuancées de mauve, port vigoureux, d'abord hémisphérique, puis convexe et enfin étalé, souvent irrégulièrement ondulé et sinué, marge longtemps enroulée.
Lames: d'abord blanchâtres, puis crème ou olivâtres, larges, pas très serrées, très émarginées à presque libres, arêtes laissant souvent perler des gouttes.
Pied: blanchâtre, revêtu de fibrilles ou de mèches brunâtres, sommet couvert de guttules aqueuses, base claviforme et parfois tachetée de rouille.

Chair: blanchâtre; odeur de farine, saveur douce.
Spores: 8-10/5,5-6,5 µm, lisses, sporée blanche.
Comestibilité: toxique.
Habitat: bois de conifères et de feuillus, en terrain calcaire, surtout dans l'est de la France (Alpes, Vosges, Jura), mais aussi dans les Pyrénées, pas fréquent tous les ans; d'août à octobre.
Remarques: la photographie de la page de gauche montre des spécimens adultes et complètement développés, avec leurs chapeaux gris souris à gris ardoise clair. Le sommet du

pied du champignon couché est couvert de petites gouttes d'eau transparentes qui ne se forment pas par tous les temps. Lorsqu'elles y sont, elles constituent un critère d'identification important. Ci-dessus figurent des spécimens jeunes et encore fermés, mais avec une cuticule déjà nettement recouverte de squames gris-argent à gris-noir et un port vigoureux. La couleur des chapeaux adultes *(à gauche)* paraît nettement plus claire. C'est parce qu'ils ont poussé à une période pluvieuse. Le tricholome tigré provoque des maux intestinaux violents et récalcitrants qui ne doivent jamais être négligés, car des cas isolés de décès ont déjà été signalés. C'est le représentant le plus vénéneux du genre *Tricholoma*. On peut le confondre avec les tricholomes suivants : le tricholome couleur de terre *(voir p. 231),* comestible, avec sa cuticule grise tomenteuse, ses lames gris cendré pâle caractéristiques et son port beaucoup plus grêle ; le tricholome à écailles noires *(voir p. 223),* comestible, avec son chapeau sombre ; *T. basirubens,* avec sa base de pied rougeâtre ; et *T. sciodes,* avec ses arêtes de lames devenant flocconneuses noires avec l'âge.

Tricholome du peuplier
Tricholoma populinum

Chapeau : 6-12 cm, brunâtre clair à brun rougeâtre, d'abord hémisphérique, puis convexe et enfin plan et sinué, glabre, gluant, brillant, marge longtemps infléchie.
Lames : blanches, puis maculées de taches rousses, serrées, émarginées.
Pied : blanc, brunissant à partir de la base, cylindrique, vigoureux, finement fibreux, base parfois claviforme et souvent sinueuse.
Chair : blanche, rougeâtre sous la cuticule ; odeur de farine, saveur douce à légèrement amère.
Spores : 5,5/3,5 µm, subglobuleuses, lisses, sporée blanche.

Comestibilité : comestible, mais pas très bon.
Habitat : sous diverses espèces de peupliers, notamment les trembles, généralement en groupe, peu courant ; de septembre à novembre.
Remarques : ce tricholome peut être confondu avec de nombreuses autres espèces de tricholomes bruns mais toxiques, comme le tricholome strié *(T. fracticum),* qui pousse principalement sous les pins, et *T. ustale,* qui fructifie sous les hêtres. Mieux vaut donc le laisser aux ramasseurs chevronnés.

Tricholome brun et jaune
Tricholoma fulvum (T. flavobrunneum)

Chapeau : 4-8 cm, brun à roux foncé, parfois plus clair, d'abord hémisphérique, puis convexe et enfin étalé à parfois déprimé ; cuticule glabre à légèrement fibreuse, floconneuse, visqueuse à glutineuse par temps humide.
Lames : jaune clair ou très pâle, devenant jaune brunâtre, serrées, émarginées.
Pied : brunâtre, blanchâtre au sommet, cylindrique, plein, puis fistuleux, fibreux.
Chair : jaune dans le pied, blanche dans le chapeau, ferme ; odeur et saveur de farine.

Spores : 5,5-7/4-6 µm, lisses, sporée blanche.
Comestibilité : non comestible.
Habitat : bois de conifères et de feuillus, surtout sous les bouleaux, mais aussi sous les épicéas, très répandu, mais pas très fréquent ; de septembre à novembre.
Remarques : les champignons bruns sont assez peu fréquents dans le genre *Tricholoma* et cette espèce est probablement la plus commune de toutes. La chair jaune de son pied et ses lames d'abord jaunes permettent de la différencier assez bien des autres espèces brunes.

TRICHOLOMES VRAIS, GENRE *TRICHOLOMA*

Tricholome orangé
Tricholoma aurantium

Chapeau : 4-10 cm, rouge orangé vif, brun orangé, d'abord conique, puis aplani et mamelonné, charnu ; cuticule couverte de fines écailles, marge d'abord enroulée et parfois nettement crénelée sur le dessus.
Lames : blanches, puis crème avec des taches brun rouille, serrées, émarginées.
Pied : fond blanchâtre, marbré de squames rouge orangé, sommet d'abord couvert de guttules orangées, cylindrique, plein, un peu sinueux et aminci à la base.
Chair : blanche ; odeur de farine, goût amer.

Spores : 4-5/3-3,5 µm, lisses, sporée blanche.
Comestibilité : non comestible, à préserver.
Habitat : dans les bois de conifères, plus rarement dans les forêts de feuillus, calcicole, rare ; d'août à novembre.
Remarques : sa superbe couleur orange interdit toute confusion avec une autre espèce. Ce tricholome, l'un des plus beaux du genre *Tricholoma,* est malheureusement rare. Il a un goût amer qui le rend impropre à la consommation.

Tricholome couleur de vache
Tricholoma vaccinum

Chapeau : 3-7 cm, fond ocre clair, couvert de mèches fibreuses brunes à rousses, d'abord hémisphérique, puis plan et mamelonné, marge feutrée, fibreuse à velue.
Lames : blanches à crème, se couvrant ensuite de taches rousses jusqu'à devenir totalement brunâtres, séparées par des lamelles, émarginées et décurrentes par une dent.
Pied : roux pâle, sommet blanchâtre, cylindrique, creux, fibreux, base légèrement renflée.
Chair : blanche, rougeâtre par endroits ; odeur de terre, goût amer.

Spores : 4-5,5/4 µm, lisses, sporée blanche.
Comestibilité : non comestible.
Habitat : bois de conifères, en général sous les pins, commun ; de juillet à octobre.
Remarques : il se distingue nettement des autres tricholomes du genre grâce à sa cuticule très fibreuse à velue. C'est son goût amer qui le rend impropre à la consommation. Le genre *Tricholoma* englobe plus de 65 espèces, toutes mycorhiziques. Les tricholomes sont des champignons typiques de l'automne

Tricholome désagréable
Tricholoma inamoenum

Chapeau : 4-6 cm, blanchâtre, ochracé à fauve clair, d'abord hémisphérique, puis convexe et enfin étalé et légèrement mamelonné au centre ; cuticule lisse et mate, marge fine.

Lames : blanchâtres, avec des nuances jaunâtre pâle, très larges et espacées, séparées par des lamelles, émarginées.

Pied : blanchâtre à jaunâtre, sommet blanc, base souvent brun sale et parfois radicante, rarement cylindrique, souvent ventru et fusiforme.

Chair : blanchâtre ; odeur désagréable et pénétrante de gaz de ville, saveur plutôt douce, rappelant le charbon.

Spores : 8-10/4-5,5 µm, lisses, sporée blanche.

Comestibilité : toxique.

Habitat : forêts de conifères de montagne, surtout sous les épicéas, en terrain calcaire ; de septembre à octobre.

Remarques : *T. lascivum* ressemble étrangement à *T. inamoenum,* arbore des couleurs très similaires et exhale presque la même odeur désagréable. Il est toutefois un peu moins vigoureux et fructifie dans les bois de feuillus, sous les chênes et les hêtres. Lui aussi est toxique.

Tricholome couleur de terre, petit gris des sapins, saint-martin, tricholome terreux
Tricholoma terreum

Chapeau : 3-8 cm, gris souris clair à foncé, d'abord convexe, puis étalé, souvent mamelonné, très peu charnu ; cuticule mate, finement veloutée, marge fine et toujours un peu infléchie.
Lames : blanches, puis d'un gris cendré pâle caractéristique, émarginées et décurrentes par une dent.
Pied : blanc à gris-blanc, cylindrique, d'abord plein, puis creux, lisse, parfois un peu claviforme à la base.
Chair : blanche, fragile ; presque inodore, saveur douce.
Spores : 5-7/4-5 µm, lisses, sporée blanche.

Comestibilité : comestible.
Habitat : bois de conifères, particulièrement sous les pins, sur les sols calcaires ; d'août à novembre.
Remarques : attention à la confusion avec le tricholome tigré *(voir p. 224)* ! Mais ce champignon vénéneux a un port plus vigoureux, des écailles plus grosses et des lames teintées de verdâtre. Le tricholome vergeté *(T. virgatum)*, légèrement toxique, est également d'aspect général très semblable, mais son chapeau est mamelonné.

Lyophylle de Favre
Lyophyllum favrei

Chapeau: 5-10 cm, gris-violet foncé, gris-brun, pâlissant parfois, convexe, puis aplani, parfois légèrement mamelonné; cuticule mate, feutrée, couverte de pruine blanchâtre à l'état jeune, marge mince et ondulée.

Lames: jaune-vert, jaune citron, rougissant aux endroits comprimés, puis noircissant, très serrées et étroites, émarginées.

Pied: blanchâtre au sommet, crème, avec une base couverte de fibres brun-noir sur fond clair, cylindrique ou légèrement sinueux, plein.

Chair: blanche à jaunâtre, devenant d'abord rouge, puis noire à la coupe; odeur de moisi, saveur douce.

Spores: 3,5-5/3-3,5 µm, lisses, sporée crème.

Comestibilité: non comestible, à préserver.

Habitat: bois de conifères et de feuillus, très rare; d'août à octobre.

Remarques: ce champignon est aisément identifiable avec ses lames jaunes et ses carpophores devenant rouges, puis noirs. La valeur particulière de cet espèce de *Lyophyllum* tient autant à sa rareté, qu'à ses belles couleurs.

Lyophylle en touffe
Lyophyllum connatum

Chapeau : 3-6 cm, blanc, gris pâle quand il est humide, d'abord convexe, puis étalé, irrégulièrement bosselé, ondulé, parfois légèrement en forme d'entonnoir, mat à satiné, marge longtemps incurvée.
Lames : d'abord blanches, puis crème, très serrées, légèrement décurrentes.
Pied : blanc à gris pâle, sommet pruiné de blanc, cylindrique à légèrement renflé, sinueux, d'abord plein, puis creux, généralement soudé à plusieurs autres pieds par la base.
Chair : blanche, translucide ; odeur semblable à celle du corydalis, parfumée, saveur douce.
Spores : 6-7/3,5-4 µm, lisses, sporée blanche.
Comestibilité : toxique.
Habitat : bois de conifères et de feuillus, dans l'herbe sur le bord des chemins, cespiteux et courant ; d'août à octobre.
Remarques : il était considéré comme comestible jusqu'il y a quelques années. Le clitocybe des feuilles *(voir p. 209),* très toxique, lui ressemble beaucoup, mais il a une odeur moins particulière et ne pousse pas en touffe (non cespiteux).

Tricholome, ou lyophylle, ou clitocybe agrégé
Lyophyllum loricatum (L. decastes, aggregatum)

Chapeau : 3-10 cm, brun olivâtre à marron, hémisphérique, puis convexe et enfin étalé, mamelonné à légèrement déprimé, souple ; cuticule épaisse et cartilagineuse comme recouverte d'une carapace.
Lames : blanches, puis gris blanchâtre, serrées, coriaces, largement adnées à légèrement émarginées, parfois décurrentes par une dent.
Pied : blanchâtre à brunâtre clair, cylindrique, généralement sinueux, voire torsadé et parfois renflé, remarquablement élastique, souvent soudé aux autres pieds par la base.
Chair : blanche, très cartilagineuse, élastique et donc très souple ; odeur insignifiante, saveur douce à amère.
Spores : 6-7 µm, subglobuleuses, lisses, sporée blanche.
Comestibilité : comestible, bonne qualité gustative.
Habitat : sous les feuillus, en forêt, le long des chemins, courant, cespiteux ; d'août à octobre.
Remarques : les champignons à chapeau brunâtre et chair élastique du genre *Lyophyllum* sont parfois présentés comme des variétés de l'espèce, mais cette classification est controversée. Confusions sans conséquence car il sont tous comestibles.

Mélanoleuque cendré
Melanoleuca excissa

Chapeau : 4-7 cm, gris cendre, gris pâle, gris-argent, largement convexe, puis rapidement aplani avec une superbe marge récurvée blanche et fine.
Lames : blanchâtres, serrées, émarginées et décurrentes par une dent.
Pied : concolore au chapeau, cylindrique, mince ; revêtement fibreux à floconneux, base feutrée de blanc.
Chair : blanchâtre ; odeur insignifiante, saveur douce.
Spores : 8,5-9,5/5-6 µm, verruqueuses, sporée crème.
Comestibilité : comestible.
Habitat : sous les feuillus et les conifères, à la lisière des forêts, dans les prés et dans les parcs, rare ; du printemps à l'automne.
Remarques : son chapeau gris cendre pâle et son pied concolore à reflets souvent argentés permettent de le distinguer sans difficulté des autres tricholomes du genre *Melanoleuca* qui se caractérisent par une chair fibreuse molle et des pieds courts, souvent parcourus de sillons longitudinaux. Comme de nombreuses espèces se ressemblent fortement, leur identification pose de gros problèmes, même aux mycologues confirmés. Toutes sont comestibles.

Mélanoleuque apparenté
Melanoleuca cognata

Chapeau: 4-10 cm, ocre vif à ocre jaunâtre, plus sombre humide, brunâtre, centre plus foncé, convexe, puis étalé et nettement omboné.
Lames: blanchâtres, serrées, émarginées et décurrentes par une dent.
Pied: concolore au chapeau, cylindrique, ferme, puis mou, plein ; revêtement fibrilleux, base souvent renflée et feutrée de blanc.
Chair: jaunâtre, molle, spongieuse ; odeur de farine, saveur sucrée.
Spores: 9-10/6 µm, finement verruqueuses, sporée blanche.
Comestibilité: comestible.
Habitat: surtout dans les bois de conifères sur les litières de brindilles, au bord des chemins et dans les prairies boisées ; généralement au printemps (d'avril à juillet), mais aussi en automne (septembre à octobre).
Remarques: ce champignon fructifie souvent au même moment que les morilles, sur le bord des chemins, dans les forêts de résineux. Une fois le genre identifié, toute confusion avec des champignons vénéneux devient peu probable. La plupart des tricholomes du genre *Melanoleuca* sont des champignons d'automne et fructifient de septembre à octobre.

Mélanoleuque à pied rayé
Melanoleuca grammopodia var. *subbrevipes*

Chapeau : 6-20 cm, d'abord foncé, gris-brun corne, puis plus clair, crème pâle nuancé de tons olivâtres avec un centre brunâtre, d'abord convexe et mamelonné, puis étalé à légèrement en forme d'entonnoir avec une marge ondulée.
Lames : crème, ocre jaunâtre, serrées, émarginées, un peu décurrentes chez les spécimens âgés.
Pied : gris brunâtre, concolore au centre du chapeau, cylindrique, très court, fibreux, base tomenteuse blanche.
Chair : blanchâtre, molle ; odeur et goût insignifiants.

Spores : 8,5-10/5-6 µm, verruqueuses, sporée blanche.
Comestibilité : comestible.
Habitat : forêts, prés, pâturages, monticules de matière organique ; de septembre à octobre.
Remarques : il ressemble à s'y méprendre aux spécimens âgés du clitocybe nébuleux *(voir p. 211)*. Mais l'odeur pénétrante de ce dernier permet de les distinguer sans difficulté. Il pousse souvent à proximité des pieds-bleus *(voir p. 217)*.

Collybie du chêne
Collybia dryophila

Chapeau : 2-5 cm, brun-jaune vif, terre cuite, coloris chair pâle, d'abord convexe, puis aplani, ondulée avec l'âge, peu charnue.

Lames : blanchâtres à presque jaunes, serrées, émarginées et décurrentes par une dent.

Pied : jaune orangé, rouge cuivré, parfois également plus pâle, cylindrique, mince, lisse, creux, un peu renflé à la base.

Chair : blanchâtre, tons crème pâle, aqueuse ; odeur acidulée, saveur douce.

Spores : 5-6/2-3 µm, lisses, sporée blanche.

Comestibilité : comestible, mais seulement en mélange avec d'autres champignons et après blanchiment *(voir p. 92)*.

Habitat : bois de conifères et de feuillus, très commune ; dès le mois de mai et jusqu'en novembre.

Remarques : la collybie du chêne est très répandue. Seul son chapeau est comestible. La confusion avec la collybie des sorciers *(voir p. 241)* peut entraîner des troubles gastriques désagréables. Mais cette dernière possède un pied blanchâtre, des poils raides sur sa moitié inférieure et exhale une forte odeur de charbon putréfié.

Collybie butyracée var. *asema*
Collybia butyracea var. *asema*

Chapeau : 2-5 cm, gris corne, ocre brun, se décolorant, avec un centre plus foncé, d'abord convexe, puis étalé et plan, avec un centre mamelonné, peu charnu : cuticule lisse, graisseuse et brillante, marge fine et finement striée par transparence.
Lames : blanc pur, serrées, émarginées, arêtes crénelées.
Pied : brun-rouge, brun-gris, cylindrique, tubulaire, lisse, renflé et feutré de blanc à la base.
Chair : blanchâtre, aqueuse ; odeur fruitée agréable, saveur douce.
Spores : 6-7/3-3,5 µm, lisses, sporée blanche.

Comestibilité : comestible, mais seulement en mélange avec d'autres champignons.
Habitat : bois de conifères et de feuillus, très commune ; de juillet à décembre.
Remarques : le chapeau aux couleurs claires est caractéristique de la variété. L'espèce, *C. butyracea,* pousse dans les mêmes lieux. Elle est également comestible, mais se distingue par un chapeau aux tons rouge marron. Le nom d'espèce *butyracea* vient de la cuticule graisseuse qui recouvre le chapeau et qui est caractéristique de l'espèce, comme de la variété.

Collybie tachetée
Collybia maculata

Chapeau : 4-10 cm, fond blanc pur, maculé de taches rouille irrégulières, hémisphérique, ne devenant plan et ondulé qu'une fois âgé ; cuticule mate et lisse, marge longtemps involutée.
Lames : blanches, très serrées, se couvrant avec le temps de taches rousses, adnées à émarginées, arêtes légèrement crénelées.
Pied : blanc, avec des taches rouille, cylindrique, parfois torsadé, vigoureux, dur, vite creux, fibreux, atténué à la base.
Chair : blanche, ferme, dure ; odeur boisée, saveur amère.
Spores : 5-6/4-5mm, lisses, sporée crème à rose pâle.
Comestibilité : non comestible.
Habitat : bois de conifères et de feuillus, sur le bois enterré récent, poussant en groupe et souvent en cercle ; de juillet à novembre.
Remarques : cette collybie est aisément reconnaissable à son chapeau et à son pied qui se couvrent rapidement de taches rouille, ainsi qu'à sa chair fibreuse. Il suffit ensuite de goûter sa chair, amère, pour que plus aucun doute ne subsiste.

Collybie des sorciers
Collybia hariolorum (Marasmius hariolorum)

Chapeau : 2-5 cm, crème à beige brunâtre, hygrophane, centre brun rougeâtre, d'abord hémisphérique à campanulé, puis plan, parfois mamelonné ; cuticule lisse, marge fine et brièvement striée.
Lames : blanchâtres, légèrement serrées, minces et étroites, émarginées.
Pied : blanchâtre, couvert de nombreux poils blancs laineux ou hérissés dans son tiers inférieur, cylindrique, d'abord plein, puis creux, base légèrement claviforme.
Chair : pâle, aqueuse ; odeur désagréable de charbon putréfié, légère saveur de radis.
Spores : 6-8/3-3,5 µm, lisses, sporée blanche.
Comestibilité : toxique.
Habitat : bois de feuillus, surtout sur les litières de feuilles et d'écorce de hêtre, mais aussi sous les chênes et les frênes, en groupe, commune ; de juillet à octobre.
Remarques : on peut confondre les spécimens très peu velus dans la partie inférieure du pied avec la collybie du chêne *(voir p. 238)*. *C. peronata* lui ressemble également. Mais aucune de ces deux espèces ne dégage d'odeur aussi désagréable que *C. hariolorum*.

Marasme guêtré, marasme brûlant
Collybia peronata (Marasmius peronatus)

Chapeau : 3-6 cm, marron rougeâtre, roux, nuancé de jaunâtre à ocracé, convexe, puis plan avec un petit ombon, parfois aussi déprimé, marge longtemps infléchie, parfois crénelée.
Lames : jaune sale à ocre jaune, larges, espacées, souvent anastomosées, adnées à émarginées.
Pied : jaune brunâtre, cylindrique, mince, couvert de feutrage blanc à jaune surtout à la base, velu.
Chair : blanchâtre à jaune, dure ; odeur agréable, saveur d'abord douce, puis très âcre.
Spores : 6-8/3-4 µm, lisses, sporée crème.

Comestibilité : toxique.
Habitat : bois de conifères et de feuillus, sur les litières de feuilles et d'aiguilles, souvent en grandes colonies ; de juillet à novembre.
Remarques : on l'identifie facilement grâce à sa saveur âcre caractéristique et à son pied feutré. Sinon, les caractéristiques générales des collybies *(Collybia)* sont un pied fibreux, mince, souvent sinueux et des lames émarginées.

Collybie confluente
Collybia confluens

Chapeau : 2-4 cm, chair brunâtre, couleur cuir, se décolorant jusqu'à devenir presque blanchâtre, d'abord campanulé, puis aplani et vaguement mamelonné, peu charnu, membraneux, ondulé avec l'âge, marge parfois déchiquetée en vieillissant.
Lames : blanches, puis jaune crème pâle, serrées, parfois anastomosées, émarginées.
Pied : d'abord blanchâtre, puis aussi brunâtre, cylindrique, mince, tubulaire, lisse à sillonné longitudinalement, parfois torsadé, dur et cartilagineux.
Chair : blanchâtre, coriace ; odeur agréable, saveur douce.
Spores : 7-10/2-3 µm, lisses, sporée blanche.
Comestibilité : non comestible.
Habitat : bois de conifères et de feuillus, sur les litières de feuilles ou d'aiguilles, commun ; de juin à octobre.
Remarques : il croît en grosse touffe, souvent en rangée ou parfois même en cercle (rond de sorcière). Lorsqu'on enlève le chapeau d'un spécimen âgé, il reste le pied arrondi en bouton au sommet. Sa valeur culinaire est controversée, mais on peut difficilement le recommander.

Collybie à larges lames, à chapeau rayé
Megacollybia platyphylla (Oudemansiella platyphylla)

Chapeau: 5-15 cm, brun foncé, gris-brun, parfois plus pâle, gris clair, d'abord hémisphérique à campanulé, puis étalé et finalement déprimé, souvent légèrement ombôné, orné de fibres radiales caractéristiques, parfois déchiré, marge fine, ondulée et généralement déchiquetée chez les vieux spécimens.
Lames: d'abord blanches, puis crème, remarquablement larges, espacées, émarginées, arête crénelée.
Pied: blanc à grisâtre, de forme très variable, cylindrique, claviforme, obèse, court ou long, parfois torsadé, parcouru de sillons longitudinaux, base ornée de longs filaments blancs de mycélium.
Chair: blanchâtre, fibreuse dans le pied; odeur de terre, de moisi, saveur douce à amère.
Spores: 7-8/6-7 µm, lisses, sporée blanche.
Comestibilité: non comestible.
Habitat: bois de conifères et de feuillus, sur les souches en décomposition et le bois enterré, commune; de mai à octobre.
Remarques: ce champignon n'est pas vénéneux. Il ressemble au plutée couleur de cerf *(voir p. 261)* et à divers entolomes *(Entoloma)*.

Collybie radicante
Xerula radicata (Oudemansiella radicata)

Chapeau : 3-8 cm, ocre brun, brun clair, se décolorant parfois, d'abord campanulé à conique, puis convexe et enfin plan, avec parfois un ombon nettement marqué, peu charnu, membraneux ; cuticule visqueuse et brillante quand elle est humide, mate une fois sèche, orné de rides et de fossettes caractéristiques.
Lames : blanches, espacées, épaisses, adnées à émarginées.
Pied : blanc au sommet, brunissant de plus en plus en dessous, souvent sinueux, plein, coriace, fibrilleux, base claviforme avec une sorte de racine fusiforme blanche.

Chair : blanche ; odeur insignifiante, saveur douce à amère.
Spores : 12-15/9-11 µm, lisses, sporée blanche.
Comestibilité : comestible, mais de qualité gustative très médiocre.
Habitat : bois de feuillus, sur le bois mort ou enterré, de préférence sous les hêtres, solitaire ; de juillet à octobre.
Remarques : elle est facile à reconnaître avec son pied radicant et son chapeau visqueux et orné de fossettes. La taille de ses carpophores varie : on peut tomber sur des spécimens vigoureux ou très fragiles.

XÉRULES

Collybie des cônes
Strobilurus esculentus

Chapeau : jusqu'à 2,5 cm, ocre brun à brun rougeâtre, mais aussi nuancé de gris, d'abord convexe, puis plan et le plus souvent légèrement mamelonné, marge souvent striée par transparence quand elle est humide.
Lames : blanches, serrées, larges, minces, adhérentes à presque libres.
Pied : ochracé, ocre pâle, ocre brun, cylindrique, mince, élastique, creux, lisse, base tomenteuse.
Chair : blanche, molle ; saveur douce.
Spores : 5,5-7/3-4 µm, lisses, sporée blanche.
Comestibilité : comestible.
Habitat : sur les cônes d'épicéas enterrés ou parfois à même le sol, mais jamais sur les cônes de pins, commune ; de décembre à avril.
Remarques : c'est l'un des tout premiers champignons du printemps à percer juste après la fonte des neiges. Seuls les chapeaux se mangent, et comme ils sont très petits la cueillette est plutôt laborieuse. Il ressemble à *S. tenacellus,* qui donne des carpophores également comestibles au printemps, mais ne fructifie que sur les cônes de pins.

Collybie à pied velouté
Flammulina velutipes (Collybia velutipes)

Chapeau: 3-5 cm, couleur miel, rouge jaunâtre, d'abord convexe, puis plan et souvent sinué, voire ondulé avec l'âge; cuticule lisse, visqueuse, marge plus claire et nettement striée par transparence.
Lames: blanches, ochracées, devenant saumonées avec l'âge, remarquablement ventrues et espacées, adnées à presque émarginées.
Pied: brunâtre à noir, jaunâtre au sommet, de plus en plus foncé à presque noirâtre vers la base, sommet souvent un peu élargi, plein, puis creux, entièrement revêtu d'une couche finement veloutée, souvent soudé aux autres pieds en raison de sa croissance en touffe.
Chair: crème; odeur agréable, saveur douce.
Spores: 8-9/4,5-6 µm, lisses, sporée blanche.
Comestibilité: comestible.
Habitat: sur le bois mort de feuillus, essentiellement des saules, des aulnes et parfois des hêtres; pendant le semestre d'hiver; d'octobre à avril.
Remarques: c'est l'un des rares champignons comestibles à fructifier l'hiver. Il est depuis quelques années proposé dans le commerce comme champignon de culture.

XÉRULES

Marasme à odeur de poireau
Marasmius prasiosmus

Chapeau : 1-2 cm, chair rougeâtre à couleur cuir, d'abord hémisphérique, puis rapidement plan, avec un centre parfois déprimé, peu charnu, membraneux, lisse, marge striée et ridée.
Lames : blanchâtres à crème, espacées, émarginées, parfois anastomosées.
Pied : brun-roux à brun foncé, plus clair au sommet, de plus en plus foncé vers la base, mince, tubulaire, tomenteux à la base, sinon lisse.
Chair : blanche ; odeur et saveur de poireau.
Spores : 7-10/4-5 µm, lisses, sporée blanche.

Comestibilité : comestible, mais seulement comme condiment.
Habitat : bois de feuillus, sur les feuilles, plus fréquent dans les régions méridionales ; de septembre à novembre.
Remarques : le marasme échalote *(M. scorodonius)* est un peu plus petit et son pied n'est pas tomenteux. Le marasme alliacé *(M. alliaceus)*, plus gros et plus vigoureux, pousse sur le bois de hêtre. Ce sont des champignons condimentaires. *Micromphale perforans* pousse dans les bois de conifères, n'est pas comestible et dégage une odeur désagréable.

Marasme des Oréades
Marasmius oreades

Chapeau: 2-5 cm, ocre orange à rouge brunâtre humide, crème à couleur cuir clair une fois sec, hygrophane, d'abord hémisphérique à campanulé, puis plan souvent mamelonné, peu charnu; cuticule lisse, marge crénelée sur le dessus.
Lames: blanchâtre sale à crème, espacées, remarquablement larges, émarginées, arêtes lisses.
Pied: crème à couleur cuir, cylindrique, élastique, plein, dur.
Chair: blanchâtre; odeur agréablement épicée, saveur douce.
Spores: 7-9/4-5 µm, lisses, sporée blanche.

Comestibilité: comestible, mais n'utiliser que les chapeaux.
Habitat: dans les prés et les pâturages, les jardins, les pelouses, souvent en cercle; de mai à novembre.
Remarques: ce champignon, que l'on rencontre en dehors des forêts, est de bonne qualité gustative. Il est particulièrement apprécié dans les soupes. Il faut veiller à ne pas le confondre avec les clitocybes blancs *(Clitocybe)*. Il s'en distingue par des lames très espacées et un pied coriace et flexueux.

Macrocystidia à odeur de concombre
Macrocystidia cucumis

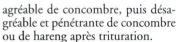

Chapeau : 2-6 cm, brun foncé, bistre, mais aussi roux, marge décolorée jaunâtre à couleur chair rosé, d'abord conique à campanulé, puis légèrement aplani et mamelonné ; cuticule veloutée, marge striée par transparence.
Lames : blanchâtres, puis jaune rougeâtre, tons saumonés, modérément serrées, un peu ventrues, émarginées.
Pied : roux foncé à bistre foncé, plus clair au sommet, recouvert d'une pruine blanche sur toute la longueur, cylindrique, mince, plein à creux, velouté, base un peu cartilagineuse.
Chair : brun foncé ; odeur d'abord agréable de concombre, puis désagréable et pénétrante de concombre ou de hareng après trituration.
Spores : 8-9/3-4 µm, lisses, sporée ocre pâle.
Comestibilité : non comestible.
Habitat : bois de conifères et de feuillus, au bord des chemins, sur les stères de bois, au milieu des herbes et des graminées, dans les lieux humides ; de juillet à octobre.
Remarques : il est aisément reconnaissable à son odeur intense.

Mycène à pied jaune
Mycena renatii

Chapeau : 1-2 cm, rose brunâtre à crème, pâlissant, d'abord campanulé, puis conique et s'ouvrant en parapluie ; cuticule couverte de fibres radiales, mate, avec une marge striée.
Lames : blanchâtres, souvent rosées avec l'âge, émarginées et décurrentes par une dent.
Pied : jaune sale à jaune orangé, cylindrique, mince, tubulaire, cassant ; revêtement lisse, base tomenteuse blanche.
Chair : blanchâtre ; odeur pénétrante de chlore-nitre quand elle est fraîche, puis de radis, saveur plutôt douce.
Spores : 7,5-10,5/4,5-6,5 µm, lisses, sporée blanche.
Comestibilité : non comestible.
Habitat : sur le bois des feuillus, surtout des hêtres, aux emplacements humides ; d'avril à juillet.
Remarques : les premiers carpophores de ce champignon apparaissent au printemps au même moment que les morilles. On les reconnaît à leur pied jaune et à leur odeur de chlore. Les autres mycènes semblables ne fructifient qu'en automne. Ce genre ne comprend que des champignons non comestibles.

Mycène pur
Mycena pura

Chapeau: 2-5 cm, mauve pâle, rose-violet, rose à blanchâtre, d'abord campanulé, puis plan avec un léger mamelon, sinué avec l'âge; cuticule lisse, brillante humide, mate une fois sèche, marge striée par transparence jusqu'au tiers du chapeau.
Lames: blanchâtres, gris-blanc, larges, anastomosées, modérément espacées, émarginées.
Pied: gris-violet, pâle, blanchâtre, cylindrique, mince, creux, extrêmement fragile; revêtement lisse.
Chair: gris-mauve, aqueuse; odeur et saveur caractéristiques de radis.
Spores: 5-8,5/2,5-4 µm, lisses, sporée blanche.
Comestibilité: toxique.
Habitat: bois de conifères et de feuillus, sur les litières d'aiguilles et de feuilles, commun; de juillet à octobre.
Remarques: ce champignon renferme de la muscarine, poison du système nerveux. Le mycène pur est de couleur, mais aussi de forme très variables *(voir les photos de droite)*. On a donc décrit plusieurs variétés différentes, mais qui toutes ont en commun une odeur caractéristique prononcée de radis.

Mycène rosâtre
Mycena rosella

Chapeau: 0,5-1,5 cm, d'abord rose clair, avec un centre plus foncé, puis rose orangé, membraneux, d'abord campanulé, puis convexe et enfin plan et mamelonné, ou légèrement en entonnoir, marge striée par transparence presque jusqu'au centre.
Lames: rose clair, arête foncée, larges, adnées à légèrement décurrentes.
Pied: rose à brunâtre pâle, cylindrique, mince, creux, cassant, lisse, légèrement hérissé de poils à la base.
Chair: blanchâtre, aqueuse; odeur insignifiante, saveur douce.
Spores: 7-9/4-6 µm, lisses, sporée blanche.

Comestibilité: non comestible.
Habitat: bois de conifères, sur les litières d'aiguilles d'épicéas et de sapins, en terrain acide, gazonnant (parfois plusieurs centaines de chapeaux serrés les uns contre les autres); d'août à novembre.
Remarques: en dépit de sa petite taille, le mycène rosâtre parvient à attirer l'œil avec ses milliers de chapeaux gazonnant qui forment un immense tapis rose. Le genre *Mycena* englobe plus de 110 espèces, représentées par de petits champignons membraneux aux chapeaux campanulés à coniques et aux pieds creux et tubulaires.

Meunier, clitopile petite prune, langue-de-carpe
Clitopilus prunulus

Chapeau : 3-12 cm, blanc, crème pâle, d'abord convexe avec une marge très enroulée, puis en entonnoir ; cuticule lisse, mate, marge irrégulière, sinuée.
Lames : blanches, puis roses, serrées, décurrentes.
Pied : blanc, cylindrique, fréquemment excentrique, avec une base souvent claviforme, mais aussi atténuée, toujours feutrée de blanc.
Chair : blanche, molle et cassante ; odeur et saveur de farine.
Spores : 8-14/5-6 µm, avec six grosses côtes longitudinales, sporée rose.

Comestibilité : comestible.
Habitat : bois de conifères et de feuillus, dans les prairies boisées, les parcs, sous les feuillus ; de juillet à octobre.
Remarques : les lames du meunier restent longtemps blanches à crème avant de se teinter de rose, ce qui peut entraîner des confusions avec des clitocybes blancs vénéneux. Il ressemble par exemple beaucoup au clitocybe des feuilles *(voir p. 209)*, toxique. Un critère d'identification distinctif du meunier reste cependant sa chair plutôt cassante et, en tous les cas, jamais élastique.

CLITOPILES

Shii-take
Lentinula edodes

Chapeau : 5-10 cm, roux à chocolat au lait, parfois nuancé de gris, couvert de squames floconneuses blanches surtout sur la marge, d'abord presque globuleux, mais devenant vite convexe et plan, marge longtemps enroulée.
Lames : blanchâtres, séparées par des lamelles, serrées, larges, adnées à émarginées.
Pied : blanchâtre à brunâtre clair, avec de grosses squames blanchâtres, brunissant avec l'âge, généralement coudé, parfois excentrique, plein et particulièrement dur et élastique.
Chair : blanchâtre, dure dans le pied, sinon assez élastique et molle, puis ligneuse et dure avec l'âge ; odeur prononcée d'ail, saveur douce.
Spores : 6-6,5/3-3,5 µm, lisses, sporée blanche.
Comestibilité : comestible, bonne qualité gustative
Habitat : non indigène, en culture sur différentes essences de bois de feuillus ; toute l'année.
Remarques : un des plus vieux champignons cultivés du monde. Originaire de la Chine et du Japon, il est vendu sous forme d'embryons et peut être cultivé sur du bois. La consommation de shii-take frais entraîne une baisse du taux de cholestérol.

Lentin collant
Lentinus adhaerens

Chapeau : 5-10 cm, beige clair à ocre brunâtre, convexe, étalé et ondulé avec l'âge, bosselé, assez peu charnu ; cuticule gluante, tomenteuse.
Lames : blanchâtres à crème, séparées par des lamelles et des lamellules, décurrentes, arêtes crénelées, dentelées, brunissant avec l'âge.
Pied : ocre brunâtre, central à excentrique, élastique et coriace ; revêtement finement velouté, graisseux, gluant.
Chair : beige, coriace ; odeur agréable, saveur devenant amère et irritante quand on la mâche longuement.
Spores : 7-10/2,5-3 µm, lisse, sporée crème clair.
Comestibilité : non comestible.
Habitat : sur le bois mort et en décomposition des conifères, plus particulièrement des épicéas et des sapins ; de l'automne au printemps.
Remarques : il est facile à identifier grâce à sa cuticule visqueuse et résineuse et aux arêtes dentelées de ses lames. C'est, avec la collybie à pied velouté *(voir p. 247),* l'un des rares champignons de nos contrées à fructifier pendant le semestre d'hiver et à survivre aux grands froids. C'est d'ailleurs pour cette raison qu'on l'oublie souvent.

LENTINS ET LENTINELLES

Entolome à odeur de nitre
Entoloma rhodopolium f. nidorosum

Chapeau: 3-6 cm, gris-brun mouillé, décoloré une fois sec, d'abord convexe, puis plan et enfin déprimé; cuticule lisse et striée par transparence de la marge jusqu'aux deux tiers, marge souvent sinuée et déchirée avec l'âge.
Lames: blanchâtres, teintées de rose par les spores mûres, un peu espacées, émarginées à décurrentes.
Pied: blanchâtre, un peu gris, nettement pruiné de blanc au sommet, cylindrique, plein, puis creux avec l'âge, fibreux.
Chair: blanchâtre, aqueuse, cassante; odeur fortement alcaline, saveur désagréable.
Spores: 7-9/6-8 µm, lisses, anguleuses, sporée rose.
Comestibilité: toxique.
Habitat: bois de feuillus, de préférence sous les trembles, les noisetiers et les charmes, commun; d'août à octobre.
Remarques: il se distingue par son odeur caractéristique et ses lames teintées de rose par les spores mûres. Il ressemble beaucoup à l'espèce toxique, l'entolome gris et rose *(E. rhodopolium),* qui pousse également sous les feuillus, mais n'a pas son odeur.

Entolome livide
Entoloma lividum

Chapeau : 6-15 cm, de couleur variable : blanchâtre sale, ocre clair, cuivré clair, gris brunâtre, couvert de fibres radiales gris ochracé innées, d'abord hémisphérique, puis convexe et enfin plan avec un centre légèrement déprimé, charnu, marge longtemps enroulée, puis ondulée.
Lames : jaunâtres, puis rose chair, modérément serrées, ventrues, émarginées à presque libres.
Pied : blanchâtre à jaunâtre, souvent obèse ou claviforme, vigoureux, ferme, plein, spongieux avec l'âge.
Chair : blanche ; odeur de farine ou de médicament, saveur douce.

Spores : 8-10/7-8,5 µm, lisses, anguleuses, sporée rose sale.
Comestibilité : toxique.
Habitat : sous les feuillus, notamment dans les hêtraies, sur les sols calcaires ou argileux, dans les emplacements secs et chauds ; de juin à septembre.
Remarques : il existe une ressemblance indiscutable avec le clitocybe nébuleux *(voir p. 211),* comestible, et qui pousse dans les mêmes lieux, mais les lames de ce dernier ne sont pas rosées.

ENTOLOMES

Entolome bleu acier
Entoloma nitidum

Chapeau: 2-5 cm, bleu foncé, bleu-violet, fibreux; c'est en pâlissant que les fibres blanchâtres sont véritablement mises en valeur, car leurs reflets lui donnent alors sa belle coloration bleu acier; d'abord campanulé, puis convexe et mamelonné, peu charnu.
Lames: blanchâtres, teintées de couleur chair à rose par les spores mûres, légèrement espacées, ventrues à larges, presque libres.
Pied: concolore au chapeau, blanchâtre vers la base, cylindrique, atténué à la base, creux à farci, fibreux, fragile.
Chair: blanche, fibreuse dans le pied; odeur désagréable, saveur douce.
Spores: 7-10/6,5-7,5 µm, lisses, anguleuses, sporée rose.
Comestibilité: non comestible.
Habitat: bois de conifères moussus, surtout sous les épicéas; d'août à octobre.
Remarques: la superbe couleur bleu acier de cet entolome interdit toute confusion avec un autre champignon. Mais les autres entolomes sont des champignons très difficiles à distinguer et dont il vaut mieux laisser la cueillette aux connaisseurs. Le genre *Entoloma* englobe plus de 150 espèces.

Plutée couleur de cerf
Pluteus cervinus (P. atricapillus)

Chapeau: 4-12 cm, d'abord brun foncé, bistre, puis plus pâle, brun à brun-jaune, d'abord campanulé-hémisphérique, puis convexe à plan; cuticule brillante humide, couverte de fibres innées, marge fine.
Lames: blanches, puis roses, ventrues, libres.
Pied: blanchâtre, couvert de fibrilles brunâtres, cylindrique, plein.
Chair: blanche, extrêmement molle; odeur légère de radis, saveur douce.
Spores: 7-9,5/5-6 µm, lisses, sporée rose.
Comestibilité: comestible.
Habitat: bois de conifères et de feuillus, sur les souches bien décomposées, souvent solitaire, commun; dès le mois de mai et jusqu'en novembre.
Remarques: les carpophores de ce champignon présentent des lames blanches quand ils sont jeunes, de telle sorte qu'il est possible de conclure à première vue à un champignon à sporée blanche. Plus tard, une fois les spores mûres, on peut le confondre avec des entolomes *(Entoloma),* à lames également roses.

Bolbitie couleur jaune d'œuf
Bolbitius vitellinus

Chapeau : 2-5 cm, jaune d'or, jaune citron, jaune de chrome, se décolorant en gris-brun, d'abord ovale, conique-campanulé, puis convexe et enfin étalé, peu charnu, membraneux ; cuticule brillante, finement fibreuse, marge d'abord striée par transparence, puis sillonnée à plissée.
Lames : d'abord jaunâtres, puis ochracées et enfin jaune rouille, libres.
Pied : blanchâtre, jaunâtre au sommet, cylindrique, mince, creux, extrêmement cassant ; revêtement farineux à collant.

Chair : jaunâtre, tendre ; odeur et saveur insignifiantes.
Spores : 12-13/6-7 µm, lisses, sporée brun rouille.
Comestibilité : non comestible.
Habitat : sur les sols fumés, le bois en décomposition, le fumier, les excréments d'animaux et la paille putréfiée ; de mai à octobre.
Remarques : le chapeau fermé des jeunes spécimens est d'un splendide jaune d'or à jaune citron vif qui pâlit rapidement pour virer au gris-brun terne. Le genre *Bolbitius* n'englobe que cinq ou six espèces de petits champignons fimicoles ou lignicoles.

Conocybe terre de Sienne
Conocybe sienophylla

Chapeau: 1-2 cm, ocre à fauve, pâlissant au soleil, d'abord campanulé, puis convexe-campanulé; cuticule d'abord couverte de pruine veloutée, marge striée à légèrement côtelée jusqu'au deux tiers du chapeau.
Lames: ocre à cannelle, libres.
Pied: sommet blanchâtre, concolore au chapeau, cylindrique, élancé, cassant; revêtu de pruine veloutée, base feutrée blanche laissant apparaître les filaments de mycélium.
Chair: brunâtre pâle; odeur et saveur insignifiantes.
Spores: 8,5-14/5-8,5 µm, lisses, sporée brun rouille.

Comestibilité: non comestible.
Habitat: dans les prés, les pâturages, sur les pelouses; de juillet à octobre.
Remarques: ce champignon appartient à la famille des Conocybes *(Conocybe),* qui se distinguent par de petits carpophores et une sporée brun rouille. Ils sont difficiles à identifier, car ils se ressemblent tous beaucoup. Ils poussent sur la terre nue, dans les prés, sur les pelouses, dans les bois, sur le fumier et la bouse. Ils sont considérés comme non comestibles. Il est possible que certains d'entre eux renferment des substances hallucinogènes.

Amanite dorée, amanite étranglée
Amanita ceciliae (A. inaurata)

Chapeau : 7-15 cm, brunâtre, brun-jaune rougeâtre, avec des nuances grisâtres, couvert de taches grisâtres correspondant à des résidus de voile, d'abord hémisphérique, campanulé, convexe et étalé à la fin ; cuticule légèrement collante et brillante, marge généralement plus pâle et fortement striée, comme chez toutes les amanites sans anneau.
Lames : blanches, serrées, sinuées, ventrues, libres.
Pied : gris pâle à brunâtre, marbré de gris à roux, base engainée dans une volve grise.
Chair : blanchâtre à grise, tendre et cassante ; odeur légère, saveur douce.
Spores : 11,5-14 μm, subglobuleuses, lisses, sporée blanche.
Comestibilité : comestible, une fois suffisamment chauffé.
Habitat : bois de conifères et de feuillus, en terrain calcaire ou argileux ; de juin à septembre.
Remarques : c'est la plus imposante des amanites sans anneau *(Amanitopsis)*. Les restes de voile en lambeaux qui couvrent sa cuticule sont un critère d'identification fiable qui permet en outre de la distinguer nettement des autres amanites du genre.

Amanite engainée, amanite à étui, amanite vaginée, coucoumelle

Amanita vaginata

Chapeau : 3-8 cm, gris-brun, gris, d'abord campanulé, puis convexe et enfin étalé avec un petit ombon ; cuticule lisse, brillante humide, marge fortement striée.
Lames : blanches, libres, serrées et ventrues.
Pied : blanchâtre, cylindrique, s'atténuant progressivement vers le sommet, creux avec l'âge, presque lisse, base engainée dans une volve blanche mouchetée de gris.
Chair : blanche, tendre, cassante ; odeur insignifiante, saveur douce.
Spores : 9-12 µm, subglobuleuses, lisses, sporée blanche.

Comestibilité : comestible, une fois suffisamment chauffé.
Habitat : bois de conifères et de feuillus, très commune ; de juin à septembre.
Remarques : l'amanite vireuse et l'amanite phalloïde *(voir p. 272 et 270),* champignons mortels, appartiennent au même genre que les amanites sans anneau et sont de taille et de forme similaires. Mais la base des amanites sans anneau est enveloppée dans une volve engainante au lieu d'être bulbeuse, leur marge est striée au lieu d'être lisse et leur pied ne porte pas de collerette.

Coucoumelle orangée
Amanita fulva

Chapeau : 4-9 cm, jaune orangé, roux, d'abord campanulé, puis convexe et enfin étalé avec un imperceptible petit mamelon ; cuticule lisse, brillante humide, marge fortement striée.

Lames : blanches, libres, serrées et ventrues.

Pied : blanchâtre, parfois brun rougeâtre, mais jamais marbré, cylindrique, s'atténuant progressivement vers le sommet, creux avec l'âge, base engainée dans une volve blanche à taches brunes.

Chair : blanche, tendre, cassante ; odeur insignifiante, saveur douce.

Spores : 8-12 µm, subglobuleuses, lisses, sporée blanche.

Comestibilité : comestible, une fois suffisamment chauffé.

Habitat : bois de conifères et de feuillus, sous les épicéas et les feuillus, en terrain marécageux et moussu ; de juin à septembre.

Remarques : l'amanite safran lui ressemble beaucoup, mais en plus grande et plus vigoureuse, avec un chapeau orangé sans aucun ton de brun et un pied marbré orange. On dénombre plus de dix espèces connues d'amanites sans anneau. Elles sont toxiques crues.

Amanite de Maire
Amanita mairei

Chapeau: 4-10 cm, gris argent, souvent un peu plus sombre au centre, d'abord campanulé, puis étalé et enfin légèrement déprimé avec parfois un faible mamelon; cuticule brillante, généralement glabre, marge fortement striée.
Lames: blanches, libres, serrées.
Pied: blanc, marbré d'argent, aminci au sommet, avec une base engainée dans une volve blanche persistante.
Chair: blanche, tendre, cassante dans le chapeau; odeur insignifiante, saveur douce.
Spores: 10,5-12/8,5-10 µm, lisses, sporée blanche.

Comestibilité: comestible, une fois suffisamment chauffé.
Habitat: dans les forêts de feuillus, dans les prés et les pâturages, à l'orée des bois, très rare; de juin à septembre.
Remarques: l'amanite engainée *(voir p. 265)*, également comestible, lui ressemble beaucoup. Mais elle produit des carpophores plus petits et plus gris. Toute confusion avec les amanites toxiques est exclue si l'on prend bien garde à la striation de sa marge, à sa chair tendre, à sa silhouette élancée et à son pied très long et dépourvu d'anneau.

Amanite tue-mouches, fausse oronge
Amanita muscaria

Chapeau : 5-15 cm, rouge à orange vif, couvert de méchules floconneuses blanches, généralement pyramidales et régulières, qui s'en vont facilement et sont souvent lavées par les fortes pluies ; d'abord globuleux, puis convexe et enfin étalé ; cuticule brillante et se retirant facilement, marge striée avec l'âge.
Lames : blanches, molles, ventrues, serrées, libres.
Pied : blanc, cylindrique, légèrement floconneux, avec un bulbe globuleux à ovale blanc orné de plusieurs rangées de bourrelets verruqueux et une grande collerette blanche pendant mollement, non striée, mais ornée au bord de dents blanches ou jaunâtres.
Chair : blanche, jaune sous la cuticule.
Spores : 9-11/6-9 µm, lisses, sporée blanche.
Comestibilité : toxique.
Habitat : bois de conifères et de feuillus, sous les épicéas ou les bouleaux ; de juillet à novembre.
Remarques : on peut la confondre avec l'amanite des Césars (*A. caesarea*), comestible, mais qui ne fructifie que dans les climats doux, et qui possède des lames et un pied jaunes, ainsi qu'une collerette striée.

Amanite panthère, fausse golmotte
Amanita pantherina

Chapeau: 5-10 cm, ocre brun, brun olivacé, plus foncé au centre, couvert d'innombrables petites squames floconneuses blanches, qui disparaissent par temps humide, d'abord presque globuleux, puis convexe et enfin étalé; cuticule brillante, marge souvent striée, mais parfois aussi glabre et lisse.
Lames: blanches, serrées, sinuées, libres.
Pied: blanc, aminci au sommet, farci, puis creux, base forte, pied engainé dans le bulbe, avec un ou deux bracelets membraneux au-dessus, collerette pendante, non striée et insérée relativement bas.
Chair: blanche, molle; odeur insignifiante, ne devenant désagréable que chez les spécimens âgés, saveur douce.
Spores: 10-12/7-8 µm, lisses, sporée blanche.
Comestibilité: toxique.
Habitat: dans les forêts de feuillus, mais aussi dans les bois de conifères, commune certaines années; de juillet à octobre.
Remarques: l'amanite épaisse *(voir p. 277)* et l'amanite rougeâtre *(voir p. 279)* lui ressemblent beaucoup, mais leur collerette est toujours striée.

AMANITES AVEC ANNEAU

Amanite phalloïde
Amanita phalloides

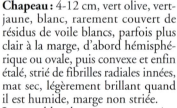

Chapeau: 4-12 cm, vert olive, vert-jaune, blanc, rarement couvert de résidus de voile blancs, parfois plus clair à la marge, d'abord hémisphérique ou ovale, puis convexe et enfin étalé, strié de fibrilles radiales innées, mat sec, légèrement brillant quand il est humide, marge non striée.
Lames: blanches, ventrues, serrées, libres.
Pied: blanchâtre, souvent vert olive, verdâtre pâle, marbré de gris-vert, cylindrique, légèrement atténué au sommet, plein, puis farci, bulbeux à la base; entouré d'une volve membraneuse blanchâtre en partie écartée, souvent lobée ou entière, collerette blanchâtre, membraneuse, pendante et striée.
Chair: blanche, jaune verdâtre sous la cuticule, tendre; odeur de miel, devenant plus forte avec l'âge, écœurante, saveur douce (ne la goûter en aucun cas!).
Spores: 8/10 µm, lisses, sporée blanche.
Comestibilité: mortelle.
Habitat: surtout dans les bois de feuillus, souvent sous les chênes et les hêtres, plus rarement sous les conifères; de juillet à octobre.
Remarques: elle renferme des sub-

stances toxiques mortelles *(voir p. 109)*. La couleur de son chapeau varie fortement du vert jaunâtre au blanc en passant par le vert olive et peut être à l'origine de confusions mortelles. Les spécimens verdâtres ressemblent par exemple à la russule vert-de-gris et à *Russula heterophylla,* les sujets blancs à divers agarics comestibles ou au tricholome colombette. Sa base bulbeuse caractéristique engainée dans sa volve membraneuse est un critère déterminant qui la distingue de toutes les espèces semblables présentées ici. Les jeunes carpophores de différentes amanites encore enveloppés dans leur voile général intact sont impossibles à distinguer les uns des autres. Ne cueillez donc jamais ces embryons de champignons!

Amanite vireuse
Amanita virosa

Chapeau : 3-9 cm, blanc pur, avec un centre devenant parfois doré avec l'âge, d'abord ovale, puis globuleux à conique et enfin convexe et mamelonné, jamais complètement étalé, lisse, un peu visqueux à gluant humide, brillant une fois sec, marge d'abord incurvée et jamais striée.
Lames : blanc pur, serrées, libres.
Pied : blanc pur, mince, atténué au sommet, très tomenteux, pelucheux à fibreux, base bulbeuse enveloppée dans une volve membraneuse blanche engainant le pied, collerette blanchâtre, mince, très fugace, membraneuse.
Chair : blanche, tendre ; odeur de moisi avec des relents de miel, saveur douce (ne la goûter en aucun cas !).
Spores : 7-10 µm, lisses, sporée blanche.
Comestibilité : mortelle.
Habitat : bois de conifères, plus rarement forêts de feuillus, en terrain acide, souvent à proximité de myrtilles ; de juin à septembre.
Remarques : une confusion de l'amanite vireuse jeune et blanche avec certains agarics *(Agaricus)* globuleux à ovoïdes quand ils sont jeunes est tout à fait possible. Il vaut donc mieux ne pas cueillir les champi-

gnons avant que les principaux critères d'identification aient eu le temps d'apparaître entièrement. Contrairement aux amanites toxiques, les agarics présentent par exemple des lames d'abord gris pâle, puis roses et enfin noirâtres. L'amanite printanière *(A. verna),* qui fructifie au printemps, fait également partie des amanites avec anneau de couleur blanche. Elle aussi est mortelle. Son chapeau a une forme moins conique que l'amanite vireuse. Les escargots ont une préférence pour les champignons tendres et peuvent dévorer sans problème ces amanites mortelles pour nous.

Amanite jonquille, amanite à pierreries
Amanita gemmata

Chapeau: 3-8 cm, jaune pâle, ocre jaune, orné de résidus de voile blanc neige floconneux, plats et souvent irréguliers, d'abord convexe, puis plan; cuticule visqueuse, avec une marge cannelée plus claire que le centre.
Lames: blanches, ventrues, serrées, libres, arêtes floconneuses.
Pied: blanc, cylindrique, cassant, plein, puis farci, souvent un peu renflé vers la base, base légèrement bulbeuse, collerette blanchâtre, fragile, pendante.
Chair: blanche, jaune sous la cuticule, tendre; inodore, saveur douce.

Spores: 10-12/7-8 µm, lisses, sporée blanche.
Comestibilité: toxique.
Habitat: bois de conifères et de feuillus, souvent en terrain sableux acide, généralement solitaire, peu fréquent; de juin à octobre.
Remarques: les carpophores âgés, rendus glabres par la pluie, de l'amanite jonquille ressemblent beaucoup à ceux des amanites sans anneau à la marge striée. Seule sa collerette fugace et fragile permet alors de faire la distinction. Les sujets plus foncés peuvent être confondus avec l'amanite panthère *(voir p. 269)*, très toxique.

Amanite citrine, oronge ciguë jaunâtre
Amanita citrina

Chapeau : 4-10 cm, jaune citron, jaune pâle, plus rarement blanchâtre, avec parfois des reflets verdâtres ; la cuticule visqueuse est ornée de résidus de voile blanchâtres qui brunissent par la suite, d'abord hémisphérique, puis convexe et étalé.
Lames : blanchâtres à jaunâtre pâle, ventrues, serrées, libres.
Pied : blanchâtre, finement marbré de jaunâtre, cylindrique, un peu aminci au sommet, plein, puis creux, avec une base ornée d'un gros bulbe rond cotonneux, nettement marginé par la volve qui l'entoure ; collerette blanche, pendante et striée.

Chair : blanche, molle ; odeur de pomme de terre crue, saveur plutôt désagréable.
Spores : 7/10 µm, lisses, sporée blanche.
Comestibilité : légèrement toxique.
Habitat : bois de conifères et de feuillus, sur les sols acides ; de juillet à octobre.
Remarques : il n'a pas bon goût et renferme un poison (la bufoténine), qui est en grande partie détruit par la cuisson. L'amanite phalloïde *(voir p. 270)* et l'amanite vireuse *(voir p. 272),* toutes deux mortelles, lui ressemblent beaucoup.

AMANITES AVEC ANNEAU

Amanite porphyre
Amanita porphyria

Chapeau: 4-8 cm, gris-violet, brun noirâtre, souvent plus foncé au milieu, parfois couvert de verrues grisâtres, convexe puis plan.
Lames: blanches, très serrées, libres.
Pied: blanchâtre, mauve grisâtre, parfois finement veiné, cylindrique, sommet un peu aminci, plein puis creux, base dotée d'une grosse volve sphérique et cotonneuse, marginée et nettement distincte du pied, anneau descendant, mobile, membraneux, souvent concolore au chapeau mais plus terne.
Chair: blanche, tendre, odeur de pomme de terre crue comme l'amanite citrine, goût légèrement désagréable.
Spores: 8/10 µm, lisses, sporée blanche.
Comestibilité: légèrement toxique.
Habitat: bois de conifères, sols acides; juillet à octobre.
Remarques: hormis la couleur, elle ressemble beaucoup à l'amanite citrine *(A. citrina, voir p. 275).* La forme, l'odeur et la toxicité des deux champignons sont presque identiques. Cependant, contrairement à l'amanite citrine, *A. porphyria* pousse généralement isolée.

Amanite épaisse
Amanita excelsa (A. spissa)

Chapeau: 5-12 cm, gris pâle à brunâtre, couvert de verrues blanc grisâtre, jeune hémisphérique puis convexe à plan, marge lisse.
Lames: blanches, serrées, larges, libres.
Pied: blanchâtre, plus étroit vers le haut, épais et robuste, plein, couvert de fines écailles, base bulbeuse, émarginée, souvent cerclée de petites verrues, anneau nettement strié, blanchâtre.
Chair: blanchâtre, compacte, odeur et goût rappelant le raifort.
Spores: 9-10/7-8 µm, lisses, sporée blanche.

Comestibilité: non comestible mais pas toxique.
Habitat: surtout dans les bois de conifères, mais aussi dans les forêts de feuillus; juillet à octobre.
Remarques: comme on ne distingue l'amanite épaisse, comestible mais pas toxique, de l'amanite panthère, toxique, que par son anneau strié, la marge lisse de son chapeau et la base non gainée et verruqueuse de son pied, il ne faut pas la cueillir. Elle ressemble aussi à l'amanite rougeâtre *(voir p. 279),* que l'on reconnaît à sa chair rougissante et à la base bulbeuse non distincte de son pied.

AMANITES AVEC ANNEAU

Amanita franchetii

Chapeau: 3-7 cm, jaune paille terne à café-au-lait, couvert d'écailles plates membraneuses adhérant bien; hémisphérique, puis convexe à plan.
Lames: blanches, serrées, libres.
Pied: blanchâtre, aminci et légèrement strié au-dessus de l'anneau, revêtement argileux à rugueux au-dessous, entouré de plusieurs stries jaunâtres dans le tiers inférieur, anneau dégagé, arqué vers le bas, strié sur le dessus, marge crénelée jaune et blanc, base un peu épaissie, non bulbeuse.
Chair: blanchâtre, compacte, odeur désagréable.

Spores: 8-10/6-7 µm, lisses, sporée blanche.
Comestibilité: toxique crue.
Habitat: bois de conifères et de feuillus, rare; août à septembre.
Remarques: certaines variétés se distinguent d'*A. franchetii* essentiellement par la couleur. Celle-ci ressemble à l'amanite rougeâtre *(p. 279)* que l'on reconnaît cependant à ses carpophores plus gros, à ses restes de voile gris rosé et à sa chair rougissante.

Amanite rougeâtre
Amanita rubescens

Chapeau : 5-15 cm, brun terne à rouille, avec des nuances grisâtres ou parfois blanchâtres, couvert de restes de voile gris terne à rougeâtre ; les endroits dévorés par les escargots pourrissent ; hémisphérique, puis convexe à plan, cuticule facilement détachable, marge lisse.
Lames : blanches, puis tachetées de rouge, serrées, larges, libres.
Pied : blanchâtre, parfois fauve, souvent rougeâtre, couvert de fines écailles, gros ou frêle, mais toujours aminci au sommet, plein, puis cotonneux, base claviforme à bulbeuse, souvent ceinturé de fines verrues ; anneau blanchâtre strié.
Chair : blanche, rougissante, odeur insignifiante, goût âpre, acidulé.
Spores : 8-9/6-7 µm, lisses, sporée blanche.
Comestibilité : toxique crue, comestible si portée à haute température (plus de 60 °C), et alors excellente.
Habitat : bois de conifères et de feuillus, commune ; juin à octobre.
Remarques : risque de confusion avec l'amanite panthère *(voir p. 269)*, toxique, mais dont la chair ne rougit pas ; de plus, si son anneau n'est pas strié, la marge du chapeau l'est souvent.

AMANITES AVEC ANNEAU

Amanite solitaire
Amanita strobiliformis

Chapeau : 5-20 cm, blanchâtre, parsemé de restes de voile laineux, blanchâtres ou grisâtres, jeune hémisphérique, puis convexe à plan, cuticule brillante, détachable, marge caractéristique en lambeaux.
Lames : blanches, serrées, libres.
Pied : blanc, couvert d'écailles blanches, épais, plein, effiloché, bulbeux, profondément enfoncé dans le sol et radicant, anneau floconneux et très mobile.
Chair : blanc immaculé, compacte, tendre, légère odeur de betterave ou de moisi, saveur agréable.

Spores : 9-14/7-9,5 µm, lisses, sporée blanche.
Comestibilité : comestible, mais rare, et doit donc être préservée.
Habitat : généralement dans les bois de feuillus, mais aussi dans les forêts de conifères, les parcs, les jardins, le plus souvent isolée ; rare ; juillet à octobre.
Remarques : avec ses carpophores blancs et robustes, c'est l'une des plus grosses amanites. Elle ressemble à l'amanite ovoïde *(A. ovoidea),* encore plus rare, dont la base du pied n'est pas blanche, mais jaunâtre.

Limacelle lenticulaire
Limacella guttata

Chapeau: 5-12 cm, blanc sale à couleur cuir, hémisphérique, puis convexe à plan, mamelonné et un peu plus foncé au centre, cuticule très poisseuse par temps humide, marge lisse.
Lames: blanches, serrées, friables, ventrues, libres.
Pied: blanc à chair, cylindrique, légèrement bulbeux, anneau large et membraneux, non strié, couvert comme la partie supérieure du pied de gouttelettes qui laissent des taches brun grisâtre à la dessiccation.
Chair: blanche, odeur de farine, saveur douceâtre.

Spores: 4,5-6/5 µm, lisses, sporée blanche.
Comestibilité: comestible.
Habitat: dans les bois humides de conifères ou de feuillus, isolée ou en groupe ; août à novembre.
Remarques: de par sa cuticule glutineuse, cette limacelle se distingue nettement des lépiotes, dont le chapeau est toujours sec. Attention cependant, car on confond aisément les jeunes carpophores avec l'amanite vireuse *(voir p. 272)*, très toxique.

Champignon des trottoirs
Agaricus bitorquis

Chapeau: 3-15 cm, blanc à jaune sale, couvert de fines écailles brun foncé, tout d'abord convexe, puis aplati avec la marge enroulée et enfin plan avec une marge nette, compact, particulièrement robuste, charnu.
Lames: chair à chocolat, serrées, étroites, libres, arête blanchâtre.
Pied: blanc, cylindrique, très robuste et épais, atténué vers la base, double anneau membraneux, celui du haut descendant, celui du bas ascendant et mince.
Chair: blanche, légèrement rosée, odeur et saveur agréables de noix.

Spores: 5-6,5/3,5-5 µm, lisses, sporée pourpre.
Comestibilité: comestible, goûteux.
Habitat: sur les étendues herbeuses, les chemins, le bord des routes, sur la terre nue, dans les parcs; mai à octobre.
Remarques: le champignon des trottoirs parvient même parfois à soulever le bitume, d'où son nom. Sa robustesse et son double anneau sont de bonnes caractéristiques.

Agaricus benesii

Chapeau: 5-15 cm, blanc sale, hémisphérique puis convexe, charnu, cuticule mate, puis écailleuse à fibrilleuse.
Lames: grisâtres à roses, puis noir brunâtre, très serrées, libres.
Pied: blanc, obèse, plein à creux, base nettement épaissie, anneau à deux épaisseurs, la face supérieure striée, l'autre hérissée de verrues.
Chair: blanche, rougissant à la coupe, notamment au sommet du pied et à l'insertion du chapeau qui se colore en rouge sang, odeur agréable, saveur douceâtre.
Spores: 5-5,5/3,5-4 µm, lisses, sporée noir violacé.

Comestibilité: comestible, mais rare, et donc à préserver.
Habitat: dans les bois de feuillus et de conifères, mais aussi dans les prés près des épicéas isolés; aime les sols calcaires; très rare; juin à septembre.
Remarques: gros champignon robuste, aisément reconnaissable à son chapeau blanc presque glabre et à sa chair rougissante. Dans les prés, on risque toutefois de confondre les jeunes carpophores avec ceux de la psalliote des champs *(voir p. 285)*. Toutefois, seul *A. benesii* rougit lorsqu'on le coupe, ce qui permet de l'identifier.

Psalliote des forêts
Agaricus silvaticus

Chapeau: 5-10 cm, fond beige, couvert de fines écailles brunes, hémisphérique à campanulé, puis convexe et enfin plan avec un petit mamelon.
Lames: gris terne, puis rougeâtres, et enfin chocolat, serrées, libres.
Pied: blanchâtre ou gris rosé, élancé, sommet aminci, couvert de fines écailles dans sa partie supérieure, base parfois renflée et couverte de mycélium blanc, anneau blanc, pendant, floconneux dessous.
Chair: blanche, virant au rouge sang à la pression ou à la coupe, tendre, presque inodore, saveur douce.

Spores: 4,5-6/3-3,5 µm, lisses, sporée pourpre.
Comestibilité: excellent champignon comestible.
Habitat: bois de conifères, souvent dans les litières d'aiguilles d'épicéas, commune; juillet à octobre.
Remarques: se reconnaît à son chapeau couvert d'écailles brunes et à sa chair rougissante. Elle ressemble à *A. placomyces*, toxique, qui pousse également dans les bois, mais la chair de ce dernier jaunit, notamment à la base. Quant à *A. langei*, comestible, plus gros et plus robuste, sa chair se colore moins vivement.

Psalliote des champs, rosé des prés, agaric champêtre
Agaricus campestris

Chapeau : 3-10 cm, blanc, puis rougeâtre ou brunâtre, hémisphérique, puis convexe et enfin plan, couvert de fines écailles, rarement glabre.
Lames : rose vif au début, puis rouille et noires, très serrées, ventrues, libres.
Pied : blanc, cylindrique, élancé, base parfois tachetée de jaune, anneau fin, généralement mobile, vite disparu.
Chair : blanche, tendre, rougissant légèrement à la coupe, odeur et saveur agréables.
Spores : 7-8/4-5 µm, lisses, sporée pourpre.
Comestibilité : bon champignon comestible.

Habitat : sur sols engraissés, dans les prés, les champs, en groupe, particulièrement abondant après un été aride, première poussée en mai-juin, seconde d'août à octobre.
Remarques : ne pas cueillir cette psalliote dans les champs engraissés avec des boues d'épuration, car elle emmagasine le plomb et le mercure. Il n'est pas rare de trouver à côté de la psalliote des champs des touffes de psalliote jaunissante *(voir p. 288),* toxique, que l'on reconnaît à la brève coloration jaune vif de sa chair à la blessure.

Psalliote à pied bulbeux
Agaricus abrubtibulbus (A. essettei)

Chapeau : 8-12 cm, blanc immaculé, virant au jaune citron au toucher, couvert de fines écailles blanchâtres vers la marge, ovoïde à campanulé au début, puis convexe et enfin plan avec un petit mamelon.
Lames : gris terne au début, puis parcourues de rouge, enfin brunes à noirâtres, serrées, libres.
Pied : blanc, cylindrique, souvent coudé, élancé, creux, base dotée d'un bulbe bien distinct, large anneau pendant blanc et irrégulier, lisse dessus et floconneux dessous.
Chair : blanche, jaunissant légèrement à la coupe, tendre, agréables odeur et saveur anisées.
Spores : 6-8/4-5 µm, lisses, sporée pourpre.
Comestibilité : comestible.
Habitat : bois de résineux, souvent dans les litières d'aiguilles d'épicéas ; de juin à octobre.
Remarques : ressemble beaucoup à la psalliote des bois *(A. silvicola)* dont le chapeau est cependant crème et les carpophores généralement plus frêles. Les psalliotes jaunissantes à odeur d'anis ont toutes une forte teneur en cadmium.

Psalliote des jachères, boule-de-neige
Agaricus arvensis

Chapeau : 3-10 cm, blanc, jaunissant au toucher, hémisphérique, puis convexe et enfin plan, charnu, couvert de fines écailles, plus rarement glabre.
Lames : gris pâle au début, puis gris rougeâtre et enfin brunes à noirâtres, mais jamais roses ; serrées, libres.
Pied : blanc, cylindrique, élancé mais robuste, base légèrement bulbeuse et souvent floconneuse, double anneau membraneux grisâtre dessus et blanchâtre dessous.
Chair : blanche, compacte, parfois légèrement jaunissante, odeur caractéristique d'anis, goût de noix.

Spores : 6,5-8/4-5 µm, lisses, sporée pourpre.
Comestibilité : bon champignon comestible.
Habitat : sols engraissés, champs, prés, bordures de forêt ; juin à octobre.
Remarques : la psalliote des jachères est beaucoup plus robuste que la psalliote à pied bulbeux *(voir p. 286)*, et son chapeau est couvert de fines écailles. Risque de confusion avec l'amanite phalloïde *(voir p. 270)*, mortelle, mais dont les lames sont blanches.

Psalliote jaunissante
Agaricus xanthoderma

Chapeau: 6-14 cm, blanc crayeux, jaunissant à la blessure puis virant de nouveau au blanc grisâtre, lisse et glabre, jeune hémisphérique puis convexe à plan, aplani au centre.
Lames: rose chair, puis brunes à noires *(voir page ci-contre, photo du haut)*, libres, étroites et serrées.
Pied: blanc, virant immédiatement au jaune au toucher puis de nouveau parcouru de blanc, élancé, cylindrique, souvent tubulaire, glabre, base bulbeuse, anneau dentelé, coulissant vers le haut.
Chair: blanchâtre, virant au jaune à la coupe, surtout au niveau de la base du pied, prend en vieillissant une odeur désagréable de phénol ou d'encre qui s'intensifie à la cuisson.
Spores: 5-7/3-4 µm, lisses, sporée noir violacé.
Comestibilité: toxique.
Habitat: prés et parcs, mais aussi bois de feuillus et de résineux; juillet à octobre.
Remarques: pousse souvent à proximité de la psalliote des champs *(voir p. 285)* comestible, d'où un risque de confusion, surtout avec les carpophores d'âge moyen. Toutefois, la psalliote des champs ne jaunit pas et ne sent pas le phénol.

Psalliote à grosses spores
Agaricus macrosporus

Chapeau: jusqu'à 25 (35) cm, blanc, soyeux à glabre, légèrement fibrilleux, couvert d'écailles brun pâle en vieillissant, jaunissant à la pression, hémisphérique, puis convexe à plan, charnu.
Lames: jeunes gris terne, puis gris rosé et brun foncé, serrées, libres.
Pied: blanchâtre à crème, vigoureux, court et trapu, floconneux, avec un large anneau dentelé.
Chair: blanche, ferme, parfois un peu rougissante, odeur et saveur rappelant l'anis ou l'amande amère.
Spores: 10-12/6,5-7 µm, lisses, sporée pourpre.

Comestibilité: bon champignon comestible.
Habitat: dans les prés et les prairies, formant souvent des ronds de sorcière, première poussée en mai-juin, seconde de juillet à octobre.
Remarques: l'un des plus gros champignons à chapeau. Ainsi, l'exemplaire photographié avait un chapeau de 36 cm de diamètre et un pied de 8 cm de diamètre. Compte tenu de sa taille, il est très apprécié en cuisine. Cependant, étant donné sa haute teneur en cadmium, il est recommandé de n'en manger que de petites quantités.

Lépiote âpre
Lepiota aspera

Chapeau: 4-15 cm, fond clair couvert de verrues coniques pointues brun foncé fugaces à cause des intempéries; hémisphérique, puis convexe et enfin plan, charnu, marge parfois en lambeaux.

Lames: blanches, très serrées, fourchues, libres, arête irrégulièrement sinueuse.

Pied: blanchâtre à concolore au chapeau, court, plein puis rapidement creux, bulbeux, large anneau descendant souvent déchiré.

Chair: blanche et tendre; odeur et saveur désagréables.

Spores: 6-8/2,5-3,7 µm, lisses, sporée blanche.

Comestibilité: légèrement toxique.

Habitat: bois de résineux et de feuillus, bordure des chemins, dans les parcs; septembre-octobre.

Remarques: cette lépiote est reconnaissable aux verrues pointues de son chapeau et à son anneau fixe, qui la distinguent de diverses grandes lépiotes *(Macrolepiota)* comestibles. De plus, son odeur désagréable décourage la cueillette.

Lépiote crêtée, lépiote à crête
Lepiota cristata

Chapeau : 2-4 cm, sommet lisse rouille, entouré de fines écailles rouille sur fond blanchâtre, conique à campanulé, puis convexe et mamelonné.
Lames : blanches, jaunâtres, puis tachetées de rouille, serrées, libres.
Pied : blanchâtre à rougeâtre, cylindrique, élancé, lisse et glabre, avec un anneau membraneux ascendant et fugace.
Chair : blanche, odeur désagréable semblable à celle du scléroderme vulgaire *(Scleroderma citrinum).*
Spores : 6-7,5/3-3,5 µm, lisses, sporée blanche.

Comestibilité : toxique.
Habitat : dans les bois de feuillus et de conifères, dans les clairières herbeuses, le long des chemins forestiers, en groupe ; août à octobre.
Remarques : la plus courante des petites lépiotes. Appartient au même genre que la lépiote brune *(L. helveola),* plus rare mais mortelle, et que d'autres espèces également très toxiques. On ne connaît d'ailleurs dans ce genre aucune lépiote comestible.

Lépiote élevée, coulemelle
Macrolepiota procera

Chapeau: 10-25 cm, brun pâle, en forme de maillet, puis convexe et enfin plan avec un mamelon obtus; cuticule se déchirant en larges écailles grossières pelucheuses.
Lames: blanches, serrées, ventrues, libres.
Pied: blanchâtre, couvert de fines écailles ou de marbrures brunâtres, cylindrique, très élancé, renflé à la base, double anneau épais coulissant.
Chair: blanche, tendre, chair du pied ligneuse, odeur et saveur rappelant celles de la noisette.
Spores: 15-20/10-13 µm, lisses, sporée blanche.

Comestibilité: comestible. N'utiliser que les chapeaux.
Habitat: surtout dans les bois de feuillus près des hêtres, plus rarement dans les forêts de résineux; juillet à octobre.
Remarques: préparée comme une escalope, elle est excellente. La lépiote déguenillée *(voir p. 294),* de taille semblable, vire au jaune safran à la blessure. La lépiote mamelonnée *(voir p. 296)* lui ressemble aussi, mais se distingue par son anneau serré, libre mais coulissant difficilement, et son chapeau umboné.

GRANDES LÉPIOTES

Lépiote déguenillée
Macrolepiota rhacodes

Chapeau : 10-15 cm, brunâtre, globuleux, puis convexe et enfin étalé, sans mamelon, cuticule se déchirant en larges écailles imbriquées.
Lames : blanches, virant au rouge au toucher, puis brunissant, serrées, ventrues, libres.
Pied : blanchâtre, puis brunâtre, sans marbrure, cylindrique, pas très long, mince, base renflée à bulbeuse, anneau membraneux blanc à gris et coulissant.
Chair : blanche, virant vite à l'orange safrané à la coupure, puis brunâtre, tendre, chair du pied ligneuse et fibreuse, odeur et saveur aromatiques.

Spores : 9-12/6-7 µm, lisses, sporée blanche.
Comestibilité : comestible.
Habitat : courant dans les bois de résineux dans les litières d'aiguilles, mais aussi dans les forêts de feuillus et les parcs ; juillet à octobre.
Remarques : la photo du bas de la page de droite présente de jeunes carpophores classiques. Les spécimens qui poussent dans les parcs sont souvent plus vigoureux et ont un chapeau couvert d'écailles plus grossières *(voir photo du haut, page ci-contre)*. La base de leur pied est brunâtre et leur chair vire plutôt au brun orangé

qu'au safran. Cette variété de la lépiote déguenillée (var. *hortensis*) provoque souvent des intoxications. Nous vous recommandons de ce fait de ne cueillir la lépiote déguenillée qu'en forêt et jamais dans les parcs ou jardins. Il existe une autre lépiote, plus rare mais assez semblable, qui cause elle aussi des intoxications. C'est la lépiote de Badham (*Leucoagaricus badhamii*) qui pousse sur les copeaux de bois et la sciure dans les jardins et les cours. Son chapeau couvert de grosses écailles vire instantanément au jaune safran au toucher et devient violet en séchant. Son pied est enfin doté d'un anneau fugace parfois encore accroché aux lames.

Lépiote mamelonnée
Macrolepiota mastoidea

Chapeau : 8-12 cm, blanchâtre à crème, cuticule ocre au centre se déchirant en fines écailles sur la marge, hémisphérique, puis convexe et enfin plan et omboné, peu charnu.
Lames : blanches, serrées, ventrues, libres.
Pied : blanchâtre, couvert de fines écailles ou marbrures brunâtres, très élancé, base bulbeuse, anneau simple, en forme d'entonnoir, libre mais très serré et donc coulissant difficilement.
Chair : blanche, tendre ; chair du pied ligneuse et fibreuse ; odeur et saveur légères de noix.

Spores : 12-16/8-9,5 µm, lisses, sporée blanche.
Comestibilité : comestible ; ne consommer que les chapeaux.
Habitat : surtout en lisière de forêt, dans les prés, mais aussi dans les bois ; septembre à novembre.
Remarques : peu courante. Risque de confusion des gros spécimens avec la lépiote élevée *(voir p. 293),* dont elle se distingue cependant par son mamelon pointu et son anneau qui coulisse très mal.

Lépiote pudique
Leucoagaricus leucothites, Leucoagaricus pudicus, Lepiota naucina

Chapeau : 4-8 cm, blanc immaculé, glabre, hémisphérique puis convexe et enfin plan, assez charnu.
Lames : blanches puis légèrement rosées, serrées, fines et ventrues, émarginées à presque libres.
Pied : blanc, cylindrique, élancé, soyeux, presque glabre, base renflée, anneau blanc, ascendant, coulissant facilement, à marge frangée.
Chair : blanche, saveur et odeur douces et agréables.
Spores : 8-9/5-5,5 µm, lisses, sporée blanche.
Comestibilité : comestible.
Habitat : dans les prés, les jardins, souvent très courante ; juin à octobre.
Remarques : risque de confusion des jeunes lépiotes pudiques avec le rosé des prés *(voir p. 285)*, mais elles sont reconnaissables à leurs lames blanches. La lépiote pudique ressemble aussi aux deux amanites blanches, *Amanita verna* et l'amanite vireuse *(voir p. 272)* ou même à l'amanite phalloïde *(voir p. 270)*. Ne la cueillez donc que si vous êtes sûr de vous.

Cystoderme amiantacé
Cystoderma amiantinum

Chapeau : 1,5-4 cm, ocre, disque plus foncé, conique, puis convexe à plan, mamelonné, couvert de flocons granuleux, vieux spécimens souvent ridés.
Lames : blanches à crème, assez distantes, de longueur inégale, adnées, légèrement émarginées.
Pied : ocre jaune sale, avec une armille floconneuse ascendante concolore au chapeau, pied blanchâtre de la base à l'anneau, floconneux, pruineux à granuleux, cylindrique et élancé.
Chair : jaunâtre, odeur et saveur de terre.

Spores : 4-6/3-4 µm, lisses, sporée blanche.
Comestibilité : non comestible.
Habitat : dans les prés et les forêts de conifères, aime les sols pauvres ; septembre à novembre.
Remarques : le genre Cystoderme (*Cystoderma*) compte plus de dix espèces. Toutes sont de petits champignons saprophytes non comestibles. Regardez-les tout de même de près, car elles ne cesseront de vous étonner.

Phéolépiote dorée
Phaeolepiota aurea

Chapeau : 6-20 cm, jaune d'or à ochracé, presque globuleux, longtemps enveloppé dans un voile coriace, puis convexe et enfin presque plan, charnu, cuticule tomenteuse, pulvérulente, sèche et mate.
Lames : blanc sale puis jaune roux, étroites, serrées, émarginées.
Pied : blanchâtre au-dessus de l'anneau, ocre au-dessous, presque cylindrique, vigoureux, plein, anneau membraneux ascendant, longtemps soudé à la marge du chapeau.
Chair : jaune terne, odeur de farine comme celle du clitocybe géotrope *(Clitocybe geotropa)*, saveur forte.

Spores : 12/5 µm, lisses à ponctuées de petites granules, sporée rouille.
Comestibilité : comestible, mais sans intérêt gastronomique.
Habitat : bois de feuillus et de résineux, parcs et jardins, sur le bord des routes et des chemins, souvent parmi les orties, rare, en groupe ; septembre à novembre.
Remarques : ce joli champignon semble être une version géante du cystoderme amiantacé *(voir p. 298)*. Aucun risque de confusion.

Pholiote précoce
Agrocybe praecox

Chapeau: 3-7 cm, sec presque blanc, humide brun clair, disque jaunâtre, légèrement hygrophane, hémisphérique puis convexe et enfin plan, cuticule lisse, presque glabre.
Lames: blanc cassé au départ, puis brun grisâtre pâle, serrées, émarginées.
Pied: blanchâtre à grisâtre, cylindrique, élancé, parfois coudé, creux, fibrilleux, base renflée, anneau membraneux coulissant vers le haut.
Chair: blanchâtre, tendre, odeur de farine et saveur douce.
Spores: 9-12/5-6 µm, lisses, sporée brun grisâtre.

Comestibilité: comestible.
Habitat: forêts clairsemées, taillis, parcs, le long des chemins, en groupe; mai à juillet.
Remarques: si elle pousse dès le printemps, la pholiote précoce n'est cependant pas abondante tous les ans. La pholiote dure *(A. dura)* lui ressemble beaucoup. En dehors des bois, elle pousse dans les prés, les parcs et les jardins. Ni l'une ni l'autre ne sont de très bons champignons.

Strophaire coronille, strophaire petite roue
Stropharia coronilla

Chapeau : 2-5 cm, jaune pâle à ochracé, hémisphérique, puis convexe au sommet aplati, charnu, cuticule lisse, marge parfois floconneuse.
Lames : mauve pâle au début, puis violettes à gris pourpre et enfin noirâtres, arête blanchâtre, échancrées.
Pied : blanc, souvent noirci dans sa partie supérieure par les spores, cylindrique, base enveloppée d'hyphes blancs radicants, anneau étroit plaqué, strié sur le dessus, ressemblant à une couronne, à la marge supérieure souvent noircie par les spores.
Chair : blanchâtre, odeur de raifort, saveur douce.
Spores : 7-9/4-5 µm, lisses, sporée gris pourpre.
Comestibilité : non comestible.
Habitat : dans les prés et les champs, en bordure des chemins, sur les sols gras ; juin à octobre.
Remarques : ce champignon est plus vigoureux et plus gros que la strophaire semi-globuleuse *(voir p. 304)*. La strophaire à anneau rugueux *(voir p. 302)* est la seule strophaire comestible.

Strophaire à anneau rugueux
Stropharia rugosoannulata

Chapeau: 5-12 cm, brun jaune, brique ou rouille avec des nuances pourpres, jeune hémisphérique, puis convexe et enfin plan, parfois un peu déprimé, charnu, cuticule fibrilleuse, sèche, souvent ridée, longue marge enroulée, se déchirant souvent sur les vieux spécimens.
Lames: gris pâle, puis gris-violet, arête blanchâtre, serrées, libres.
Pied: blanchâtre, puis brunâtre pâle, cylindrique, vigoureux, tubulaire, anneau membraneux blanc, strié dessus, pas toujours caractéristique.
Chair: blanchâtre, odeur de raifort, saveur douce.

Spores: 11-13/7,5-8 µm, lisses, sporée pourpre grisâtre.
Comestibilité: comestible, mais tout le monde ne le digère pas bien.
Habitat: sur les déchets végétaux, dans les champs, les jardins, en groupe; août à octobre.
Remarques: la plus imposante des strophaires. Il est facile de la cultiver sur paille. On trouve du mycélium dans le commerce. Les exemplaires les plus clairs ressemblent au champignon de Paris *(Agaricus)*.

Strophaire vert-de-gris
Stropharia aeruginosa

Chapeau : 3-8 cm, bleu-vert à émeraude, jaunissant avec l'âge, couvert de squames blanchâtres fugaces, campanulé, puis convexe et enfin plan et légèrement ombroné, cuticule visqueuse, lisse, brillante.
Lames : blanchâtres, puis gris violacé, arête blanche, libres.
Pied : blanc au-dessus de l'anneau, vert bleuté au-dessous, couvert d'écailles ou de flocons blanchâtres, cylindrique, visqueux, anneau membraneux ascendant et fugace noirci par les spores sur le dessus.
Chair : blanchâtre, tendre, légère odeur de raifort.
Spores : 7-9/4-5 µm, lisses, sporée gris pourpre.
Comestibilité : non comestible.
Habitat : bois de feuillus et de résineux, sur les litières d'aiguilles et de feuilles mortes mais aussi sur du bois pourri ; août à novembre.
Remarques : ressemble beaucoup à *S. caerulea,* qui pousse souvent dans les orties mais dont le chapeau est plus terne et l'arête des lames brune. Elle est tout aussi toxique.

Strophaire semi-globuleuse
Stropharia semiglobata

Chapeau: 1-3 cm, jaune pâle à verdâtre, très hémisphérique puis convexe, assez charnu, visqueux, lisse.
Lames: mauve pâle au début, puis violettes à gris-pourpre et enfin noirâtres, arête claire, espacées, parfaitement horizontales, adnées, sans aucune échancrure.
Pied: jaune terne, cylindrique, élancé, poisseux, base parfois un peu renflée, petit anneau membraneux très fugace.
Chair: terne, tendre, inodore et de saveur douce.
Spores: 15-19/8-10 µm, lisses, sporée brun violacé.

Comestibilité: toxique.
Habitat: dans les prairies et les alpages, sur les bouses de vache et le crottin de cheval, commune; mai à novembre.
Remarques: on la reconnaît à la forme de son chapeau et à ses lames vraiment horizontales. Elle pousse toujours sur des excréments. Le genre strophaire *(Stropharia)* compte plus de 15 espèces, toutes saprophytes poussant sur le fumier, la terre ou le bois.

Mucidule visqueuse
Oudemansiella mucida

Chapeau: 2-7 cm, blanc immaculé à ivoire, disque parfois ochracé, hémisphérique, puis convexe et enfin plan, cuticule très visqueuse humide, mate et soyeuse sèche, marge nette, striée.
Lames: blanches, espacées, ventrues, adnées à émarginées.
Pied: blanchâtre, cylindrique, fin, plein, fibrilleux, anneau en coupe, base coudée à bulbeuse, bien implantée dans le bois.
Chair: blanche, tendre, saveur douce.
Spores: 14-18/12-16 µm, lisses, sporée blanche.
Comestibilité: non comestible.

Habitat: sur le bois de hêtre mort, sur les troncs dressés ou à terre, sur les branches et les souches, en touffe; août à novembre.
Remarques: pousse presque exclusivement sur du bois de hêtre, souvent sur des branches mortes assez hautes et aérées. Aisément identifiable à ses carpophores blancs, son chapeau visqueux, son pied annelé et son habitat. Souvent décrite à tort comme comestible.

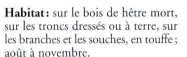

Armillaire couleur de miel
Armillaria mellea

Chapeau : 5-12 cm, couleur de miel plus ou moins foncé, couvert d'écailles fugaces brunâtres, hémisphérique et fermé, puis convexe à plan, souvent mamelonné.

Lames : blanchâtres à rouille terne, émarginées et décurrentes.

Pied : blanchâtre à brun, cylindrique ou avec une base un peu renflée, anneau charnu, généralement ample, couvert d'écailles brunes dessous.

Chair : blanchâtre, ferme, coriace dans le pied, odeur forte, saveur un peu amère.

Spores : 6,5-8/4-6,5 µm, lisses, sporée blanche.

Comestibilité : seuls les exemplaires poussant sur résineux sont comestibles, et ce après une ébullition prolongée *(voir p. 92)*. La consommation de spécimens poussant sur les feuillus (au chapeau souvent un peu verdâtre) donne des douleurs gastriques ou intestinales.

Habitat : sur le bois de feuillus ou de résineux, parasites ou saprophytes, très commun ; août à octobre.

Remarques : la photo du haut sur la page de droite représente de jeunes carpophores. L'armillaire couleur de miel pousse sur des troncs dressés *(voir photo du bas, page de droite)* ou

ARMILLAIRES

à terre, sur lesquels elle se propage à l'aide d'hyphes épais et vigoureux noir brunâtre appelés « rhizomorphes ». On classe depuis peu l'armillaire couleur de miel en 5 variétés, difficiles à distinguer les unes des autres. Parmi les champignons qui lui ressemblent, citons la galère marginée *(voir p. 309)*, mortelle, moins imposante et dont la marge du chapeau est striée, et l'hypholome en touffe *(voir p. 320)*, également toxique, aux lames verdâtres et à la chair jaune soufre. Elle ressemble aussi à la pholiote changeante *(voir p. 308)*, comestible, hygrophane et annelée.

Pholiote changeante
Pholiota mutabilis (Kuehneromyces mutabilis)

Chapeau : 3-6 cm, brun cannelle à ochracé, hygrophane et donc plus ou moins foncé par endroit, convexe puis presque plan, marge brièvement frangée de brun, puis striée.
Lames : beiges puis fauve cannelle, adnées et légèrement décurrentes.
Pied : brun terne au-dessus de l'anneau, rouille foncé et couvert de petites mèches hirsutes au-dessous, anneau ascendant membraneux, élevé, souvent fugace.
Chair : blanchâtre, fibreuse dans le pied, odeur agréable, saveur douce.
Spores : 6-7/3-4,5 µm, lisses, sporée rouille.

Comestibilité : comestible, mais n'utiliser que les chapeaux.
Habitat : bois de résineux et de feuillus, surtout sur le bois de feuillus morts, plus rarement sur le bois de conifères, en touffe ; avril à décembre.
Remarques : ressemble beaucoup à la galère marginée *(voir p. 309)* mortelle, qui pousse essentiellement sur du bois de résineux mort et, plus rarement, sur du bois de feuillus. Cette dernière se distingue uniquement par son pied strié de blanchâtre qui n'est pas couvert de petites mèches.

Galère marginée
Galerina marginata

Chapeau : 1,5-4 cm, ocre à brun jaunâtre, souvent hygrophane, campanulé à globuleux, puis convexe et enfin plan, légèrement poisseux, gras, marge striée humide et plutôt lisse sèche.
Lames : cannelle, serrées, adnées à décurrentes.
Pied : brunâtre au-dessus de l'anneau, sommet strié, au-dessous parcouru de stries longitudinales blanchâtres sur un fond brun, mais sans mèches, noircissant à partir de la base avec l'âge, creux, cylindrique, avec un fin anneau membraneux fugace.
Chair : brunâtre, odeur et saveur de farine (ne la goûter en aucun cas).
Spores : 8-10,5/5-6 µm, légèrement verruqueuses, sporée brun pâle.
Comestibilité : mortelle.
Habitat : dans les bois de résineux sur le bois mort, très rarement sur du bois de feuillus, souvent en touffe ; juillet à novembre.
Remarques : elle contient le même poison que les amanites toxiques. La pholiote changeante *(voir p. 308)*, qui peut aussi pousser sur le bois de résineux, mais qui est comestible, lui ressemble énormément ; sa cueillette est de ce fait réservée aux experts.

Pholiote ridée
Rozites caperata

Chapeau : 6-12 cm, couleur cuir à brun jaunâtre, campanulé, puis convexe conique, plan et mamelonné, couvert au départ d'un voile farineux blanc argenté, parcouru de stries rayonnantes, mat, la marge se déchirant en lambeaux radiaux à la fin.
Lames : argilacées puis cannelle, serrées, adnées et légèrement émarginées, arête sinueuse.
Pied : blanchâtre, strié au-dessus de l'anneau, fibrilleux au-dessous, soyeux, cylindrique, vigoureux, plein, anneau membraneux souvent feutré.
Chair : blanchâtre, odeur agréable, saveur douce.

Spores : 11-14/7-9 µm, verruqueuses, sporée rouille.
Comestibilité : bon comestible.
Habitat : surtout dans les bois de résineux, plus rarement dans les forêts de feuillus, courante en montagne ; juillet à octobre
Remarques : du fait de sa forte teneur en cadmium et, depuis l'accident de Tchernobyl, il est déconseillé d'en manger trop. Les stries radiales de la marge du chapeau entraînent des confusions avec les inocybes. Il existe aussi des risques de confusion avec certains cortinaires toxiques, mais ils n'ont pas d'anneau.

Coprin chevelu
Coprinus comatus

Chapeau: 6-12 cm de haut, 3-6 cm de diamètre, blanc, couvert de mèches relevées larges à feutrées, blanches puis brunâtres; lisse au centre, parfois ochracé pâle, ovoïde, puis oblong et cylindrique, avec une marge collée au pied puis légèrement ouverte en cloche, jamais plan, se colorant en rose, puis en noir à partir de la marge, pour finalement tomber en déliquescence.
Lames: blanches, puis roses et enfin noires, se liquéfiant en une sorte d'encre, serrées, libres.
Pied: blanc, cylindrique, élancé, tubulaire, soyeux, avec un anneau étroit, mobile et fugace.
Chair: blanche, puis rose, sans odeur ni saveur particulières.
Spores: 12-16/7-8 µm, lisses, sporée noire.
Comestibilité: comestible, mais seuls les jeunes spécimens aux lames encore entièrement blanches sont bons.
Habitat: le long des chemins forestiers, dans les prairies grasses, les pelouses, les jardins, souvent en groupe; mai à novembre.
Remarques: se gâte extraordinairement vite.

Coprin noir d'encre
Coprinus atramentarius

Chapeau : 2,5-6 cm de haut, 3-6 cm de diamètre, blanc grisâtre ou gris brunâtre, disque couvert de petites mouchetures brunes, ovoïde, puis campanulé, marge plissée caractéristique.
Lames : blanches puis noires, serrées, ventrues, libres, tombant en déliquescence à partir de l'arête.
Pied : blanchâtre, cylindrique, soyeux, brillant, fibrilleux, base entourée d'un renflement annulaire.
Chair : jeune blanchâtre, sans odeur particulière, saveur douce.
Spores : 7,5-10/5-5,5 µm, lisses, sporée noire.

Comestibilité : non comestible.
Habitat : près des arbres fruitiers, dans les prés, les jardins, les parcs, le long des chemins forestiers, courant ; première poussée en mai-juin, puis de septembre à novembre.
Remarques : le coprin noir d'encre contient une substance (la coprine) qui, associée à l'alcool, peut entraîner de graves intoxications. On ne peut donc le manger que si aucune goutte d'alcool n'est consommée dans les deux jours qui précèdent et qui suivent le repas. Seuls les jeunes exemplaires se prêtent à la consommation. Il est préférable de s'abstenir.

Coprin pie
Coprinus picaceus

Chapeau : 5-8 cm de haut, 2-5 cm de large, brun-gris à noir brunâtre, couvert de restes de voile blancs à grisâtres rappelant le plumage d'une pie, ovoïde, puis campanulé, jamais plan, peu charnu, cuticule lisse et visqueuse.
Lames : gris foncé à noires, serrées, libres, tombant en déliquescence.
Pied : blanc avec de fines marbrures blanchâtres, élancé, tubulaire, friable, base presque bulbeuse.
Chair : blanche, friable, tombant en déliquescence, odeur désagréable.
Spores : 14-19/10-13 µm, lisses, sporée noire.

Comestibilité : non comestible.
Habitat : hêtraies herbeuses clairsemées, sur sols calcaires, peu courant ; juin à octobre.
Remarques : hormis la couleur, il ressemble au coprin chevelu *(voir p. 311)*. Son chapeau pie en fait cependant l'un des plus jolis coprins, et facilite grandement son identification. Encore faut-il avoir la chance de croiser cette perle rare dans les tapis de feuillage.

COPRINS

Coprin micacé
Coprinus micaceus

Chapeau : 2-4 cm, brun ochracé à jaunâtre, saupoudré de nombreuses perles blanchâtres et brillantes, jeune ovoïde à campanulé, puis campanulé, cuticule plissée à striée jusqu'au disque.
Lames : jeunes blanches, puis gris-brun et enfin noires et tombant en déliquescence avec la marge du chapeau, arête blanche jusque-là, très serrées, larges, émarginées et décurrentes.
Pied : blanc, soyeux, cylindrique, élancé, creux et glabre.
Chair : blanchâtre, tendre, odeur et saveur neutres.
Spores : 7,5-10/4,5-6 µm, lisses, sporée noir brunâtre.
Comestibilité : non comestible.
Habitat : sur les troncs de feuillus pourris, sur le bois enfoui dans le sol, dans les forêts, les parcs et les jardins, souvent en grosses touffes ; courant ; mai à novembre.
Remarques : jeune, on reconnaît immédiatement le coprin micacé aux petites perles qui parsèment son chapeau. Il est possible de manger les jeunes exemplaires frais. Associé à l'alcool, il provoque des intoxications. Compte tenu enfin de sa petite taille, mieux vaut ne pas le cueillir.

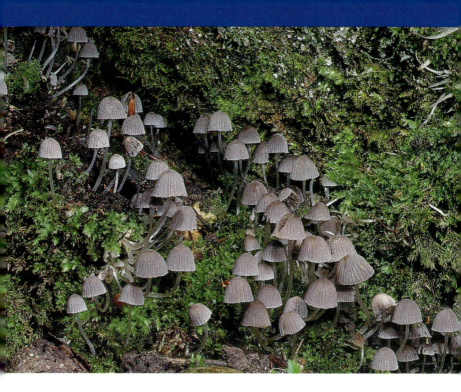

Coprin disséminé
Coprinus disseminatus

Chapeau : 0,5-1,5 cm, ocre pâle à jaune grisâtre puis gris pâle, plissé de la marge au disque, plus sombre, campanulé, puis plutôt conique, très membraneux, ne tombe pas en déliquescence.
Lames : blanches, puis gris violacé et enfin noires, espacées, larges et ventrues, adnées, non déliquescentes.
Pied : blanc, translucide, cylindrique, souvent un peu coudé vers la base, tubulaire, glabre, lisse.
Chair : blanchâtre, sans odeur particulière.
Spores : 7,5-10/4-5 µm, lisses, sporée noir brunâtre.

Comestibilité : non comestible.
Habitat : par centaines au pied des troncs de feuillus ou sur des souches en décomposition ; mai à octobre.
Remarques : la vue de ces touffes de chapeaux campanulés serrés les uns contre les autres ne cessera de nous étonner. Le coprin disséminé est le seul coprin qui ne tombe pas en déliquescence, mais se contente de noircir avec l'âge. La famille des coprins compte plus de 90 espèces, toutes exclusivement saprophytes.

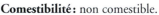

Panéole à marge dentée
Panaeolus papilionaceus (Paneaolus sphinctrinus)

Chapeau: 1,5-3 cm, gris à brun-gris, sec cendré terne, campanulé, membraneux, cuticule lisse, souvent ridée, soyeuse et brillante, marge frangée ou sinueuse à cause de restes de voile.
Lames: gris très foncé au début, puis marbrées de noir, arête blanche, serrées, émarginées.
Pied: base brun foncé, couverte de fines stries blanchâtres, cylindrique, élancé, friable, creux.
Chair: grise, inodore et sans saveur.
Spores: 11-16/9-12 µm, lisses, sporée noire.
Comestibilité: toxique.
Habitat: sur les terrains engraissés, dans les prés, souvent sur du crottin de cheval; mai à octobre.
Remarques: ce petit champignon est légèrement toxique. Par temps sec, son chapeau est brillant et très soyeux. Contrairement aux coprins, il ne tombe pas en déliquescence à maturité des spores. Les panéoles, qui comptent plus de 10 espèces, fructifient généralement sur les terrains riches en matières organiques.

Psathyrelle de De Candolle
Psathyrella candolleana

Chapeau: 3-6 cm, blanchâtre à jaune argileux, ochracé au centre, jeune campanulé puis convexe et enfin presque plan, cuticule mate et fibrilleuse, striée au début, marge initialement ourlée de lambeaux blancs.
Lames: jeunes blanchâtres, puis brun-mauve, serrées, étroites près du pied et adnées.
Pied: blanc, cylindrique et élancé, friable, creux, fibrilleux.
Chair: blanche, tendre, sans odeur ni saveur particulières.
Spores: 7-8/4-4,5 µm, lisses, sporée brun violacé.
Comestibilité: comestible.

Habitat: dans les forêts, les jardins et les parcs, le long des chemins, en troupe, courant; mai à octobre.
Remarques: on reconnaît aisément cette psathyrelle à son chapeau blanc, à ses lames brun-mauve et à ses carpophores friables. Comme elle est peu charnue, elle ne présente pas un grand intérêt culinaire. Elle ressemble à *P. piluliformis* qui se distingue néanmoins par sa couleur plus foncée et sa fructification automnale. Cette dernière est elle aussi impropre à la consommation.

Hypholome à lames enfumées
Hypholoma capnoides

Chapeau : 2-6 cm, jaune à ochracé, brun orangé au centre, hémisphérique, puis convexe et enfin plan, enveloppé d'un voile soyeux au début, puis lisse, marge tout d'abord ourlée de lambeaux membraneux brun foncé.
Lames : gris fumé, puis gris violacé, très serrées, adnées.
Pied : sommet blanchâtre et soyeux, rouille vers la base, souvent coudé, mince, creux, fibrilleux.
Chair : blanchâtre, brunâtre et fibreuse dans le pied, presque inodore, saveur douce.
Spores : 7-9/4-5 µm, lisse, sporée brun violacé.
Comestibilité : comestible.
Habitat : sur du bois de résineux mort, sur des souches, essentiellement d'épicéas, en touffe ; première poussée dès mai-juin, puis de septembre à décembre.
Remarques : c'est le seul hypholome qui soit un bon champignon comestible. Il n'est pas toujours facile de le distinguer de l'hypholome en touffe *(voir p. 320),* très toxique. Seuls les connaisseurs peuvent donc le ramasser.

Hypholome couleur de brique
Hypholoma sublateritium

Chapeau : 4-12 cm, couvert de squames jaune rougeâtre ternes, disque rouge brique, plus pâle vers la marge, campanulé, puis convexe à plan, marge souvent ourlée de lambeaux membraneux au début.
Lames : jaune pâle, puis gris violacé, émarginées.
Pied : jaunâtre, parcouru de fibrilles brique vers la base, souvent noueux, mince.
Chair : jaune pâle, brun rouge dans le pied, odeur désagréable et saveur un peu amère.
Spores : 6-8/3-4 µm, lisses, sporée brun violacé.

Comestibilité : légèrement toxique.
Habitat : bois de feuillus morts, sur des souches de hêtres et de chênes essentiellement ; avril à décembre.
Remarques : ce champignon se distingue des autres hypholomes par ses carpophores plus gros et la couleur brique de son chapeau ; l'hypholome à lames enfumées *(voir p. 318)*, comestible, a lui aussi des lames grises, mais sa chair est blanchâtre. Quant à l'hypholome en touffe *(voir p. 320)*, très toxique, ses lames sont verdâtres et sa chair jaune soufré.

Hypholome en touffe
Hypholoma fasciculare

Chapeau : 2-7 cm, jaune soufré, souvent rouille au centre, campanulé, puis plan, lisse, mat, marge souvent ourlée de lambeaux membraneux jaunes au début.
Lames : jaune soufré, puis nettement verdâtres et enfin brun verdâtre, serrées, adnées à émarginées.
Pied : jaune soufré, parcouru de fibrilles rouille (restes du voile) dans sa partie inférieure, cylindrique, coudé, friable.
Chair : jaune soufré, odeur désagréable, saveur un peu amère.
Spores : 6-8/4 µm, lisses, sporée brun violacé.

Comestibilité : très toxique.
Habitat : essentiellement sur le bois de feuillus morts, plus rarement sur du bois de résineux ; avril à décembre.
Remarques : ressemble beaucoup à l'hypholome à lames enfumées *(voir p. 318)*, comestible, qui a cependant des lames grises et la chair blanche. L'ingestion d'hypholome en touffe provoque des nausées et des vomissements, voire des intoxications graves, comparables à celles qu'entraînent les amanitacées.

Pholiote écailleuse
Pholiota squarrosa

Chapeau: 5-10 cm, jaune paille terne à ocre, couvert d'écailles relevées hirsutes rouille, globuleux à hémisphérique puis convexe et enfin aplati et mamelonné, marge enroulée au départ.
Lames: jaune pâle puis brun jaunâtre, serrées, adnées à légèrement décurrentes.
Pied: jaune terne et lisse au-dessus de l'anneau, rouille et hérissé de squames, cylindrique, base rouille amincie, zone annulaire fibreuse et squameuse.
Chair: jaune pâle, dure, plus foncée et coriace à la base du pied, odeur et saveur de raifort.
Spores: 6-8/3,564 µm, lisses, sporée rouille.
Comestibilité: non comestible.
Habitat: au pied de feuillus en vie ou sur des souches, près des pommiers, rarement près de résineux, en touffe; septembre à novembre.
Remarques: risque de confusion avec l'armillaire couleur de miel *(voir p. 306)*, dont le chapeau et le pied sont cependant moins squameux, et l'anneau généralement plus marqué.

Pholiote flamboyante
Pholiota flammans

Chapeau : 3-7 cm, jaune citron à soufre, couvert d'écailles hirsutes jaune pâle, légèrement visqueux, hémisphérique, puis convexe et enfin plan, marge longuement enroulée.
Lames : d'abord jaunes puis rouille, serrées, émarginées.
Pied : sommet jaune vif et lisse, anneau squameux, pied jaune couvert de verrues hirsutes plus foncées sous l'anneau, cylindrique, vigoureux, plein initialement, puis creux.
Chair : jaune virant au rouille, légère odeur de raifort, saveur amère.
Spores : 3-4/2-2,5 µm, lisses, sporée rouille.

Comestibilité : non comestible.
Habitat : sur des souches et troncs de conifères vermoulus ; juillet à octobre.
Remarques : cette pholiote, qui saute aux yeux par ses couleurs vives, se reconnaît aisément à son chapeau et à son pied squameux. Elle ressemble à la pholiote dorée *(voir p. 323),* qui, plus terne, pousse sur les feuillus.

Pholiote dorée
Pholiota cerifera, Pholiota aurivella

Chapeau : 5-12 cm, jaune-roux, couvert d'écailles fugaces rouille assez espacées, hémisphérique, puis convexe et enfin plan et mamelonné, marge en lambeaux et longtemps enroulée.

Lames : jaunes au départ, puis brun olivâtre, serrées, échancrées.

Pied : jaune, couvert d'écailles brunes à la base, légèrement ourlé de restes de voile, sommet lisse, mince, coriace, plein.

Chair : crème, plus sombre et fibreuse dans le pied, inodore, saveur âpre.

Spores : 8-9/5-6 µm, lisses, sporée rouille.

Comestibilité : non comestible.

Habitat : souvent en touffe, plus rarement isolée sur le tronc ou des blessures de feuillus vivants, dans des trous de branches, généralement à plusieurs mètres de hauteur ; apprécie surtout les hêtres et les saules ; octobre à novembre.

Remarques : si on la mange encore dans de nombreuses régions, elle ne présente néanmoins aucun intérêt culinaire et reste déconseillée.

Pholiote visqueuse, flammule visqueuse
Pholiota lenta

Chapeau : 4-6 cm, blanchâtre à crayeux ou crème, avec quelques écailles fugaces blanches, puis souvent glabre, jeune hémisphérique, puis convexe et enfin plan, très visqueux lorsqu'il est humide, marge en lambeaux au début.
Lames : blanchâtres, puis argileuses, molles, adnées à légèrement décurrentes.
Pied : blanchâtre, base brunâtre, parsemé de flocons blancs, presque marbré, cylindrique, parfois coudé.
Chair : blanchâtre, brunâtre dans la base du pied, coriace, inodore, saveur de raifort.

Spores : 6-7/3-4 µm, lisses, sporée ocre.
Comestibilité : non comestible.
Habitat : dans les bois de feuillus et de résineux, sur les feuilles et les morceaux de bois en décomposition, en touffe ; septembre à novembre.
Remarques : on reconnaît aisément cette pholiote qui pousse surtout à la fin de l'automne à ses carpophores clairs, à son chapeau visqueux, à sa chair coriace et à son habitat. Elle ressemble néanmoins aux cortinaires du sous-genre *Phlegmacium*.

Inocybe de Patouillard
Inocybe patouillardi (Inocybe erubescens)

Chapeau: 3-8 cm, blanchâtre, puis jaune paille, rougissant au toucher ou par vieillissement, jeune conique-campanulé rapidement irrégulièrement étalé, umboné, parcouru de fibrilles rayonnantes, marge parfois déchirée le long de ses fibrilles avec l'âge.
Lames: blanchâtres avec des nuances rougeâtres, puis rouille, arêtes blanches, serrées, larges, émarginées.
Pied: blanc au début, reste blanc sur le sommet mais jaunit progressivement au-dessous, rougit au toucher ou par vieillissement, cylindrique, vigoureux, plein, parfois bulbeux.
Chair: blanche, rougissant légèrement dans le pied, odeur douceâtre et fruitée, saveur douce.
Spores: 9-14/5-8 μm, lisses, sporée brun ochracé.
Comestibilité: très toxique.
Habitat: près des feuillus dans les forêts et les parcs, souvent sous les vieux arbres; aime les sols calcaires; mai à juillet, rarement plus tard.
Remarques: le tricholome de la Saint-Georges *(voir p. 212),* comestible, apparaît en même temps. Soyez très vigilant, car une confusion serait fatale. Le tricholome se reconnaît toutefois à son odeur de farine; de plus, il ne vire pas au rouge.

Inocybe à lames couleur de terre
Inocybe geophylla

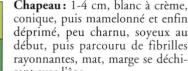

Chapeau: 1-4 cm, blanc à crème, conique, puis mamelonné et enfin déprimé, peu charnu, soyeux au début, puis parcouru de fibrilles rayonnantes, mat, marge se déchirant avec l'âge.
Lames: blanchâtres, puis gris terne et enfin ocre pâle, arêtes blanches, serrées, émarginées.
Pied: blanchâtre, strié sur le sommet, soyeux et brillant par ailleurs, cylindrique, fin et cassant, souvent coudé.
Chair: blanche ou légèrement jaunâtre, tendre, odeur spermatique caractéristique, saveur un peu forte.
Spores: 7,5-11/5-7 µm, lisses, sporée ochracée.
Comestibilité: toxique.
Habitat: dans les bois de feuillus et de résineux, dans les coins humides et herbeux, le long des chemins; juillet à novembre.
Remarques: ressemble à l'inocybe fibreux *(I. fibrosa)* dont les carpophores sont certes également blancs, mais plus gros et plus vigoureux. Comme l'inocybe de Patouillard *(voir p. 325),* l'inocybe à lames couleur de terre contient de la muscarine à très haute concentration. Une intoxication avec ce poison peut

entraîner la mort par accident pulmonaire ou arrêt cardiaque. On distingue plusieurs variétés de l'inocybe à lames couleur de terre. Les plus courantes sont la violacée *(violacea),* aux carpophores violets *(photo ci-dessus),* et la *lateritia,* aux carpophores rougeâtres. Elles poussent souvent tout près de la forme principale aux carpophores blancs. Le genre Inocybe appartient à la famille des cortinariacées, au sein de laquelle il se distingue par des carpophores de taille moyenne, à pied central et à chapeau souvent conique. Les lames sont adnées à émarginées. Elles sont souvent blanchâtres au début, puis colorées en brun par les spores à maturité. La sporée est généralement brune à ochracée. Les chapeaux sont souvent parcourus de fibrilles rayonnantes le long desquelles la marge se déchire parfois lorsque le chapeau s'ouvre ou en fin de vie. Le pied des jeunes spécimens porte encore souvent des lambeaux du voile partiel. La plupart des inocybes sont des mycorhizes, les autres sont saprophytes. On compte plus de 150 espèces d'inocybes, classées en fonction de la forme de leurs spores: les léiosporés, aux spores lisses, et les goniosporés, aux spores bosselées ou épineuses.

Inocybe fastigié
Inocybe rimosa, Inocybe fastigiata

Chapeau : 2-6 cm, jaune paille, ocre à brun ochracé, conique pointu, puis en chapeau chinois et enfin aplati, mais toujours omboné, peu charnu, parcouru de fibrilles rayonnantes, sec et mat, marge relevée et souvent fissurée.
Lames : jaune terne, puis olive à brunes, arêtes blanches, serrées, de longueur inégale, adnées à émarginées.
Pied : blanchâtre, ochracé, brunâtre en vieillissant, sommet floconneux à pruineux, cylindrique, plein, solide, fibrilleux.
Chair : blanche, fibrilleuse, avec une odeur spermatique caractéristique, saveur désagréable.
Spores : 8-18/5-7,5 µm, lisses, sporée brune.
Comestibilité : toxique.
Habitat : dans les forêts, les parcs, le long des chemins, commun ; juin à octobre.
Remarques : forte teneur en muscarine. L'intoxication se traduit par des accès de sueur et de violentes coliques. La plupart des inocybes contiennent de grandes quantités de ce poison. Aucune espèce n'est comestible, toutes sont considérées comme toxiques.

Inocybe à odeur de poire
Inocybe fraudans (I. pyriodora)

Chapeau : 3-7 cm, paille, brun ochracé ou roux, avec des nuances rougeâtres, campanulé, puis convexe et enfin étalé et mamelonné, couvert de fines écailles foncées sur le disque, fibrilleux, marge se déchirant très rapidement.
Lames : blanc grisâtre au début, puis rose grisâtre et enfin brunâtres, arête blanche, larges, émarginées.
Pied : blanchâtre puis brunâtre, sommet demeurant blanc, cylindrique, vigoureux, plein, fibrilleux, base souvent renflée.
Chair : blanche, rougit à l'air, odeur de poire trop mûre, saveur douce.

Spores : 9-12/6-7,5 µm, lisses, sporée brun ochracé.
Comestibilité : toxique.
Habitat : dans les bois de feuillus et de résineux, le long des chemins ; juin à octobre.
Remarques : la plupart des inocybes sont difficiles à identifier, et il est généralement nécessaire d'observer leurs spores au microscope. Dans le cas de cet inocybe, cependant, l'odeur de poire qu'il dégage apporte une aide précieuse.

Hébélome à centre brun
Hebeloma mesophaeum

Chapeau : 2-4,5 cm, marron-roux à foncé au centre, plus pâle, voire blanchâtre sur la marge, conique-campanulé, puis convexe et enfin plan, parfois mamelonné, laineux à fibrilleux, marge souvent ourlée de restes de voile jaunâtres.
Lames : crème, puis brun pâle, serrées, émarginées.
Pied : blanchâtre, brunissant à partir de la base, fibrilleux, floconneux sur le sommet, restes de voile jaunâtres et fibrilleux formant souvent une sorte d'anneau, élancé, coudé, tubuleux.
Chair : blanchâtre dans le chapeau, brunâtre dans le pied, odeur de raifort sauvage, saveur amère.
Spores : 8-10/5-6 µm, légèrement verruqueuses, sporée rouille.
Comestibilité : non comestible.
Habitat : près des jeunes pousses d'épicéas et de pins ; septembre à novembre.
Remarques : la plupart des hébélomes ont une odeur de raifort très marquée. Hormis l'hébélome radicant *(H. radicosum)*, aucun n'est comestible.

Hébélome brûlant
Hebeloma sinapizans

Chapeau : 4-12 cm, crème à cuir naturel ou jaune rouille, convexe à plan, souvent irrégulier, lisse, un peu glutineux, marge claire, enroulée au début puis relevée, ondulée.
Lames : pâles, puis brun cannelle, arête claire, assez serrées, émarginées.
Pied : blanc, puis brunissant, zoné à marbré, cylindrique, vigoureux, creux, base souvent renflée.
Chair : terne, coriace, forte odeur de raifort, saveur amère.
Spores : 10-12/6-8 µm, finement verruqueuses, sporée rouille.
Comestibilité : toxique.
Habitat : bois de feuillus ou de résineux humides, surtout sur sols calcaires, commun ; août à octobre.
Remarques : l'hébélome brûlant est très courant. Comme de nombreux hébélomes, il dégage une odeur caractéristique de raifort. Il ressemble surtout à l'hébélome échaudé *(H. crustuliniforme),* tout aussi toxique, qui est cependant plus fluet. Les hébélomes ont généralement un chapeau visqueux et des lames émarginées, jamais décurrentes. Il en existe une cinquantaine d'espèces.

Cortinaire couleur de moutarde
Cortinarius (Dermocybe) malicorius

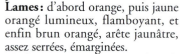

Chapeau: 2-5 cm, brun, brun olivâtre ou roux, jaunâtre safrané vers la marge, conique à campanulé, puis convexe à plan, parfois mamelonné, parcouru de fibrilles radiales, sec.
Lames: d'abord orange, puis jaune orangé lumineux, flamboyant, et enfin brun orangé, arête jaunâtre, assez serrées, émarginées.
Pied: jaune, avec des restes de voile orange, cylindrique, élancé, plein.
Chair: fauve à brun olivâtre, odeur et saveur légères de rave.
Spores: 5-6/3-4 µm, verruqueuses, sporée rouille.
Comestibilité: toxique.

Habitat: dans les bois de conifères humides, souvent près des épicéas; juillet à octobre.
Remarques: ressemble beaucoup au cortinaire couleur de cannelle *(C. [Dermocybe] cinnamomeus),* ainsi qu'au cortinaire semi-sanguin *(C. [Dermocybe] semi-sanguineus),* un peu plus gros, et au cortinaire rouge cinabre *(C. [Dermocybe] cinnabarinus),* dont tous les éléments sont concolores. Tous les dermocybes sont vénéneux.

Cortinaire vert bleuâtre
Cortinarius (Leprocybe) venetus

Chapeau: 2-6 cm, vert olive, jaune olive ou ocre, nuancé de brun avec l'âge, convexe à aplati, mamelonné, mat, velouté, couvert de fines écailles.
Lames: jaunâtres, puis vert olive et enfin brunâtres, émarginées, arête légèrement sinueuse.
Pied: concolore au chapeau, parfois un peu plus terne, strié longitudinalement, cortine jaunâtre, cylindrique, cotonneux au début, puis creux.
Chair: vert pâle, puis safranée et enfin jaune olivâtre, avec une légère odeur de raifort.

Spores: 5,5-8,5/4,5-6,5 µm, verruqueuses, sporée rouille.
Comestibilité: non comestible.
Habitat: dans les bois de conifères, en altitude; août à octobre.
Remarques: il existe deux variétés qui se distinguent essentiellement par leur habitat. La photo représente la variété *C. venetus* var. *montana*, qui pousse dans les bois de résineux. *C. venetus* var. *venetus* a un chapeau presque vert foncé et pousse dans les hêtraies. Les léprocybes sont caractérisés par leurs chapeaux couverts de fines écailles.

Cortinaire très élégant
Cortinarius (Leprocybe) rubellus (C. speciosissimus)

Chapeau : 3-8 cm, brun rougeâtre à rouille, conique pointu, puis légèrement convexe, avec un net ombon pointu, squameux, mat, marge longuement enroulée, bordé de lambeaux de voile jaunâtres au début.
Lames : rouille, épaisses, espacées, émarginées.
Pied : concolore au chapeau, cylindrique, vigoureux, plein, couvert de fibrilles longitudinales, base un peu renflée, généralement ourlé d'une cortine jaunâtre.
Chair : rouille terne, légère odeur de raifort.
Spores : 9-12/6,5-9 µm, finement verruqueuses, sporée rouille.
Comestibilité : mortel.
Habitat : bois d'épicéas humides aux sols acides, landes, dans les Préalpes, en altitude, courant ; juillet à septembre.
Remarques : il contient un poison mortel en grande quantité, l'orellanine. C'est également le cas de son plus proche parent, le cortinaire couleur de rocou *(C. [Dermocybe] orellanus)*, ou cortinaire des montagnes. Beaucoup plus rare, celui-ci pousse généralement dans des régions plus chaudes, dans les bois de feuillus aux sols non calcaires.

Cortinarius (Leprocybe) gentilis

Chapeau : 2-4 cm, très hygrophane, sec jaune, humide safrané à rouille, hémisphérique, puis convexe et enfin étalé, omboné, squameux, fibrilleux, mat.
Lames : brun safrané au début, puis rouille, espacées, ventrues, échancrées.
Pied : base brun-jaune, avec une cortine jaune pâle, cylindrique, cotonneux, puis tubulaire, fibrilleux.
Chair : jaune, odeur neutre, saveur douce (ne la goûter en aucun cas).
Spores : 7,5-9/5,5-6,5 µm, grossièrement verruqueuses, sporée rouille.
Comestibilité : toxique, peut être même mortel.
Habitat : dans les bois d'épicéas aux sols acides, sur les litières d'aiguilles, sur la mousse, en groupe ; août à octobre.
Remarques : ce cortinaire est également très vénéneux. Il n'est pas exclu qu'il contienne les mêmes substances mortelles que le cortinaire très élégant *(voir p. 334)* et le cortinaire des montagnes *(C. [Dermocybe] orellanus)*.

Cortinaire de Berkeley, remarquable
Cortinarius (Phlegmacium) praestans

Chapeau: jusqu'à 25 cm, brun violacé à chocolat, globuleux, puis convexe et enfin aplani, charnu, jeune couvert (surtout sur la marge) de plaques membraneuses blanc violacé provenant du voile général, lisse, visqueux, marge souvent ridée sur les vieux spécimens.
Lames: gris jaunâtre, puis brunâtres, serrées, ventrues, adnées, arête sinueuse.
Pied: blanchâtre, jeune couvert de plaques membraneuses soyeuses blanc violacé, restes du voile général, souvent zone annulaire teintée de brun par les spores, jeune obèse à bulbeux, épais, vigoureux, plein.

Chair: mauve pâle, compacte, presque inodore, saveur douce.
Spores: 12-16/8-9 µm, grossièrement verruqueuses, sporée rouille.
Comestibilité: bon comestible, mais rare et donc à préserver.
Habitat: bois de feuillus, plus rarement dans les forêts de résineux, sur les sols calcaires argileux, rare; septembre à novembre.
Remarques: les photos de la page de droite présentent de jeunes spécimens sur lesquels le voile général est encore visible. C'est le plus gros et le meilleur des cortinaires. Compte tenu de sa rareté, ne le cueillir que dans le cas d'une poussée abondante.

Cortinaire multiforme var. *coniferarum*
Cortinarius (Phlegmacium) multiformis var. *coniferarum*

Chapeau : 4-10 cm, brun orangé à fauve jaunâtre, couvert de restes de voile blancs, souvent feutrés, au centre, jeune hémisphérique, puis convexe à plan, humide il est visqueux, sec brillant, lisse, marge en lambeaux blanchâtres.
Lames : blanc grisâtre, puis rouille, très serrées, échancrées, arête ondulée dentelée.
Pied : blanchâtre, puis brun-ocre pâle, cylindrique, court, soyeux, fibrilleux, base renflée, bulbe parfois bien distinct.
Chair : blanc sale, odeur sucrée rappelant le miel, saveur douce.

Spores : 10-12/5-6 µm, finement verruqueuses, sporée rouille.
Comestibilité : non comestible.
Habitat : dans les bois de résineux, sur sols argileux ; août à octobre.
Remarques : ressemble par sa cuticule fortement striée à la pholiote ridée *(oir p. 310),* comestible, qui se distingue cependant par l'anneau autour de son pied et les tons plus jaunes de son chapeau.

Cortinaire bleuissant
Cortinarius (Phlegmacium) coerulescens

Chapeau : 5-8 cm, bleu foncé à violet, devenant ocre ou brun pâle à partir du disque, globuleux, puis convexe et enfin plan, humide visqueux, couvert de restes de voile blanchâtres soyeux à fibrilleux, marge longuement enroulée.
Lames : bleu violacé au début, puis rouille, plutôt espacées, adnées.
Pied : un peu plus clair que le chapeau, ochracé par endroits quand il est vieux, jeune ventru et couvert d'une cortine blanc bleuté, puis droit, épais, vigoureux, avec un gros bulbe marginé.
Chair : violette, ternissant, souvent ochracée dans le pied, avec une odeur de moisissure, plutôt fade.
Spores : 8-11/5-6 µm, finement verruqueuses, sporée rouille.
Comestibilité : non comestible.
Habitat : dans les bois de feuillus près des hêtres, sur sols calcaires et argileux, plutôt rare ; septembre à novembre.
Remarques : saute aux yeux du fait de sa couleur violacée. Il ressemble au cortinaire violet *(C. [Cortinarius] violaceus)*, qui est cependant uniformément violet foncé et dont le chapeau est squameux.

Cortinaire varié
Cortinarius (Phlegmacium) varius

Chapeau : 3-10 cm, fauve à jaune brunâtre, marge plus claire, hémisphérique, puis étalé, visqueux, lisse, marge nette et fine.
Lames : mauves, puis ocre à cannelle, serrées, échancrées.
Pied : blanchâtre, sommet mauve pâle, cortine blanche en anneau, colorée en brun par les spores mûres ; en massue, assez court, vigoureux, base bulbeuse et non marginée.
Chair : blanche, jaunâtre dans le pied, sans odeur particulière, saveur douce.
Spores : 10-12/5,5-6 µm, verruqueuses, sporée rouille.

Comestibilité : comestible.
Habitat : bois de résineux, surtout près des épicéas, sur sols calcaires ; juillet à octobre.
Remarques : ce cortinaire est reconnaissable à son chapeau fauve, ses lames mauves et son pied blanchâtre. Seuls les experts peuvent le ramasser, car il ressemble à beaucoup d'autres cortinaires, dont on ne sait pas toujours, à l'heure actuelle, s'ils sont toxiques ou non.

Cortinaire odorant
Cortinarius (Phlegmacium) odorifer

Chapeau : 4-10 cm, cuivre à rouille, parfois nuancé de tons jaunes, violets ou verts, globuleux, puis convexe à plan, vieux légèrement déprimé, charnu, humide il est visqueux, sec brillant.

Lames : jaune verdâtre, puis brun olivâtre à rouille, serrées, échancrées, arête sinueuse.

Pied : vert jaunâtre, du milieu du pied jusqu'à la marge du chapeau s'étend une cortine de filaments ternes, qui se déchirent et se teintent en rouille par la suite à cause des spores mûres ; vigoureux, court, base dotée d'un bulbe épais et marginé.

Chair : vert jaunâtre, compacte, forte odeur anisée, saveur douce.

Spores : 9-13/5-7 µm, verruqueuses, sporée rouille.

Comestibilité : comestible.

Habitat : dans les bois de résineux, près des sapins et des épicéas, sur les sols calcaires ; septembre-octobre.

Remarques : sa forte odeur anisée n'est pas du goût de tout le monde. Attention aux risques de confusion avec le cortinaire éclatant *(voir p. 342),* qui lui est mortel.

Cortinaire éclatant
Cortinarius (Phlegmacium) splendens

Chapeau : 4-9 cm, jaune soufre à citron éclatant, convexe puis plan, souvent irrégulièrement ondulé ; lisse, humide, il est visqueux, cuticule tachetée de brun foncé surtout sur le disque ; marge enroulée puis droite.
Lames : jaune soufre lumineux, puis rouille, assez serrées, adnées à échancrées, arête légèrement en dents de scie.
Pied : jaune soufre à jaune d'or, orné de lambeaux de cortine orangée, en partie fibrilleux, cylindrique, plein, base dotée d'un bulbe marginé, restes de mycélium jaune soufre à la base.
Chair : jaune soufre, odeur neutre et saveur douce (ne pas le goûter sous aucun prétexte).
Spores : 9-12/5-7 µm, nettement verruqueuses, sporée rouille.
Comestibilité : considéré comme mortel, sa toxicité est actuellement discutée.
Habitat : seulement sous les hêtres, sur sols calcaires ; septembre à novembre.
Remarques : ce cortinaire se reconnaît à son chapeau tacheté de brun foncé sur le disque, à sa chair jaune soufre et à son habitat.

Cortinaire élégant
Cortinarius (Phlegmacium) elegantior

Chapeau : 4-12 cm, jaune olivâtre, fauve, ocre, ou brun olivâtre, plus foncé au centre, hémisphérique, puis convexe et plan à déprimé, souvent fibrilleux, marge retournée vers le bas, parfois déchirée.
Lames : jaune d'or, puis cannelle, serrées, très échancrées, arête sinueuse.
Pied : jaunâtre, avec une cortine annulaire terne, colorée en rouille par les spores mûres ; cylindrique, vigoureux, compact, plein, base bulbeuse marginée blanchâtre sous la marge.
Chair : jaunâtre dans le pied, fauve à brique dans le bulbe, inodore, saveur douce.
Spores : 12-16/6-9 µm, verruqueuses, sporée rouille.
Comestibilité : comestible.
Habitat : bois de résineux, près des épicéas, sur sols calcaires, en altitude ; août à octobre.
Remarques : dans les bois de feuillus, on trouve de nombreuses espèces qui ressemblent beaucoup à ce cortinaire, mais qui ne sont malheureusement pas toutes comestibles. Attention aussi aux risques de confusion avec le cortinaire éclatant *(voir p. 342)*, qui, lui, est suspect.

Cortinaire commun
Cortinarius (Myxacium) trivialis

Chapeau: 4-9 cm, ocre jaune à jaune ou brun foncé, d'un brun encore plus sombre sur le disque, hémisphérique, puis convexe à plan, souvent mamelonné, cuticule très visqueuse et brillante.

Lames: ternes, généralement rouge violacé, puis cannelle à rouille, de longueur inégale, échancrées, arête légèrement en dents de scie.

Pied: parcouru de fibrilles longitudinales blanchâtres au sommet, très visqueux au-dessous, ocre brun à jaune olivâtre, avec de nombreuses zones annulaires irrégulières, aminci à la base

Chair: jaune pâle, brunâtre dans le pied, sans odeur particulière, saveur douce.

Spores: 10-15/7-8 µm, très verruqueuses, sporée rouille.

Comestibilité: non comestible.

Habitat: sous les feuillus, notamment les saules et les trembles, sur sols argileux; août à octobre.

Remarques: ce cortinaire fait partie du sous-genre des *Myxacium*, reconnaissables à leur chapeau et à leur pied visqueux. Commun, il pousse souvent en groupe important. Il est caractérisé par les ceintures irrégulières qui cernent son pied.

Clitocybe orangé
Hygrophoropsis aurantiaca

Chapeau : 2-7 cm, jeune et humide, il est d'un orange lumineux, sinon jaune, ternissant, plan à en forme d'entonnoir, assez velouté, devenant glabre par la suite, marge fortement enroulée.
Lames : orange vif, fourchues près de la marge du chapeau, très décurrentes.
Pied : jaune orangé, brunissant parfois, cylindrique, généralement un peu coudé, central ou excentrique, base pointue.
Chair : jaunâtre à jaune orangé, coriace, odeur et saveur neutres.
Spores : 4,5-8/2,5-5 µm, lisses, sporée jaunâtre pâle.
Comestibilité : non comestible.
Habitat : sur le sol ou le bois de résineux en voie de décomposition avancée ; septembre-octobre.
Remarques : si, à première vue, il ressemble beaucoup à la chanterelle commune *(voir p. 354)*, comestible, celle-ci s'en distingue néanmoins en deux points : elle n'a pas de lames, mais des plis, et sa chair n'est pas souple, mais friable. Il est déconseillé de cueillir ce clitocybe, dont la consommation peut entraîner des vomissement chez les personnes sensibles.

Paxille enroulé, chanterelle brune
Paxillus involutus

Chapeau : 5-15 cm, brun ochracé à jaune rougeâtre, plan avec une marge très enroulée, puis déprimé, en forme d'entonnoir, feutré, visqueux lorsqu'il est humide, soyeux par temps sec, marge nettement côtelée.

Lames : crème, jaunâtres puis rouille, se tachant de rouille au froissement, souvent fourchues, très décurrentes.

Pied : jaune sale à rouge brunâtre, cylindrique, court, plein, vigoureux, base parfois amincie.

Chair : jaune à la coupe, puis brune, molle, odeur et saveur acidulées.

Spores : 8-10/4,5-6 µm, lisses, sporée rouille.

Comestibilité : toxique.

Habitat : bois de résineux et de feuillus, sur sols acides, courant ; juillet à novembre.

Remarques : ressemble beaucoup au paxille des aulnes *(P. rubicundulus),* tout aussi vénéneux, mais qui ne fructifie que près des aulnes. Le paxille enroulé a longtemps été considéré comme un bon comestible. Des études récentes ont cependant montré que la consommation répétée de ce champignon pouvait (généralement au bout de plusieurs années) entraîner des intoxications parfois mortelles.

Paxille à pied noir
Paxillus atrotomentosus

Chapeau : 5-15 cm, brun clair à foncé, convexe, puis rapidement en forme d'entonnoir à lobé, cuticule tête-de-nègre feutrée, parcourue de fines déchirures et se décomposant en petites écailles avec l'âge ; marge enroulée et ondulée.
Lames : jaune ochracé, se tachant de bleu à la pression, serrées, anastomosées, très décurrentes.
Pied : tête-de-nègre, court et vigoureux, parfois radicant, excentrique, velouté à feutré.
Chair : jaune pâle, tendre, très aqueuse par temps humide, odeur acidulée, saveur amère.

Spores : 5-6/4 µm, lisses, sporée brune.
Comestibilité : non comestible.
Habitat : bois de résineux, sur les souches de conifères en décomposition, courant ; juillet à novembre.
Remarques : ce champignon saprophyte est aisément reconnaissable à ses gros carpophores et à son pied velouté. S'il était autrefois consommé, il est néanmoins souvent amer et assez mauvais pour décourager les curieux éventuels.

Gomphide rose
Gomphidius roseus

Chapeau : 3-5 cm, rose à rouge carmin, sale à la fin, hémisphérique, puis plan et enfin un peu en forme d'entonnoir, visqueux, marge longuement enroulée.
Lames : blanchâtres, puis gris cendré, espacées, fourchues, épaisses, souvent arquées, décurrentes.
Pied : blanc teinté de rose, court, souvent arqué, base amincie et rouge terne à jaunâtre.
Chair : blanchâtre, rougeâtre sous la cuticule, tendre, veloutée, odeur neutre, saveur douce.
Spores : 17-21/5-5,5 µm, lisses, sporée brune.

Comestibilité : comestible, mais rare et donc à préserver.
Habitat : seulement sous les pins, rare ; juillet à octobre.
Remarques : se distingue aisément des autres espèces par son chapeau rose et ses lames blanchâtres. Il a de grandes affinités avec le bolet des bouviers *(voir p. 129)* et les deux espèces poussent souvent l'une à côté de l'autre à la même période. La famille des gomphidiacées est caractérisée par des champignons dont la base du pied est jaune à orangée. Tous forment des mycorhizes qui vivent en symbiose avec des résineux.

Gomphide taché
Gomphidius maculatus

Chapeau : 5-12 cm, grisâtre ou brunâtre, souvent terne, parfois tacheté de noir, convexe, puis plan, et enfin en forme d'entonnoir, visqueux, marge longuement enroulée.
Lames : blanchâtres puis grises et enfin noirâtres, se maculant de rouge vineux à la blessure, puis virant au noir, espacées, fourchues, épaisses, décurrentes.
Pied : fond blanchâtre ponctué de rouille à noirâtre, cylindrique, base jaune vif, pointue et tachetée de noir.
Chair : blanchâtre, virant au brun vineux au contact avec l'air, jaune citron dans le pied, tendre, odeur neutre, saveur douce.
Spores : 18-23/6-9 µm, lisses, sporée noire.
Comestibilité : comestible.
Habitat : seulement sous les mélèzes ; août à octobre.
Remarques : le gomphide taché est le plus petit du genre *Gomphidius*. Son aspect peu ragoûtant le fait souvent passer inaperçu. Strictement inféodé aux mélèzes, ce mycorhizien est plus courant en montagne qu'à basse altitude.

Gomphide glutineux
Gomphidius glutinosus

Chapeau : 5-12 cm, brun-gris, gris violacé à chocolat, ternissant avec l'âge et souvent tacheté de noir, hémisphérique, puis convexe à la marge enroulée, et enfin plan à en forme d'entonnoir, cuticule visqueuse, poisseuse, détachable, enveloppée au début d'un voile translucide visqueux.
Lames : blanchâtres, puis colorées en gris nuancé de mauve par les spores mûres, espacées, fourchues, décurrentes.
Pied : blanchâtre, puis brun sale tandis que seul le sommet reste blanc, couvert d'un épais voile glutineux, base jaune vif.
Chair : blanche virant au gris, jaune et ligneuse dans la base du pied, sinon tendre, odeur neutre et saveur douce.
Spores : 17-23/7-8 µm, lisses, sporée noire.
Comestibilité : bon comestible.
Habitat : bois de résineux, essentiellement sous les épicéas, en groupe, commun ; juillet à octobre.
Remarques : une fois retirée sa cuticule peu appétissante, ce gomphide glutineux est délicieux. La chair noircit en cuisant.

Gomphide helvétique
Gomphidius helveticus (Chroogomphus helveticus)

Chapeau : 3-8 cm, fond orange brunâtre couvert d'une fine pellicule feutrée rougeâtre, hémisphérique, puis convexe et enfin plan, très charnu au centre, cuticule mate, visqueuse uniquement par temps humide, marge longuement enroulée.
Lames : ocre orangé puis colorée en noir par les spores mûres, fourchues, décurrentes.
Pied : concolore au chapeau, parfois plus orangé, couvert d'une fine pellicule feutrée rougeâtre, vigoureux, plein, base amincie.
Chair : jaune orangé, compacte, odeur fruitée, saveur douce.

Spores : 17-23/6-8,5 µm, lisses, sporée brun olivâtre.
Comestibilité : bon comestible.
Habitat : forêts de conifères alpines, sous les épicéas et certains pins ; isolé, plus rarement en petits groupes ; juillet à octobre.
Remarques : il existe deux sous-espèces de ce champignon qui se distinguent par la taille de leurs spores et des habitats différents. Ainsi, la sous-espèce *tatrensis* pousse sous les épicéas et les pins, tandis que la sous-espèce *helveticus* ne fructifie que sous les pins cembrots ou aroles.

Gomphide visqueux
Gomphidius rutilus (Chroogomphus rutilus)

Chapeau : 3-8 cm, brun à brun ochracé teinté de cuivre, hémisphérique, puis conique convexe et enfin étalé, parfois ombiliqué, lisse, visqueux par temps humide, marge enveloppée au début avec le pied d'une cortine fibrilleuse.
Lames : gris mauve puis noirâtres du fait des spores mûres, espacées, fourchues, décurrentes.
Pied : orange à ocre marbré de cuivre, jeune doté d'une zone annulaire rougeâtre près du sommet, cylindrique, parfois obèse sur les spécimens vigoureux, plein, base amincie.
Chair : orange pâle à saumon, compacte, odeur neutre, saveur douce de noix.
Spores : 18-24/6-7 µm, lisses, sporée brun olivâtre.
Comestibilité : bon comestible.
Habitat : pinèdes sèches ; juin à octobre.
Remarques : ressemble beaucoup au gomphide helvétique *(voir p. 351)*, dont la cuticule n'est cependant pas lisse, mais feutrée. Les gomphides visqueux se colorent en violet à la cuisson.

Chanterelle de Fries
Cantharellus friesii

Chapeau : 1-4 cm, orange vif, rouge orangé ou jaune orangé, convexe, puis plan et enfin en forme d'entonnoir, cuticule lisse à finement veloutée, marge peu charnue et ondulée sur les vieux spécimens.
Plis : saumon ou jaunâtres, puis ternes, irrégulièrement fourchus, anastomosés, larges, très décurrents.
Pied : concolore au chapeau, court, solide, jeune plein, lisse à finement feutré.
Chair : blanche à jaune pâle, tendre, odeur fruitée, saveur forte.
Spores : 8,5-10,5/4-5 µm, lisses, sporée blanche.

Comestibilité : comestible mais rare, et donc à préserver.
Habitat : dans les bois, souvent près des hêtres, sur sols argileux à sablonneux ; juillet à octobre.
Remarques : cette chanterelle a des carpophores beaucoup plus petits que la girolle *(voir p. 354)*. De plus, elle ne pousse jamais en masse, mais de façon isolée ou en tout petits groupes. Enfin, elle n'est pas courante, souvent même très rare, c'est pourquoi il est déconseillé de la cueillir.

Chanterelle commune, girolle
Cantharellus cibarius

Chapeau : 2-10 cm, jaune d'or à orangé, plus rarement blanchâtre (var. *amethysteus* couvert d'un feutre violet, *voir photo du bas, page ci-contre*), en bouton, puis convexe avec la marge enroulée et enfin étalé, déprimé, la marge souvent encore recourbée, ondulé, lisse, mat.
Plis : concolores au chapeau, bien nets, assez épais, fourchus, décurrents.
Pied : concolore au chapeau, court, souvent arqué, plein, compact, aminci vers la base.
Chair : blanche à jaune pâle, compacte, fibreuse dans le pied, coriace, odeur fruitée, saveur douce à forte.

Spores : 8-9/5-5,5 µm, lisses, sporée blanche.
Comestibilité : excellent comestible, mais de plus en plus rare, à préserver dans de nombreuses régions.
Habitat : bois de feuillus ou de résineux, dans les forêts moussues, en troupe ; juin à novembre.
Remarques : la fausse chanterelle, ou clitocybe orangé *(voir p. 345)*, non comestible, se distingue par la présence de lames et non de plis. Soyez vigilant au sud des Alpes, en raison des risques de confusion avec le clitocybe de l'olivier *(Omphalotus olearius)*, également vénéneux.

Chanterelle jaunissante, chanterelle modeste
Cantharellus lutescens, Cantharellus xanthopus

Chapeau : 2-8 cm, brun fumée à noir brunâtre sur un fond jaunâtre qui transparaît, convexe puis plan et bientôt très en forme d'entonnoir à percé en son centre, marge froncée et lobée.

Hymémium : jaune rosé, puis jaune orangé pâle, longtemps lisse, puis finement sillonné de veines peu saillantes, très décurrent.

Pied : jaune orangé vif, ouvert en entonnoir dans sa partie supérieure, souvent comprimé, creux jusqu'à la base, cannelé.

Chair : blanchâtre, jaunâtre vers l'extérieur, agréable odeur fruitée qui peut être intense et entêtante en grande quantité, saveur douce.

Spores : 10-12/7-8,5 µm, lisses, sporée blanche.

Comestibilité : très bon comestible.

Habitat : bois de conifères, notamment près des pins, sur sols calcaires, généralement grégaire ; juillet à novembre.

Remarques : la chanterelle en tube *(voir p. 357)*, également comestible, a une odeur moins forte. Elle est moins orangée et la couleur de son hymémium tranche nettement avec celle du pied. Ces deux champignons se prêtent très bien au séchage.

Chanterelle en tube
Cantharellus tubaeformis

Chapeau : 2-6 cm, brun jaunâtre à grisâtre, convexe, mamelonné puis souvent en forme d'entonnoir et enfin percé en son centre, peu charnu, finement floconneux à lisse, marge tout d'abord retournée vers le bas puis recourbée, ondulée.
Plis : brun grisâtre à jaune grisâtre, nets et épais, espacés, anastomosés, très décurrents et dont la couleur tranche avec celle du pied.
Pied : jaune grisâtre, jaunâtre vers la base, moins vif que celui de la chanterelle jaunissante *(C. lutescens)*, comprimé, souvent coudé, creux.
Chair : blanc jaunâtre, fibreuse, membraneuse, odeur peu marquée et saveur douce.
Spores : 9-11/6-7,5 µm, lisses, sporée blanche.
Comestibilité : très bon comestible.
Habitat : bois de résineux, notamment sous les épicéas, plus rarement sous les pins, aime les vieilles souches, souvent grégaire ; juillet à novembre.
Remarques : comme la chanterelle jaunissante *(voir p. 356),* c'est un bon champignon comestible. On les distingue à leur hymémium, celui de la chanterelle en tube formant des plis bien nets.

Cantharellus melanoxeros

Chapeau : 2-7 cm, jaune pâle puis jaune sale avec des traînées noirâtres, irrégulièrement en forme d'entonnoir, duveteux, légèrement velu, parcouru de stries rayonnantes, marge fortement enroulée au début, puis ondulée et virant au noir.

Plis : blanchâtres, jaune grisâtre, nettement fourchus, très décurrents.

Pied : jaune pâle à foncé, mat, cylindrique, court, plein, puis creux, lisse, ridé, souvent dédoublé en touffe.

Chair : jaune terne, friable, virant lentement mais nettement au noir en cassant ou en séchant, odeur fruitée, saveur douce.

Spores : 9-11/6-7,5 µm, lisses, sporée blanche.

Comestibilité : comestible, mais très rare, et donc à préserver.

Habitat : bois mixtes ou de feuillus, sur sols argileux, très rare ; juillet à octobre.

Remarques : ce champignon très rare est reconnaissable à sa chair qui vire au noir, ce qui est inhabituel pour les chanterelles. Les exemplaires de la photo ci-dessus poussent au pied d'un bouleau dans une forêt datant d'une vingtaine ou d'une trentaine d'années et essentiellement constituée d'épicéas, de pins et de mélèzes.

Chanterelle cendrée
Cantharellus cinereus

Chapeau : 2-4 cm, noir à brun grisâtre, convexe, puis rapidement ombiliqué à en forme d'entonnoir, peu charnu, finement squameux, fibrilleux, marge tout d'abord enroulée, puis recourbée, ondulée et froncée.
Plis : blanc grisâtre, espacés, fourchus, irrégulièrement disposés, très décurrents.
Pied : grisâtre, cylindrique, relativement court, creux.
Chair : gris blanchâtre, élastique, odeur de prune, saveur douce.
Spores : 7,5-9,5/5-5,5 µm, lisses, sporée blanche.

Comestibilité : comestible mais rare, et donc à préserver.
Habitat : bois de feuillus, essentiellement sous les hêtres, sur sols riches, souvent en compagnie des trompettes-de-la-mort, en touffe ; août à novembre.
Remarques : on confond souvent les carpophores foncés de la chanterelle cendrée, assez rare, avec ceux de la trompette de la mort *(voir p. 360)*. On trouve également aux mêmes endroits la chanterelle ondulée, encore plus rare *(voir p. 361),* mais celle-ci est plutôt brune.

Trompette de la mort, corne d'abondance
Craterellus cornucopioides

Carpophore: 4-12 cm de hauteur, 2-5 cm de diamètre, intérieur noir, virant souvent au brun noirâtre, en forme d'entonnoir ou de trompette, creux jusqu'à la base du pied, ondulé, peu charnu, cuticule feutrée à squameuse, marge recourbée vers le bas, extérieur couvert par l'hymémium gris à bleu-gris, lisse au début puis rugueux ou ridé; base du pied amincie, pied creux et ridé.

Chair: brun grisâtre à noirâtre, tendre, agréable odeur aromatique, saveur douce.

Spores: 12-17/9-11 µm, lisses, sporée blanche.

Comestibilité: excellent comestible.

Habitat: bois de feuillus, surtout sous les hêtres, plus rarement sous les châtaigniers, en touffe; août à novembre.

Remarques: de saveur un peu sucrée, la trompette de la mort est, comme toutes les chanterelles, un excellent champignon comestible. Elle se prête très bien au séchage. Si on ne fait pas attention, on risque de la confondre avec la chanterelle cendrée *(voir p. 359)*, également comestible, mais rare, qui pousse souvent à proximité.

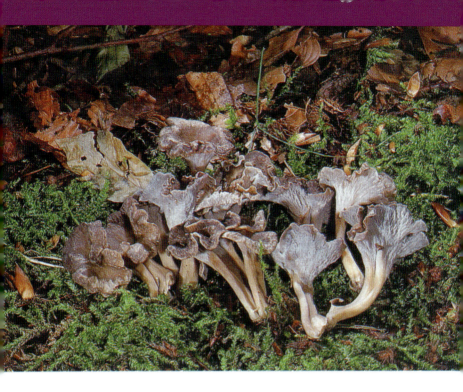

Chanterelle ondulée
Pseudocraterellus undulatus (P. sinuosus)

Chapeau : 1-5 cm, gris-brun, en forme d'entonnoir mais non percé, assez charnu, irrégulier, ondulé, mat ; marge ondulée, très froncée, fine, souvent déchirée et sinueuse.
Hymémium : beige à beige grisâtre, veiné à ridé, parcouru de veines transversales, sans plis nets, décurrent.
Pied : gris pâle avec des nuances crème, souvent comprimé, coudé, creux, irrégulièrement fourchu, plissé, lisse, aminci à la base.
Chair : gris brunâtre terne, molle, tendre, odeur neutre, saveur douce.
Spores : 9,5-12/7-8 µm, lisses, sporée blanche.

Comestibilité : comestible, mais rare, et donc à préserver.
Habitat : bois de feuillus, parcs, essentiellement sous les hêtres, sur le sol, rare, grégaire ; juillet à octobre.
Remarques : contrairement à la chanterelle jaunissante *(voir p. 356)*, à la chanterelle en tube *(voir p. 357)* et à la trompette de la mort *(voir p. 360)*, celle-ci n'est pas percée jusque dans le pied. Quant à la chanterelle cendrée *(voir p. 359)*, elle est plus foncée et sent la prune.

Chanterelle violette, chanterelle en massue
Gomphus clavatus

Carpophores: 4-10 cm de hauteur, 2-6 cm de diamètre, mauves à violets, partie supérieure virant au jaune brunâtre sale sur le tard, claviformes avec la base amincie, puis circulaires et en forme d'entonnoir, cuticule lisse à ridée-ondulée, couverts à l'extérieur de plis épais essentiellement longitudinaux, mais aussi transversaux, violets à jaune rosé, fusionnant un pied court.

Chair: blanche, molle, pleine et compacte; odeur neutre, saveur douce.

Spores: 10-14/4,5-5,5 µm, verruqueuses, sporée jaunâtre.

Comestibilité: comestible mais rare, et devrait donc être préservé.

Habitat: bois de conifères et de feuillus, souvent en ronds de sorcière, rare; août à octobre.

Remarques: un des champignons dont la forme et la couleur sont vraiment inhabituelles. Jeune, on risque de le confondre avec la clavaire tronquée *(voir p. 363).* La chanterelle violette, le seul champignon du genre *Gomphus* qui pousse en Europe, s'est malheureusement raréfié ces dernières années.

Clavaire tronquée
Clavariadelphus truncatus

Réceptacle : 5-10 cm de hauteur, 2-5 cm de diamètre, jaune à jaune orangé, claviforme, tronqué au sommet, cuticule veinée à sillonnée, marge irrégulièrement ridée sur les vieux spécimens, teinté d'orange ochracé vers la base, base du pied blanchâtre.
Chair : blanche, virant au rouge brunâtre à la coupe, molle, spongieuse, compacte, inodore, saveur sucrée.
Spores : 10-13/6-7,5 µm, lisses, sporée jaune pâle.
Comestibilité : non comestible.
Habitat : bois de conifères, souvent sous les sapins, sur sols calcaires ; août à novembre.

Remarques : la clavaire tronquée est plus rare que la clavaire en pilon *(voir p. 364),* dont elle se distingue aisément. Il existe environ 5 espèces de clavaires en Europe. À l'exception du sommet des carpophores et de la base du pied, l'extérieur de ces champignons est couvert d'un hymémium irrégulièrement sillonné, lisse et orange ochracé.

Clavaire en pilon
Clavariadelphus pistillaris

Réceptacle : 7-30 cm de hauteur, 2-6 cm de diamètre, jaune pâle, puis ocre et enfin souvent rouille et tacheté de sombre, claviforme et arrondi au sommet, surface lisse, puis sillonnée, mate.

Chair : blanche, brunissant à la coupe ; coriace, compacte, fibreuse, sans odeur particulière, saveur légèrement amère.

Spores : 11-12/6-7 µm, lisses, sporée blanchâtre.

Comestibilité : non comestible.

Habitat : bois de feuillus, surtout sous les hêtres, sur sols calcaires, généralement isolée ; août à novembre.

Remarques : ressemble à *C. ligula*, qui fructifie cependant dans les bois de résineux et est nettement plus menue. Il existe également une certaine ressemblance avec la clavaire tronquée *(voir p. 363)*, plus grosse, et avec *C. ligula*, plus petite que la clavaire en pilon et qui pousse dans les bois mixtes ou de résineux. Les clavaires tronquées et en pilon, qui ont toutes deux une chair coriace et aromatique, souvent légèrement amère, sont généralement utilisées en poudre ou en petits morceaux pour assaisonner les plats.

Spathulaire jaune
Spathularia flava, Spathularia flavida

Réceptacle : 2-5 cm de hauteur, comportant une tête et un pied nettement distincts, tête aplatie, couvrant la partie supérieure du pied, surface (hymémium) jaune à ochracée, puis plus terne, souvent irrégulièrement ondulée et arquée ; pied nettement plus clair que la tête, lisse, cylindrique, souvent un peu comprimé.
Chair : blanchâtre, molle, odeur agréable, saveur douce.
Spores : 38-48/2-2,5 µm, lisses, sporée blanche.
Comestibilité : non comestible.
Habitat : bois de résineux, sur les litières d'aiguilles, grégaire ; août à octobre.
Remarques : c'est par son aspect grégaire que ce petit champignon se fait remarquer. En effet, des spécimens isolés passeraient complètement inaperçus. Il ressemble à *S. neesii*, encore plus petit, qui, lui, est brun terne. Trop petites pour être consommées, ces deux espèces sont en outre rares et devraient être préservées.

Hydne ferrugineux
Hydnellum ferrugineum

Chapeau : 3-10 cm, blanc, couvert de nombreuses gouttelettes rouge sang, en massue ou circulaire, convexe, puis roux à brun violacé, bosselé, cannelé, étalé à en forme d'entonnoir, cuticule finement feutrée, marge ondulée blanchâtre.
Aiguillons : blancs, puis roux, jusqu'à 5 mm de long.
Pied : roux, assez épais, de forme irrégulière, enflé, plein, très coriace.
Chair : roux terne, spongieuse puis de la consistance du liège ou même dure, légère odeur de farine, saveur douce.

Spores : 5-6/3,5-6 µm, lisses, sporée brune.
Comestibilité : non comestible, rare et donc à préserver.
Habitat : bois de résineux de montagne, sous les pins et les épicéas, isolé ou en groupe, rare ; août à octobre.
Remarques : jeune, cet hydne est ravissant avec son chapeau blanc couvert de gouttelettes rouge sang. Il ressemble beaucoup à *H. peckii*, également très décoratif quand il est jeune.

Hydne imbriqué, barbe-de-bouc
Sarcodon imbricatus

Chapeau: 6-20 (30) cm, fond feutré gris brunâtre couvert de grosses écailles foncées et dressées, disposées en cercles concentriques, convexe à plan, en forme d'entonnoir et percé au centre en vieillissant, charnu, marge plus claire à blanchâtre, recourbée vers le bas, parfois redressée.
Aiguillons: courts et blanchâtres, puis gris cendré et enfin bruns, mesurant souvent jusqu'à 1 cm de longueur, décurrents.
Pied: gris pâle, brunâtre, mat, cylindrique à claviforme, court et vigoureux, plein, tubulaire en vieillissant, velouté.
Chair: blanche, puis brun grisâtre terne, ferme, ligneuse dans la base du pied, odeur aromatique, saveur douce à légèrement amère.
Spores: 6,5-8/5-6 µm, anguleuses, bosselées, sporée brune.
Comestibilité: comestible jeune ou séché comme condiment.
Habitat: bois de résineux de montagne, sous les épicéas, souvent en traînées ou en ronds de sorcière; août à novembre.
Remarques: ressemble beaucoup à *S. scabrosus*, rare et amer, qui pousse essentiellement dans les forêts de feuillus, sous les hêtres.

Pied-de-mouton, hydne sinué
Hydnum repandum

Chapeau : 3-10 (15) cm, blanchâtre à couleur cuir terne, convexe à plan, souvent déprimé, de forme ronde ou irrégulière, ondulé, charnu, cuticule sèche, mate, légèrement pruineuse, marge enroulée au début puis souvent ondulée.
Aiguillons : blanchâtres, crème ou roux ochracé, fins, mesurant jusqu'à 6 mm de long, cassants, souvent un peu décurrents.
Pied : blanc à jaune pâle, plus clair que le chapeau, court et vigoureux, souvent excentrique, plein.
Chair : blanche, un peu cassante, compacte, inodore, saveur douce au début puis légèrement brûlante, jaunâtre et amère en vieillissant.
Spores : 6-8/5-6,5 µm, lisses, sporée crème.
Comestibilité : bon comestible.
Habitat : bois de feuillus et de résineux, grégaire, parfois en touffe, souvent en ronds de sorcière, commun ; juillet à novembre.
Remarques : la photo de la page de droite représente la variété *rufescens*. Les carpophores sont souvent plus petits, avec un chapeau jaune rougeâtre, et les aiguillons sont jaune orangé dès le départ. Ses carpophores sont souvent très cassants. Le pied

est généralement centré. Contrairement à la variété dominante, il pousse rarement en touffe. On le trouve généralement dans les bois de résineux. On considérait autrefois cette variété comme une espèce à part entière.

Les deux variétés de pied-de-mouton forment souvent de grands ronds de sorcière. La couleur et la forme de la variété *rufescens* sont comparables à celles de la chanterelle commune *(voir p. 354),* qui, toutefois, n'a pas d'aiguillons mais des plis. De même, les carpophores du polypore rougissant *(voir p. 374),* du polypore des brebis *(Scutiger ovinus)* et du polypore groupé *(Scutiger confluens)* ressemblent aussi beaucoup au pied-de-mouton. Leurs chapeaux sont blanchâtres, crème, jaunâtres ou brun orangé. On les reconnaît à leur hymémium poreux. Jeunes, ils sont comestibles mais ils deviennent amers en vieillissant. L'hydne blanchâtre (*H. albidum*), qui pousse dans le sud de l'Europe, est pour sa part entièrement blanc. Il se distingue du pied-de-mouton par ses spores plus petites. Le genre *Hydnum* ne comporte que ces deux espèces comestibles. Si le pied-de-mouton est très prisé des gourmets pour sa chair très compacte, il se prête mal au séchage; il devient en outre souvent amer en vieillissant.

Lentin en colimaçon
Lentinellus cochleatus

Chapeau : 2-6 cm, brun jaunâtre à roux, en entonnoir ou en cornet, parfois fendu en long en une sorte de gouttière, lisse ou légèrement cannelé ; marge ondulée, recourbée vers le bas.
Lames : blanches, puis couleur chair terne, inégales, serrées, très décurrentes, arête très denticulée.
Pied : concolore au chapeau, nettement plus foncé que les lames, brun foncé nuancé de rouge vers la base, excentrique ou centré, plein et coriace, sillonné.
Chair : blanchâtre à grise, coriace, souvent dure en vieillissant, de la consistance du liège dans le pied, odeur anisée, saveur douce un peu anisée.
Spores : 4/5 µm, verruqueuses, sporée blanche.
Comestibilité : comestible jeune en assaisonnement.
Habitat : sur le bois mort de feuillus (plus rarement de résineux), sur les souches en décomposition et les racines mortes, en touffe, commun ; juillet à octobre.
Remarques : on le distingue aisément de la variété *inolens*, inodore, à sa forte odeur d'anis et à l'arête de ses lames toujours denticulée.

Schizophylle commun
Schizophyllum commune

Réceptacle : 1-3 cm de largeur, presque blanc à blanc grisâtre, souvent nuancé de rose, en forme de coquille ou d'éventail, peu charnu, fixé au substrat par une courte base, couvert d'une forte pilosité, formant des ondulations rayonnantes ou légèrement fourchu, souvent couvert d'une pellicule gélatineuse verte en vieillissant, avec une fine marge recourbée au départ, puis ondulée et hirsute. « Lames » roses carnées, larges, radiales, dont l'arête longitudinale s'ouvre nettement en deux feuillets par temps sec et se referme par temps humide.

Chair : ocre, tendre, élastique par temps humide, dure et cassante lorsqu'elle est sèche, odeur et saveur acidulées.

Spores : 5,5-7/1,5-2,5 µm, lisses, sporée blanche.

Comestibilité : non comestible.

Habitat : sur le bois mort de feuillus, dans les endroits clairs et ensoleillés, commun ; toute l'année.

Remarques : on a récemment découvert que les éléments fendus que l'on avait autrefois identifié à tort comme des lames étaient en fait la partie extérieure de carpophores individuels de forme allongée disposés en étoile.

Pleurote en forme d'huître
Pleurotus ostreatus

Chapeau : 5-15 cm, de couleur très variable (crème à mauve, voire plus foncé), ligulé, puis en forme de coquille, peu charnu, pied latéral, lisse et mat, marge nette, lobée en vieillissant.

Lames : orange à jaune-roux, larges, distantes, décurrentes jusqu'à la base du pied.

Pied : blanc, plus rarement brunâtre, généralement court, voire à peine visible, excentrique ou latéral, base parfois velue et hirsute ; les pieds fusionnent parfois les uns avec les autres à la base.

Chair : blanche, fibrilleuse, un peu coriace, avec souvent la consistance du liège dans le pied, odeur agréable et saveur douce.

Spores : 7,5-11/3-4 µm, lisses, sporée blanche.

Comestibilité : bon comestible.

Habitat : bois de feuillus et de résineux, sur du bois mort de feuillus, plus rarement de conifères ; décembre à mars.

Remarques : forme des touffes compactes de carpophores imbriqués. C'est l'un des champignons de culture industrielle les plus appréciés.

Phyllotopsis nidulans

Réceptacle : 2-6 cm, ligulé ou en forme de coquille, peu charnu, feutré à velouté, marge pileuse blanche, longuement enroulée, fixé latéralement sur le substrat, souvent sans pied, base de fixation blanche, velue à feutrée.
Lames : orange à jaune-roux, larges, espacées, décurrentes jusqu'à la base.
Chair : jaune pâle, coriace, forte odeur désagréable de chou, saveur douce.
Spores : 5-6,5/2-3,5 µm, lisses, sporée rose.
Comestibilité : non comestible.
Habitat : sur le bois mort de feuillus et de résineux, sur les souches, les carpophores imbriqués ; rare ; août à décembre.
Remarques : cet unique représentant du genre *Phyllotopsis* fructifie souvent à la fin de l'automne seulement. Par sa forme et sa couleur, il rappelle beaucoup le paxille en forme de pan *(Paxillus panuoides)*, qui se distingue cependant par ses lames fourchues et son odeur agréable.

Polypore rougissant
Scutiger subrubescens (Albatrellus subrubescens)

Chapeau : 3-12 cm, blanchâtre, jaune soufre à verdâtre, irrégulièrement circulaire, convexe puis plan, squameux, souvent déchiré par temps sec, marge ondulée et sillonnée.
Pores : blanchâtres, virant à l'orange à la pression, petits, arrondis à anguleux, un peu décurrents.
Pied : blanchâtre, souvent tacheté de brun orangé vers la base, généralement excentrique, plein, fibrilleux, aminci à la base, plusieurs pieds fusionnent souvent à la base.
Chair : blanche puis tachetée d'orange à brun orangé en vieillissant, compacte, cassante, odeur légèrement acidulée, saveur douce de noix.
Spores : 3,5-4,5/3-4 µm, lisses, sporée blanche.
Comestibilité : comestible.
Habitat : bois de résineux et mixtes, en altitude sous les conifères, généralement en grosses touffes, ne formant pas de ronds de sorcière ; juillet à octobre.
Remarques : contrairement à ceux du polypore des brebis *(S. ovinus)* qui lui ressemble beaucoup, les pores de ce polypore virent à l'orange à la blessure, tandis que sa chair se tache d'orange en vieillissant.

Polypore cilié
Polyporus ciliatus (Polyporus lepideus)

Chapeau : 3-8 cm, brun grisâtre à brun olivâtre, puis ternissant, généralement circulaire, jeune légèrement convexe puis plan, enfin un peu déprimé au centre, finement squameux à réticulé, marge longuement enroulée puis frangée et enfin ondulée, parfois recurvée vers le haut.
Pores : blancs, puis crème, très fins, 5 ou 6 pores/mm, légèrement décurrents.
Pied : marbré de brun, mat, flexible, central à excentrique, plein, tendre, feutré, base plus claire et souvent renflée.
Chair : blanche, coriace, avec parfois la consistance du liège, et enfin dure, odeur agréable, saveur douce à acidulée.
Spores : 5-6/1,5-2 µm, lisses, sporée blanche.
Comestibilité : non comestible.
Habitat : sur le bois de feuillus en décomposition et à terre, notamment les aulnes, les tilleuls et les bouleaux, annuel ; avril à juin.
Remarques : le polypore d'hiver se distingue par ses pores plus gros, sa croissance en hiver ou au début du printemps et son pied uni. Vus de dessus, les polypores à pied central ressemblent à des agarics.

Polypore écailleux
Polyporus squamosus

Chapeau : jusqu'à 50 cm de diamètre, jaune à ochracé, couvert d'écailles plates brun clair à foncé, circulaire à conique au début, puis en forme d'éventail avec un pied excentrique.
Pores : crème à jaune pâle, gros, irréguliers, ovales à anguleux, couche de tubes non détachables, décurrents.
Pied : brun foncé à noirâtre, court, de 1 à 6 cm de diamètre, latéral ou excentrique, plein aminci vers la base.
Chair : blanche à crème, molle au départ, puis coriace, odeur et saveur de farine.
Spores : 11-15,5/4,5-5,5 µm, lisses, sporée blanche.
Comestibilité : comestible très jeune, quand sa chair est encore tendre.
Habitat : bois de feuillus, isolé ou en groupes imbriqués ; mai à octobre.
Remarques : on le rencontre ici et là au printemps, à l'époque des morilles. Compte tenu de la taille de ses carpophores, il ne passe pas inaperçu. Il provoque chez les arbres qu'il colonise une forte pourriture blanche par décomposition de la cellulose du bois, et compte de ce fait parmi les principaux champignons nuisibles.

Polypore soufré
Laetiporus sulphureus

Réceptacle : plusieurs chapeaux sont parfois imbriqués les uns dans les autres, voire fusionnés ; 10-30 cm de large et 2-5 cm d'épaisseur, jaune orangé avec une marge ondulée jaune soufre, velouté, mat, dimidié ; tout le carpophore blanchit en vieillissant.
Pores : jaune soufre vif, se distinguant nettement de la partie supérieure, 3 à 5 pores/mm, arrondis à allongés, tubes non détachables.
Chair : jaune vif, tendre et aqueuse, puis coriace et rappelant la consistance du liège, sèche, cassante et crayeuse en vieillissant, odeur aromatique, saveur acidulée, puis amère.
Spores : 5-6/3,5-4,5 µm, lisses, sporée blanche.
Comestibilité : comestibles très jeunes, mais les faire bien cuire *(voir p. 92)*.
Habitat : sur les feuillus vivants, plus rarement sur des résineux, commun ; mai à juillet.
Remarques : il n'existe guère de risque de confusion, sa croissance précoce et sa couleur jaune soufre le distinguent bien des autres espèces voisines. Il colonise volontiers les arbres fruitiers qui en meurent quelques années plus tard.

Polypore géant
Meripilus giganteus

Réceptacle : 30-80 cm, composé de plusieurs chapeaux en éventail ou en demi-cercle, imbriqués ou disposés en rosette, qui émergent sur un pied court d'une base commune solide et vigoureuse ; brun jaunâtre, puis ocre et enfin brun rougeâtre, granuleux, marqué de zones concentriques, marge crème et arrondie puis noirâtre, ondulée et bosselée.
Pores : crème à ochracés, noircissant au toucher, assez petits, arrondis.
Chair : blanche, noircissant, fibrilleuse, coriace, durcissant encore en vieillissant, forte odeur aromatique, saveur acidulée.

Spores : 5,5-6,5/4,5-5,5 µm, lisses, sporée blanche.
Comestibilité : non comestible.
Habitat : souvent saprophyte sur les souches de hêtre et autres feuillus, plus rarement sur les sapins, également en parasite sur le sol au pied d'arbres vivants ; août à octobre.
Remarques : ressemble beaucoup à *Bondarzewia mesenterica*, noircissant et à l'odeur forte, ainsi qu'au polypore en touffe *(Grifola frondosa)*, au chapeau étroit en forme d'éventail.

Polypore du bouleau
Piptoporus betulinus

Réceptacle: 5-20 cm de diamètre, 2-5 cm d'épaisseur, blanc crème puis brun ochracé à grisâtre, convexe, circulaire, puis en forme de rein ou d'éventail, souvent fixé au substrat par une sorte de pied très court, cuticule lisse, se craquelant en vieillissant, marge épaisse et arrondie.
Pores: blancs à crème, arrondis à légèrement anguleux, petits, tubes blancs et facilement détachables.
Chair: blanche, tendre et juteuse au début, puis coriace, de la consistance du liège et enfin cassante et légère, odeur désagréable et forte, saveur acidulée.
Spores: 5-7/1,5-2 µm, lisses, sporée blanche.
Comestibilité: non comestible.
Habitat: exclusivement en console sur des troncs de bouleau dressés ou à terre, assez haut sur le tronc, commun; juin à septembre.
Remarques: de par son habitat caractéristique, ce polypore est facile à identifier. Généralement saprophyte sur des arbres morts ou languissants, il provoque une forte pourriture brune. Le bois attaqué se décompose en gros morceaux irréguliers.

Unguline marginée, polypore marginé
Fomitopsis pinicola

Réceptacle : 2-25 cm de large, 5-10 cm de profondeur et 3-15 cm d'épaisseur ; dessus rougeâtre au début seulement, puis gris à noirâtre, avec une zone marginale rougeâtre et une zone de croissance blanche qui forme la marge proprement dite, arrondie, plane à ondulée ; bosselé, mat, résineux, couvert d'une croûte noirâtre en vieillissant, face inférieure couverte de pores crème, brunissant avec l'âge, ponctuée de gouttelettes sur les pores et la marge pendant la croissance ; dimidié, jeunes exemplaires en console, vieux spécimens plutôt en forme de sabot de cheval, largement ancré sur le substrat ; consistance dure, coriace, nette odeur acidulée et saveur amère.
Spores : 6-8,5/3-4,5 µm, lisses, sporée blanchâtre.
Comestibilité : non comestible.
Habitat : sur bois de feuillus ou de résineux morts, sur les troncs dressés ou couchés, commun ; pousse plus particulièrement en hiver.
Remarques : on reconnaît les plus vieux exemplaires à leur marge rougeâtre caractéristique. Les jeunes sont souvent ourlés de blanc, avec une deuxième zone, rougeâtre cette fois, mais moins marginale.

Polypore de Schweinitz
Phaeolus schweinitzii (P. spadiceus)

Réceptacle : 6-20 cm, rouille, fonçant avec l'âge, ourlé d'une marge jaune verdâtre, puis orange, qui elle aussi fonce en vieillissant ; circulaire et souvent imbriqué, finement feutré, parcouru de sillons radiaux, souvent doté d'un pied court et vigoureux, parfois aussi dimidié, autour de plantes et de branchages.
Pores : jaune verdâtre à roux, brunissant au toucher, bruns en vieillissant, arrondis à légèrement anguleux, décurrents.
Chair : brune, molle, aqueuse, élastique et très aqueuse au début, puis se desséchant en quelques jours et devenant alors dure et extrêmement légère ; saveur acidulée.
Spores : 5-7/3,5-4,5 µm, lisses, sporée blanche.
Comestibilité : non comestible.
Habitat : souvent saprophyte sur les souches mortes et les racines, mais aussi parasite au pied de résineux vivants, pins et mélèzes notamment, surtout dans les vieilles forêts ; juin à novembre.
Remarques : bien qu'il soit de forme et de couleur très variables, ce champignon est facile à identifier. Jeune, sa chair est souvent très aqueuse. Il provoque une pourriture brune.

Polypore bleuté
Spongiporus caesius (Postia caesia)

Réceptacles : 2-6 cm de large, blanchâtre, puis nettement bleu clair ou gris-bleu par endroits (sur la marge notamment), plus rarement teinté d'ocre à brun pâle près des parties bleutées, en console ou en éventail, finement feutré à velu, parfois zoné, souvent un peu ondulé, marge blanche, nette et étroite, dimidié.
Pores : blanchâtres à bleu-gris, bleuissant à la pression, petits, arrondis à anguleux.
Chair : blanche ; humide, elle est molle et aqueuse, sèche, elle est cassante, odeur neutre et saveur douce.
Spores : 4,5-5,5/1,5-1,7 µm, lisses, sporée bleu pâle.
Comestibilité : non comestible.
Habitat : sur le bois de résineux mort, généralement d'épicéas, plus rarement sur du bois de feuillus, assez commun ; juillet à octobre.
Remarques : comparé aux autres polypores lignicoles sans pied, ce champignon est plutôt petit. Il provoque une pourriture brune. Peu de champignons ont cette caractéristique couleur bleutée, que l'on retrouve dans son nom latin (*caesium* signifie « gris-bleu »).

Polypore rouge cinabre
Pycnoporus cinnabarinus

Réceptacle : 2-10 cm de largeur, 1-2 cm d'épaisseur, entièrement rouge vermillon lumineux, fonçant souvent en vieillissant, en demi-cercle ou en éventail, bosselé, feutré à lisse, parfois zoné, marge nette et légèrement ondulée, dimidié.
Pores : rouge vermillon à orangés, petits, anguleux à arrondis.
Chair : rouge, molle et spongieuse au tout début, prenant rapidement la consistance du liège, coriace, fibreuse, sans odeur ni saveur particulières.
Spores : 4-5,5/2-2,5 µm, lisses, sporée blanche.

Comestibilité : non comestible.
Habitat : sur les branches et les souches mortes de divers feuillus ; toute l'année.
Remarques : aucun risque de confusion compte tenu de la couleur caractéristique de ce champignon. Même le mycélium qui pousse à travers le bois est rouge ! C'est la cinnabarine qui est à l'origine de cette coloration. Ce polypore aime les endroits ensoleillés, où il pousse en saprophyte sur des feuillus morts et accélère leur décomposition. Il provoque une pourriture blanche.

Polypore versicolore
Trametes versicolor

Réceptacles : souvent en touffe, serrés les uns contre les autres, chaque chapeau mesurant 2-7 cm de diamètre, avec des zones excentriques noires, bleuâtres, rougeâtres ou jaunâtres, en forme de rein ou de rosette, peu charnus, brillants et soyeux, souvent moirés, marge festonnée, ondulée, fine comme du papier.
Pores : blancs, puis crème à brun pâle, petits ronds.
Chair : blanche, coriace, sans odeur ni saveur particulières.
Spores : 6-7/1,5-2 µm, lisses, sporée crème.
Comestibilité : non comestible.

Habitat : sur les troncs et les branches morts, avec ou sans écorce, de divers feuillus, commun ; toute l'année.
Remarques : la chair fine, parcheminée et les pores blanchâtres fins sont de bons points de repère. Le dessus est parfois partiellement teinté de vert par des algues. Ce polypore très commun pousse souvent en saprophyte sur du bois mort dont il accélère la décomposition. Il est plus rare qu'il parasite du bois vivant.

Polypore en ombelle
Polyporus umbellatus (Dendropolyporus umbellatus)

Réceptacle : 10-30 cm de large, 10-15 cm de haut, hémisphérique, en forme de chou-fleur, composé de nombreux chapeaux circulaires de 1-4 cm de diamètre, souvent ombiliqués, avec une marge ondulée ; surface parcourue de fibrilles rayonnantes, ocre à brun grisâtre, hyménium blanc à crème sur la face inférieure, couche de tubes de 1-2 mm d'épaisseur, décurrente, pieds centraux ou excentriques.
Chair : blanche, tendre dans les chapeaux, sinon un peu fibreuse, odeur agréable, saveur douce qui devient amère en vieillissant.

Spores : 7,5-10/3-3,5 µm, lisses, sporée blanche.
Comestibilité : comestible jeune.
Habitat : essentiellement saprophyte autour des souches, plus rarement parasite au pied des chênes et des hêtres ; juillet à septembre.
Remarques : ressemble au polypore en touffe *(Grifola frondosa),* qui pousse également sur les feuillus et qui est lui aussi comestible, mais moins bon. Le polypore en ombelle forme par ailleurs des organes bulbeux appelés « sclérotes » qui le relient aux fines racines des arbres sous lesquels il élit domicile.

POLYPORES

Sparassis crépu, crête-de-coq, chou-fleur
Sparassis crispa

Réceptacle : 10-25 (40) cm de large, 10-15 cm de haut, à l'aspect d'éponge naturelle ou de chou-fleu ; une souche charnue installée sur les racines de l'arbre colonisé se divise en de très nombreux rameaux se terminant par de petits chapeaux ronds aplatis ; les marges des chapeaux se recourbent ensuite vers le haut, se serrent et se mettent réellement à « crêper » ; surface lisse, crème puis ocre, marge brunissant avec l'âge.
Chair : blanche, cireuse, odeur agréable, saveur douce de noisette.
Spores : 4,5-6/3,5-4,5 µm, lisses, sporée blanche.

Comestibilité : comestible.
Habitat : parasite au pied de conifères, les pins notamment, plus rarement les épicéas, mais aussi saprophyte sur et près de souches en décomposition des mêmes essences, isolé ; juillet à octobre.
Remarques : contrairement au sparassis laminé *(voir p. 387)*, les rameaux du sparassis crépu se terminent au départ par des petites lames rondes et plates. Les champignons du genre *Sparassis* englobent en poussant des brins d'herbe, des aiguilles de conifères ou des grains de sable.

Sparassis laminé
Sparassis laminosa (S. brevipes)

Réceptacle : 10-25 (40) cm de large, 10-15 cm de haut, à l'aspect d'une grosse éponge ; une souche charnue installée sur les racines de l'arbre colonisé se divise en nombreux rameaux serrés, larges, ondulés et dressés, nettement zonés et disposés assez régulièrement ; tout d'abord blanchâtres, puis crème et enfin ocre terne avec l'âge.
Chair : blanchâtre, élastique, coriace, englobant souvent des brindilles, des aiguilles, des grains de sable, odeur agréable, un peu acidulée, saveur douce.
Spores : 4,5-6/3,5-4,5 µm, lisses, sporée blanche.
Comestibilité : comestible.
Habitat : parasite au pied des feuillus, essentiellement chênes et hêtres, plus rarement des sapins, mais aussi saprophyte sur et autour de souches en décomposition des mêmes essences, isolé ; juillet à octobre.
Remarques : plus rare et moins bon que le sparassis crépu *(voir p. 386)*, qui pousse dans les bois de résineux, dont il se distingue aussi par ses rameaux plus larges, moins serrés et pas particulièrement crépus.

CLAVAIRES RAMEUSES

Hydne des Alpes
Hericium flagellum (H. alpestre)

Réceptacle: 5-30 cm de large, blanc, puis couleur chair et enfin ocre; à l'aspect d'un massif corallien; la souche se divise en multiples rameaux dressés à leur tour, subdivisés et prolongés par des aiguillons pendants et drus; les rameaux rosissent en vieillissant tandis que les pointes restent blanches plus longtemps.
Chair: blanche, tendre à coriace, odeur désagréable, saveur douce et agréable.
Spores: 6-7/4,5-5,5 µm, lisses à finement ponctuées, sporée blanche.
Comestibilité: non comestible.
Habitat: sur les troncs de sapins morts et à terre, rare: août à octobre.
Remarques: les réceptacles blancs de ce très joli champignon, qui se forment en une seule fois, poussent sur les troncs de sapins morts et restent frais pendant des semaines. Il s'est largement répandu dans le monde, mais demeure rare partout. Il ressemble beaucoup à l'hydne en corail *(H. coralloides),* qui, lui, préfère les troncs de feuillus en décomposition.

Clavaire jaunissante
Ramaria flavescens

Réceptacle : 10-20 cm de large, 10-15 cm de haut ; le tronc vigoureux se divise en nombreux rameaux saumon, eux-mêmes ramifiés plusieurs fois, se terminant souvent en ramuscules bidentés ; pointes jaune d'or au début, puis rapidement concolores aux rameaux ; base du pied blanche à l'intérieur, crème à l'extérieur.
Chair : blanchâtre, molle, chair des carpophores frais humide dans le pied et nettement marbrée, odeur agréable, saveur douce.
Spores : 9-13/4-5,5 µm, verruqueuses, sporée jaune.
Comestibilité : comestible.

Habitat : dans les bois de feuillus, plus rarement les forêts mixtes, essentiellement près des hêtres ; août à octobre.
Remarques : c'est l'une des clavaires jaunes les plus courantes d'Europe. Par la couleur (base blanche, rameaux saumon et pointes jaunes), elle ressemble beaucoup à la clavaire jolie *(R. formosa),* toxique (très purgative), qui se distingue cependant par ses nettes ramifications en U et des teintes un peu plus vives. Compte tenu de ces risques de confusion, la cueillette de la clavaire jaunissante est réservée aux connaisseurs.

Ramaria obtusissima

Réceptacle: 10-12 cm de large et 10-15 cm de haut, un tronc vigoureux (blanc à la base) se divise en nombreux rameaux couleur chair terne, épais, ramifiés à leur tour, se terminant par plusieurs pointes courtes et émoussées; pointes jaune paille lumineux au début, puis ternissant avec l'âge, virant au brun vinasseux en vieillissant et à la pression.
Chair: blanche, molle, odeur neutre, saveur amère.
Spores: 11-14/3,5-4 µm, lisses, sporée jaune.
Comestibilité: comestible.

Habitat: dans les bois de conifères, à même le sol; août à octobre.
Remarques: toutes les clavaires de couleur jaune étant très difficiles à distinguer les unes des autres, celle-ci ne peut être identifiée qu'à l'aide d'un microscope. En effet, ses spores sont lisses et non rugueuses comme celles de la plupart des clavaires. Afin d'éviter les confusions avec les espèces toxiques, le plus simple est de ne pas ramasser les clavaires.

Clavaire pâle
Ramaria pallida

Réceptacle : 4-15 cm de large et autant de haut, à l'aspect corallien, un tronc donnant de multiples rameaux blanchâtres à crème, sillonnés, ramifiés à leur tour en V et très serrés, pointes terminées par de petites dents courtes et émoussées, café-au-lait ou parfois mauves ; tronc blanchâtre à jaune grisâtre, évoluant en pied avec l'âge ; les carpophores foncent et se tachent de brun en vieillissant.
Chair : blanche, molle, odeur de bouillon Kub, saveur douce à amère.
Spores : 9-12/4,5-5,5 µm, finement verruqueuses, sporée jaune terne.

Comestibilité : toxique.
Habitat : forêts de résineux et de feuillus, sur le sol ; août à octobre.
Remarques : ce champignon n'est pas aussi toxique que la clavaire jolie *(R. formosa)* mais provoque de violentes douleurs gastro-intestinales. On la distingue des autres clavaires, souvent jaunâtres, à sa teinte café-au-lait. Le genre *Ramaria* compte également la clavaire en chou-fleur *(R. botrytis),* plus rare, reconnaissable à ses pointes rouges

CLAVAIRES RAMEUSES

Clavaire en crête
Clavulina cristata (Clavulina coralloides)

Réceptacle : 2-6 cm de haut, blanc neige, souvent composé d'un seul rameau, plus rarement de plusieurs ; rameaux eux-mêmes très ramifiés, se terminant par de nombreuses petites pointes ou dents blanchâtres à blanc jaunâtre.
Chair : blanchâtre, tendre, un peu cassante, odeur neutre, saveur douce, avec souvent un arrière-goût amer.
Spores : 7-9/6-7,5 µm, lisses, sporée blanche.
Comestibilité : non comestible.
Habitat : forêts de feuillus et de conifères, surtout les bois d'épicéas, dans les litières d'aiguilles, isolée, grégaire ou tapissante ; août à octobre.
Remarques : la vue d'un tapis de clavaires en crête dans un bois de résineux est saisissante. Ce champignon est de forme mais aussi de couleur très variables, d'où la description de multiples variétés. Les nombreuses dents ou pointes à l'extrémité des ramules sont caractéristiques de cette espèce. Si elle a parfois été considérée comme comestible, sa consommation est néanmoins déconseillée.

Téléphore palmé
Thelephora palmata

Réceptacle : 4-7 cm de large et autant de haut ; un pied donne de nombreux rameaux plats dressés, aux extrémités très serrées et souvent dentées ou frangées ; entièrement brun violacé plus ou moins foncé, mais les pointes des ramules sont blanchâtres sur les jeunes exemplaires.
Chair : brune, de la consistance du liège, coriace, odeur très désagréable et pénétrante de chou pourri.
Spores : 9-10/6-9 µm, fortement apiculées, sporée brune.
Comestibilité : non comestible.

Habitat : bois de conifères humides ou à l'orée des forêts ; juillet à septembre.
Remarques : on reconnaît immédiatement ce champignon à son odeur désagréable, ce qui élimine tout risque de confusion. Ses rameaux plats disposés en éventail sont également particuliers. Bien que le téléphore palmé ait un aspect corallien, il ne fait pas partie des ramariacées, notamment du fait de sa chair coriace.

Calocère visqueuse
Calocera viscosa

Réceptacle : 1-8 cm de haut, jaune d'or à orangé vif, petites touffes à l'aspect corallien, avec des rameaux ramifiés à leur tour en deux ou trois ramules terminées par des pointes légèrement arrondies ; pointes lisses et courtes d'une pellicule gélatineuse, rameaux fusionnant à la base par groupes, base radicante.
Chair : coriace, élastique, flexible, cornée lorsqu'elle est sèche, inodore et sans saveur.
Spores : 8-10/3,5-4,5 µm, lisses, sporée ocre jaune.
Comestibilité : non comestible.

Habitat : sur les souches pourrissantes de conifères, commune ; juin à novembre.
Remarques : si elle ressemble aux clavaires rameuses *(Ramariaceae)*, elle s'en distingue par sa chair coriace et élastique et sa taille, plus petite. En outre, elle pousse en saprophyte sur les souches de résineux morts, ce qui exclut toute confusion avec les clavaires rameuses, qui vivent en symbiose avec des arbres vivants.

Xylaire des bois
Xylaria hypoxylon

Réceptacle : 3-5 cm de haut, pied ou rameaux 0,2-0,6 cm de diamètre, base en forme de pied puis généralement ramifiée comme des bois de cervidés, rameaux fins, souvent arqués et parfois aplatis, noirs, partie supérieure souvent colorée en gris ou en blanchâtre du fait des conidies, surface de la moitié supérieure du carpophore un peu bosselée, chair élastique, avec la consistance du liège.
Spores : 12-15/6 µm, lisses, sporée noire.
Comestibilité : non comestible.
Habitat : sur le bois mort de feuillus ; commun ; pousse toute l'année.

Remarques : dans le cas de ce champignon, les asques sont développés dans les périthèces, qui sont à l'origine de la surface bosselée du réceptacle. Parmi les autres xylaires, citons *X. carpophila*, tout aussi courant mais plus petit et le xylaire polymorphe *(X. polymorpha)* aux réceptacles caractéristiques gris foncé à noirs en forme de massues. Du fait de sa forme, de sa couleur et de sa consistance élastique, le xylaire des bois peut enfin être confondu avec certains lichens.

Géaster à trois enveloppes, étoile de terre
Geastrum triplex

Réceptacle : 5-15 cm de diamètre ; se développe généralement en surface, son enveloppe (exopéridium) se déchire en donnant 5 à 8 lobes triangulaires charnus de couleur crème, recourbés vers l'intérieur, qui s'écartent ensuite en étoile autour d'un endopéridium globuleux de 2,5-4 cm de diamètre, ocre à brun grisâtre, qui contient les spores et les laisse s'échapper à maturité par un pore situé à l'apex, le péristome.
Spores : 4/5,5 µm, grossièrement verruqueuses, sporée brun pâle.
Comestibilité : non comestible.

Habitat : bois de feuillus et de conifères, volontiers sur les décharges de débris végétaux, grégaire ; août à octobre.
Remarques : c'est l'un des géasters les plus gros et les plus vigoureux. Sa collerette très ferme permet de le distinguer des espèces voisines. Il est plus répandu mais néanmoins plus rare que le géaster fimbrié *(voir p. 397)*.

Géaster fimbrié ou frangé
Geastrum fimbriatum (G. sessile)

Réceptacle : 2-5 cm de diamètre, l'exopéridium se déchirant en 7 ou 8 lobes crème disposés en étoile, qui se recourbent rapidement vers le bas, libérant ainsi l'endopéridium globuleux, brun terne et dépourvu de pied, qui s'ouvre à l'apex à maturité des spores pour que celles-ci puissent s'échapper.
Spores : 3/4 µm, finement verruqueuses, sporée brun pâle.
Comestibilité : non comestible.
Habitat : dans les bois de conifères, dans les tapis d'aiguilles sous les épicéas, sur sols calcaires, grégaire, commun ; septembre-octobre.

Remarques : c'est le géaster le plus commun. Il ressemble beaucoup au géaster rougeâtre *(G. rufescens)* qui donne de plus gros carpophores et dont la chair est rougeâtre. Il existe environ 25 espèces de géasters en Europe, dont la plupart sont rares, voire rarissimes. Ils vivent en saprophytes sur le sol et sont relativement petits. Si l'on fait abstraction de leurs branches disposées en étoile, ils rappellent les bovistes et les lycoperdons.

Géaster à quatre branches
Geastrum quadrifidum

Réceptacle: 2-3,5 cm de hauteur, 1,5-3 cm de diamètre, exopéridium s'ouvrant en une étoile comptant généralement 4 lobes (plus rarement 5) blanchâtres à crème, dont l'extrémité se recourbe vers le bas à maturité, ce qui a pour effet de surélever le réceptacle de façon caractéristique; endopéridium gris plombé, puis brun foncé et arrondi en vieillissant, entouré à la base d'une collerette formant un bourrelet blanchâtre, s'ouvrant à l'apex à maturité pour libérer les spores.
Spores: 4,5/6 µm, verruqueuses, sporée brun violacé.

Comestibilité: non comestible.
Habitat: bois d'épicéas, dans les litières d'aiguilles, grégaire; août à octobre.
Remarques: c'est l'un des plus petits géasters, et il passe de fait souvent inaperçu. On le reconnaît à ses réceptacles surélevés à maturité. Comme les carpophores des géasters perdurent souvent, il est courant de trouver de vieux exemplaires desséchés aux côtés de spécimens frais. Tous les géasters ont au départ l'aspect globuleux de vesses-de-loup. Aucun n'est comestible.

Astrée hygrométrique
Astraeus hygrometricus

Réceptacle : au début, 2-4 cm de diamètre, globuleux et presque souterrain ; puis l'exopéridium s'ouvre à la surface de la terre et se déchire en plusieurs lobes qui donnent au champignon sa forme d'étoile ; il mesure alors 2,5-10 cm de diamètre ; face supérieure des bras brune, couverte d'écailles blanchâtres à grises donnant un motif « crocodile », endopéridium sans pied, globuleux, brun grisâtre, puis noirâtre, finement réticulé, s'ouvrant à l'apex en un pore à maturité des spores.
Spores : 8/12 µm, verruqueuses, sporée brune.

Comestibilité : non comestible.
Habitat : dans les bois mixtes sous les pins, mais aussi dans les forêts de feuillus, commune au sud des Alpes, rare ailleurs ; août à novembre.
Remarques : doit son nom à son comportement en fonction du degré hygrométrique de l'air. Par temps sec, cette astrée replie en effet ses « bras » vers l'intérieur de façon à couvrir l'endopéridium. Par temps humide, elle les écarte de nouveau en étoile.

Vesse-de-loup géante
Langermannia gigantea

Réceptacle : 10-50 cm de diamètre, irrégulièrement globuleux, base sillonnée, aplatie chez les plus gros spécimens ; cuticule blanche, lisse, finement veloutée et mate, puis jaune brunâtre et craquelée et enfin brune et parcheminée à maturité ; réceptacles sans pied, reliés au sol par d'épais filaments de mycélium qui se rompent, laissant rouler le réceptacle au gré du vent ; odeur acidulée plutôt désagréable, saveur douce.
Gléba : blanche, compacte, puis jaune verdâtre, en bouillie et enfin brun olivâtre, sèche à pulvérulente.
Spores : 3,5/5 µm, finement verruqueuses, sporée brune.
Comestibilité : comestible tant que la chair est blanche.
Habitat : dans les prés et les alpages, les jardins, sur les sols riches ; pas commune, isolée ou en groupe ; août à octobre.
Remarques : ses réceptacles parfois énormes dépassent en taille et en poids les autres espèces semblables. Coupée en tranches et préparée comme une escalope, elle est délicieuse.

Lycoperdon en sac
Calvatia excipuliformis

Réceptacle : 8-15 cm de haut, 5-10 cm de large, avec un long pied (mesurant de la moitié aux trois quarts de la hauteur totale) et une tête globuleuse en forme de massue ou plus souvent de poire, crème à ochracée, couverte de petites verrues ou de petits aiguillons fragiles et caducs ; exopéridium mesurant jusqu'à 5 cm d'épaisseur, spongieux, ridé à plissé, brun pâle mais fonçant avec l'âge, se desséchant et se déchirant à maturité pour libérer les spores
Gléba : blanche et compacte, puis jaune verdâtre, en bouillie et enfin brun olivâtre, sèche à pulvérulente.

Spores : 4,5/5,5 µm, nettement verruqueuses, sporée brune.
Comestibilité : comestible tant que la chair est blanche.
Habitat : bois de feuillus, voire de résineux, à l'orée des forêts, plus rarement dans les prairies, isolée ou en groupe ; juillet à novembre.
Remarques : risque de confusion des gros exemplaires poussant dans les prairies avec la vesse-de-loup ciselée *(C. utriformis),* dont le pied est cependant plus petit et dont le péridium se déchire plus tôt, ce qui lui donne un aspect aplati.

VESSES-DE-LOUP

Vesse-de-loup perlée, à pierreries
Lycoperdon perlatum

Réceptacle: 3-8 cm de haut, 2,5-6 cm de large, blanc, puis ochracé à brunâtre, avec un pied et une tête distincts, piriforme, tête globuleuse à légèrement aplatie, couverte de petites verrues fragiles et caduques, souvent dotée d'un petit umbon s'ouvrant à maturité en un pore apical qui laisse s'échapper les spores; dessous de la tête cannelé à plissé, partie pédiculaire cylindrique, atténuée à la base.

Gléba: blanche et délicate, puis jaunâtre à brun olivâtre, en bouillie humide, donnant à maturité une poussière de spores.

Spores: 3,5/4,5 µm, finement verruqueuses, sporée brune.

Comestibilité: comestible tant que la chair est blanche.

Habitat: bois de feuillus et de conifères, sur le sol et dans les litières d'aiguilles, en touffe; commune; juillet à novembre.

Remarques: c'est l'une des vesses-de-loup les plus courantes. Si à maturité on appuie sur l'enveloppe externe, un nuage de spores brun olivâtre s'échappe par le pore apical. Attention aux risques de confusion avec les amanites toxiques, qui, jeunes, lui ressemblent beaucoup.

Lycoperdon brun
Lycoperdon umbrinum

Réceptacle : 2-4,5 cm de hauteur, brun, globuleux à piriforme, souvent un peu déprimé, avec une base pédiculaire plissée, plus pâle, cuticule couverte de fins aiguillons brunâtres caduques, après la chute desquels le réceptacle est lisse et jaune ochracé ; les spores s'échappent par un petit pore apical.
Gléba : blanche, puis jaune olivâtre, brun jaunâtre et enfin noir brunâtre.
Spores : 4,5/5,5 µm, finement verruqueuses, sporée brun jaunâtre.
Comestibilité : comestible tant que la chair est blanche.
Habitat : dans les bois de résineux sous les épicéas, souvent dans les litières d'aiguilles ; juillet à septembre.
Remarques : se distingue de l'autre vesse-de-loup brune *(L. molle)* essentiellement par sa sporée brun olivâtre et par un net renflement au sommet de la tête avant l'ouverture du pore apical.

Lycoperdon en forme de poire
Lycoperdon pyriforme

Réceptacle: 1-5 cm de hauteur, 1-3,5 cm de diamètre, blanc, puis ochracé et enfin brun grisâtre, piriforme, avec parfois un long pied et une tête globuleuse, cuticule finement verruqueuse à granuleuse au début, sommet presque omboné, s'ouvrant en un pore apical à maturité pour laisser s'échapper les spores; chair à la base du pied non fertile, filaments de mycélium ramifiés, odeur désagréable, saveur douce.

Gléba: blanche et compacte, puis coriace à spongieuse, de vert jaunâtre à brune en passant par olivâtre, en bouillie ou pulvérulente.

Spores: 3,5/5,5 µm, lisses, sporée brune.

Comestibilité: comestible tant que la chair est blanche.

Habitat: sur le bois pourrissant de résineux ou de feuillus, en touffe; commun; août à novembre.

Remarques: on reconnaît aisément cette vesse-de-loup à son habitat, à sa forme de poire et à son pied souvent bien distinct. Comme sa chair est souvent visqueuse, voire gélatineuse, à la cuisson, sa consommation n'est pas particulièrement conseillée.

Vesse-de-loup hérissée
Lycoperdon echinatum

Réceptacle : 2-5 cm de diamètre, presque globuleux, couvert d'aiguillons bruns anguleux de 3-6 mm de long terminés par une pointe courbe brun terne ; après la chute des aiguillons, cuticule réticulée en mosaïque qui change complètement l'aspect du champignon ; à maturité, les spores s'échappent par un pore apical circulaire ; pied court, voire inexistant.
Gléba : blanche et compacte au début, puis jaune olivâtre à brune.
Spores : 4/5 µm, verruqueuses à apiculées, sporée brune.
Comestibilité : comestible tant que la chair est blanche.
Habitat : dans les bois de feuillus, sous les hêtres, sur sols calcaires ; juillet à octobre.
Remarques : aisément reconnaissable quand elle est jeune à son aspect de hérisson. Risque de confusion des vieux spécimens avec la vesse-de-loup fétide *(L. foetidum),* qui s'en distingue cependant par son odeur désagréable et son goût pour les sols acides, non calcaires. La vesse-de-loup hérissée ne présente aucun intérêt culinaire.

Scléroderme vulgaire
Scleroderma citrinum

Réceptacle : 3-8 cm, bulbeux, globuleux, souvent aplati, réniforme, péridium de 5 mm d'épaisseur, dur et élastique ; fond blanc jaunâtre à ochracé, couvert de verrues ou d'écailles brunes ; à maturité, le péridium se déchire au sommet de façon irrégulière pour laisser s'échapper les spores ; sans pied, relié au substrat par de vigoureux filaments mycéliens blanchâtres (les rhizoïdes).
Gléba : blanchâtre, puis violacée, rapidement noir violacé, marbrée de filaments blancs, et enfin pulvérulente avec une odeur métallique.
Spores : 9-11 µm, irrégulièrement apiculée, sporée brune.
Comestibilité : toxique.
Habitat : forêts de conifères et de feuillus, sur sols acides et sableux, isolé, mais aussi souvent grégaire ; commun ; juillet à novembre.
Remarques : parfois attaqué par le bolet parasite *Xerocomus parasiticus.* Par ailleurs, risque de confusion des très jeunes exemplaires encore blanchâtres avec diverses espèces de vesses-de-loup comestibles.

Phalle impudique, satyre puant
Phallus impudicus

Réceptacle : se développe sous terre et émerge à la surface sous la forme d'un œuf blanc ; 3-6 cm de diamètre, enveloppe lisse à légèrement veinée, partie inférieure un peu plissée et ancrée dans le sol par d'épais filaments mycéliens blancs ; l'exopéridium se déchire à maturité et, en moins de deux heures, pousse un pied blanc surmonté d'une tête campanulée, le tout mesurant jusqu'à 20 cm de haut ; tête molle et visqueuse, vert foncé à olivâtre, avec un net anneau blanchâtre au sommet ; désagréable odeur de charogne ; attire les insectes, qui dévorent sa gléba en un rien de temps, laissant sur place un squelette blanc alvéolé évoquant par sa forme une morille.

Spores : 4-4,5/1,5-2 µm, lisses, sporée olivâtre, spores verdâtres.

Comestibilité : uniquement comestible lorsqu'il est encore à l'état d'œuf.

Habitat : bois de résineux et de feuillus, souvent très grégaire, commun, sauf en montagne ; mai à septembre.

Remarques : l'anthurus d'archer *(Clathrus archeri)* et le clathre rouge *(Clathrus ruber)* ont eux aussi une odeur de charogne.

Satyre des chiens
Mutinus caninus

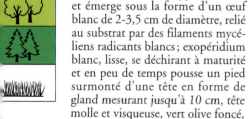

Réceptacle : se développe sous terre et émerge sous la forme d'un œuf blanc de 2-3,5 cm de diamètre, relié au substrat par des filaments mycéliens radicants blancs ; exopéridium blanc, lisse, se déchirant à maturité et en peu de temps pousse un pied surmonté d'une tête en forme de gland mesurant jusqu'à 10 cm, tête molle et visqueuse, vert olive foncé, avec un net anneau rouge orangé au sommet ; odeur légèrement désagréable, attire les insectes qui dévorent la gléba en un clin d'œil et ne laissent derrière eux que de fines alvéoles vides, orange à rouille ; pied blanchâtre, spongieux, creux et cassant.

Spores : 4-5/1,5-2,5 µm, lisses, sporée vert olive foncé, spores jaunâtres.

Comestibilité : non comestible.

Habitat : dans les forêts de feuillus, plus rarement de résineux, sur le bois pourri et les sols riches en humus ; rare ; juin à octobre.

Remarques : deux autres espèces ont également un anneau rougeâtre sur le disque. Il s'agit de *M. ravenelii* et de *M. elegans,* qui toutes deux poussent en Amérique du Nord.

Choiromyces meandriformis

Réceptacle : jusqu'à 10 cm de diamètre, blanchâtre puis brun jaunâtre, bulbeux, irrégulièrement globuleux, ressemblant à une pomme de terre, très lourd pour sa taille, bosselé, alvéolé et fissuré, péridium coriace, lisse.

Gléba : blanchâtre, puis marbrée de veines brun jaunâtre fusionnant rarement et enfin brun jaunâtre à brune, inodore, puis aromatique, odeur désagréable enfin lorsqu'elle est trop mûre, saveur douce, aromatique.

Spores : 15-20 µm, apiculées, sporée jaunâtre.

Comestibilité : comestible, utilisable seulement en petites quantités comme condiment.

Habitat : bois de feuillus et de résineux, sur sols argileux, calcaires, souterrain, les vieux spécimens sortent parfois un peu de terre ; rare ; juillet à septembre.

Remarques : consommé en grandes quantités, ce champignon, qui n'est pas une vraie truffe *(Tuberales)*, est laxatif. Il ressemble par sa forme et sa couleur à la truffe blanche du Piémont *(Tuber magnatum)*, la reine des truffes, qui, comme son nom l'indique, pousse dans le nord de l'Italie.

Élaphomyce granuleux, truffe des cerfs
Elaphomyces granulatus

Réceptacle : 1-4 cm, globuleux à ovoïde, entouré de filaments mycéliens jaunes, jaune d'or lorsqu'il sort de terre, puis brun jaunâtre à jaune paille, péridium finement verruqueux, laissant apparaître à la coupe une écorce formée de deux couches, l'intérieure étant épaisse, blanche, élastique au départ, puis cassante.
Gléba : rougeâtre, puis noir violacé, pulvérulente à maturité.
Spores : 25-30 µm, verruqueuses, sporée noir violacé.
Comestibilité : non comestible.
Habitat : dans les bois de résineux, sous les pins, enfoui dans l'humus à quelques centimètres de la surface du sol, souvent en compagnie de spécimens de l'année précédente ; mai à septembre.
Remarques : très apprécié des cervidés et des lièvres qui le dénichent grâce à leur fin odorat. En automne, sa présence est signalée par celle de parasites qui l'attaquent volontiers *(Cordyceps canadensis et C. ophioglossoides).*

Rhizopogon rosé
Rhizopogon roseolus

Réceptacle: 2-5 cm de long, bulbeux, ressemblant beaucoup à une pomme de terre, blanchâtre, puis brun-rouge avec un fin péridium brun-rouge et marbré en surface, virant au rouge rosé au toucher, souvent déchiré, mat, membraneux, base dotée de filaments mycéliens très nets.
Gléba: blanche et compacte, de la consistance d'une pomme de terre, rougeâtre vers la marge, puis brunâtre à olivâtre, tournant en bouillie avec l'âge, odeur d'ail à maturité.
Spores: 7,5-9,5/4,5 µm, lisses, sporée rouge grisâtre.

Comestibilité: non comestible.
Habitat: dans les bois de conifères, sous les pins, sur la terre nue, parfois même sur les chemins caillouteux, poussant à même le sol ou semi-enterré; juin à novembre.
Remarques: de par sa chair blanchâtre, on le confond aisément avec les vesses-de-loup comestibles *(Lycoperdaceae),* mais il se distingue par son péridium fin et brun au rougissement caractéristique. Comme dans le cas des bovistes et des vesses-de-loup, les spores sont formées à l'intérieur des carpophores mûrs.

Morille blonde
Morchella esculenta

Réceptacle : 6-20 cm de hauteur, chapeau 3-10 cm de hauteur et 3-7 cm de diamètre, brun jaunâtre à ochracé, souvent conique mais aussi ovoïde à globuleux, avec des alvéoles irréguliers en nid-d'abeilles séparés verticalement par des côtes primaires à l'arête souvent plus claire ; base du chapeau plus ou moins arrondie et fusionnée avec le pied ; pied 2-9 cm de long, 2-4 cm de diamètre, blanc terne, granuleux, base souvent renflée et sillonnée, carpophore creux dans son ensemble.
Chair : blanchâtre, cireuse, friable, odeur agréable et saveur douce.
Spores : 18-23/11-14 µm, lisses, sporée jaune ochracé.
Comestibilité : excellent champignon comestible.
Habitat : dans les bois, sur les rives des fleuves et des ruisseaux, sous les feuillus comme les ormes et les frênes, les arbres fruitiers, plus rarement dans les forêts de résineux ou dans l'herbe ; avril à juin.
Remarques : la morille commune est de forme et de couleur très variables, d'où la distinction de plusieurs variétés. La photo page de droite en bas représente un exemplaire particulièrement vigoureux de

la variété de base. Parmi les variétés les plus grosses, citons *M. esculenta* var. *crassipes*. La morille ronde *(M. esculenta* var. *rotunda, voir photo ci-dessus)* a un chapeau globuleux. La morille conique *(voir p. 415)*, grise à brun noirâtre, ressemble à la morille commune *(voir p. 414)*, mais s'en distingue par son chapeau conique et ses côtes primaires bien verticales. Toutes ces morilles sont d'excellents champignons qui se prêtent bien à la dessiccation.

Morille commune, morille grise
Morchella esculenta var. *vulgaris*

Réceptacle : 5-12 cm de haut au total, chapeau 2-7 cm de haut, brun foncé, souvent presque noire, puis brun grisâtre, ovoïde, plus rarement conique et arrondi à l'apex, parcouru de longs sillons sombres très irréguliers séparés par des côtes plus claires, tachetées de rouille ; contrairement à la morille blonde, les côtes présentent de légères lignes verticales ; base du chapeau arrondie et soudée au pied ; pied blanc terne à la base renflée et sillonnée.
Chair : blanchâtre, tout le carpophore est creux, de consistance cireuse, cassant, avec une agréable odeur aromatique et une saveur douce.
Spores : 18-23/11-14 µm, lisses, sporée blanche à jaunâtre.
Comestibilité : excellent champignon comestible.
Habitat : bois de feuillus clairsemés, souvent sous les frênes, sur sols aérés, dans l'herbe, les jardins ; avril-mai.
Remarques : plus petite que la morille blonde *(voir p. 412)*, elle s'en distingue aussi par la couleur : en effet, elle n'est pas jaunâtre, mais brun foncé puis brun grisâtre et souvent tachetée de rouille sur les côtes.

Morille conique
Morchella conica

Réceptacle : 5-12 cm de haut au total, chapeau 3-5 cm de haut, grisâtre, puis gris rosé, brun noirâtre ou brun jaunâtre, ovoïde à conique, pointu, avec des côtes longitudinales foncées et serrées et des côtes transversales plus profondes et moins marquées, ce qui donne aux alvéoles une forme presque rectangulaire ; côtes noircissant à maturité ; un sillon (« vallécule ») le sépare du pied ; pied mesurant à peu près la moitié de la hauteur totale du carpophore, blanc à jaunâtre terne, souvent renflé et sillonné à la base.

Chair : blanche à ochracée (le réceptacle est entièrement creux), cireuse, flexible, presque inodore, de saveur douce.

Spores : 18-25/11-15 µm, lisses, sporée ocre.

Comestibilité : excellent comestible.

Habitat : généralement dans les bois de conifères, les clairières, à l'orée des forêts, sur les tas de bois, souvent près de fougères grand-aigle, grégaire ; avril-mai.

Remarques : attention aux risques de confusion avec le gyromitre dit comestible *(voir p. 418)*, qui pousse souvent dans les pinèdes aux mêmes emplacements que la morille conique.

Mitrophore hybride, Morillon
Mitrophora semilibera

Réceptacle : 5-15 cm de hauteur totale, chapeau 2-4 cm, brun clair à foncé, conique, campanulé ou en forme de petite calotte, parcouru de côtes longitudinales verticales, noirâtres, épaisses, et de côtes transversales moins marquées ; marge du chapeau ouverte, distante du pied (jamais adnée) ; pied court jeune, puis parfois très long, blanchâtre à ochracé, utriculaire, peu charnu, granuleux.
Chair : blanche (tout le carpophore est creux), cireuse, cassante, presque inodore, saveur douce.

Spores : 22-30/14-18 µm, lisses, sporée jaune ochracé.
Comestibilité : bon comestible, mais de qualité inférieure à celle des vraies morilles.
Habitat : bois, prairies, parcs, rives des cours d'eau, sur sols humides ; grégaire ; avril-mai.
Remarques : c'est une morille dite distante, c'est-à-dire que la marge du chapeau ne touche pas le pied. La partie capitée est souvent très courte par rapport au pied, mais les rapports sont parfois inversés.

Pézize veinée
Disciotis venosa

Réceptacle : 3-15 cm de diamètre, cupuliforme ou circulaire, peu charnu, dessus (hymémium) brun jaunâtre, gris brun ou roux foncé, souvent arqué et finement ridé, lisse, dessous blanchâtre puis jaune grisâtre, pruineux à granuleux, fortement sillonné vers le pied, veiné, avec un court pied gris terne peu marqué, souvent enfoui dans le sol.
Chair : blanchâtre à brunâtre, très cassante, avec une nette odeur de chlore et une saveur douce.
Spores : 19-25/12-15 µm, lisses, sporée blanche.
Comestibilité : comestible.

Habitat : dans les bois de feuillus, le long des chemins forestiers et dans les prairies ; pas commune ; avril-mai.
Remarques : se distingue aisément des autres pézizes par son odeur de chlore et la taille de ses carpophores. Elle pousse souvent à proximité de morilles *(Morchella)* ou de verpes *(Verpa),* plus rares. Comme les morilles, elle se prête bien à la dessiccation et développe ainsi un arôme encore plus intense.

Gyromitre dit comestible, fausse morille
Gyromitra esculenta

Réceptacle : 3-9 cm de diamètre, marron à roux, arrondi, très irrégulier, lobé et froncé, avec un aspect cérébriforme, marge soudée au pied, pied blanchâtre à gris terne, souvent court et pas toujours bien distinct, sillonné, base renflée.

Chair : blanchâtre, cireuse, cassante, presque inodore, saveur douce ; le carpophore est entièrement et irrégulièrement creux.

Spores : 18-22/9-12 µm, lisses, sporée blanche.

Comestibilité : très toxique, mortel lorsqu'il est cru.

Habitat : essentiellement dans les pinèdes et les landes à bruyères, sur les souches en décomposition ; mars à mai.

Remarques : il se distingue assez aisément de la morille, au chapeau en nid-d'abeilles, par ses circonvolutions cérébriformes. Autrefois, on le consommait souvent séché ou blanchi, mais même ainsi il peut provoquer de très graves intoxications.

Helvelle crépue
Helvella crispa

Réceptacle : 5-15 cm de haut, chapeau 3-5 cm de diamètre, blanc à blanchâtre, irrégulièrement ondulé, froncé, avec des lobes plissés, dont la marge est adnée ou libre, pied blanc, parcouru de profonds sillons longitudinaux, lacuneux, ventru vers la base, cloisonné à l'intérieur.
Chair : blanchâtre, coriace, élastique, presque inodore, de saveur douce ; tout le carpophore est irrégulièrement creux.
Spores : 18-20/10-13 µm, lisses, sporée blanche.
Comestibilité : non comestible.
Habitat : dans les bois de feuillus et de conifères, sur le bord des chemins, dans les parcs et les prairies ; commune ; août à novembre.
Remarques : facile à identifier par sa couleur blanche et son réceptacle unique. Si elle passe pour comestible après une longue cuisson, il est très difficile de distinguer les vieux spécimens (en décomposition) des frais. De plus, l'helvelle crépue est presque aussi toxique crue que le gyromitre dit comestible *(voir p. 418)*. Sa consommation est donc fortement déconseillée.

Helvelle élastique
Helvella elastica

Chapeau: 1-3 cm de haut et souvent de diamètre équivalent, de couleur variable: gris, blanc, ocre terne à brun grisâtre; en forme de selle et irrégulièrement lobé, souvent recourbé vers le bas, mais à la marge non soudée au pied, surface lisse.
Pied: blanchâtre à jaunâtre, cylindrique, élancé et creux, lisse à légèrement sillonné.
Chair: blanchâtre, élastique, cireuse, odeur agréable et saveur douce.
Spores: 19-22/11-13 µm, lisses, sporée blanche.
Comestibilité: non comestible.
Habitat: dans les bois de conifères et de feuillus, sur le bord des chemins, dans les litières d'aiguilles et de feuilles mortes, dans l'herbe; pas commune; juin à octobre.
Remarques: l'helvelle noire (*H. atra*) lui ressemble, mais son chapeau est noir et son pied brun foncé. Les deux espèces sont très élastiques. Si l'helvelle élastique n'est pas très courante, elle est néanmoins grégaire et pousse souvent en groupes très denses. Il arrive assez souvent que des exemplaires gris pâle et chocolat poussent les uns à côté des autres. Comme toutes les helvelles, il n'est pas conseillé d'en manger.

Rhizine ondulée
Rhizina undulata

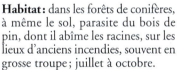

Réceptacle : 3-8 cm de diamètre, marron à brun noirâtre, circulaire, surface lisse, fortement plissée ondulée, parfois plan, avec une marge relevée, face inférieure blanchâtre à ochracée, avec plusieurs rhizoïdes (hyphes radicants) de 1-2 mm d'épaisseur qui fixent le champignon sur son substrat.
Chair : blanchâtre à ochracée, cireuse, cassante, puis coriace, odeur agréable et saveur douce.
Spores : 22-40/8-11 µm, finement verruqueuses à rugueuses, sporée blanche.
Comestibilité : non comestible.

Habitat : dans les forêts de conifères, à même le sol, parasite du bois de pin, dont il abîme les racines, sur les lieux d'anciens incendies, souvent en grosse troupe ; juillet à octobre.
Remarques : l'absence de pied peut entraîner des risques de confusion avec diverses pézizes, rapidement dissipés lorsque l'on observe la face inférieure du chapeau et ses nombreux hyphes. Il n'est pas rare que ce champignon forme une sorte de tapis sur le sol.

Pézize orangée
Aleuria aurantia

Apothécie: 2-10 cm, en forme de coupe, peu charnue, avec une marge rapidement ondulée, parfois déchirée, glabre, souvent déformée à maturité par manque de place; face interne (hymémium) rouge orangé lumineux et lisse, face externe plus terne, finement pruineuse, sans pied.
Chair: blanche, cireuse, cassante, sans odeur ni saveur particulières.
Spores: 14-16/10 µm, grossièrement réticulées, sporée blanche.
Comestibilité: non comestible.
Habitat: sur la terre fraîchement retournée, dans les forêts le long des chemins, dans les parcs et les jardins, dans l'herbe; juillet à octobre.
Remarques: la pézize orangée est consommée crue dans de nombreux pays méridionaux, accompagnée d'une liqueur. Toutefois, compte tenu de sa rareté et de sa chair très mince, il est préférable de s'en tenir au plaisir des yeux.

Pézize écarlate
Scarcoscypha coccinea

Apothécie: 1-5 cm, en forme de coupe de plus en plus ouverte, circulaire, puis ovale à réniforme, peu charnue, face interne (hymémium) rouge vermillon à orangé, lisse, brillante, face externe rose à rougeâtre terne, velue, feutrée, mate, marge longuement enroulée, dotée d'un pied généralement subnul mais parfois long qui la fixe au substrat.
Chair: blanche, fragile, inodore.
Spores: 29-39/9-11 µm, lisses, sporée blanche.
Comestibilité: non comestible.
Habitat: souvent sur le bois de feuillus en décomposition, sur sols calcaires, assez rare; décembre à avril.
Remarques: c'est l'une des plus jolies pézizes. On trouve ses carpophores en hiver, ce qui est plutôt rare pour un champignon. Elle aime fructifier après la fonte des neiges. Elle fait partie de la famille des *Scarcoscyphacées*, qui est représentée en Europe seulement par 7 genres et une dizaine d'espèces, toutes rares, voire très rares.

Pézize étoilée, pézize superbe, pézize en couronne
Sarcosphera coronaria, Sarcosphera crassa

Apothécie : 3-10 cm de diamètre, tout d'abord enfouie dans le sol sous forme d'une boule blanche creuse et fragile, puis sortant de terre et s'ouvrant en étoile depuis le centre, face externe blanc sale à grisâtre, face interne (hymémium) violette (blanche chez *S. coronaria* var. *nivea*), surface lisse, dépourvue de pied.

Chair : blanche, cassante, inodore, de saveur douce.

Spores : 13,5-18/7-8,5 μm, lisses, sporée blanche.

Comestibilité : très toxique, parfois même mortelle lorsqu'elle est crue.

Habitat : bois de feuillus et de conifères, sur sols calcaires, souvent grégaire, plus rarement isolée, assez rare ; mai-juin.

Remarques : aussi toxique que le gyromitre dit comestible *(voir p. 418)*. Les photos de la page de droite représentent la variété *nivea*, essentiellement blanchâtre, avec pratiquement aucune nuance violette (*photo du haut :* carpophores « embryonnaires » globuleux à ovoïdes ; *photo du bas :* spécimens adultes). Ce champignon se distingue des autres pézizes par son stade embryonnaire en forme de boule creuse.

Oreille-de-lièvre, oreille-d'âne
Otidea onotica

Apothécie: jusqu'à 8 cm de hauteur et 2-5 cm de large, dressée en forme d'oreille, souvent courbée d'un côté, peu charnue, avec une marge longuement enroulée, face interne (hyménium) lisse, ochracée nuancée de rose, face externe pruineuse et ochracée; pied très court avec une base blanche.
Chair: blanchâtre, cassante, sans odeur ni saveur particulières.
Spores: 12-15/6-8 µm, lisses, sporée blanche.
Comestibilité: comestible, mais rare et doit donc être préservée.
Habitat: forêts de feuillus et de conifères, en petits groupes, rare; septembre à novembre.
Remarques: ressemble beaucoup à *Otidea concinna,* jaune citron, qui pousse cependant dans les bois de feuillus sous les hêtres. Le genre *Otidea* comporte 10 espèces, souvent difficiles à distinguer les unes des autres sans microscope. La plupart ne sont pas courantes, certaines même très rares. En outre, elles sont de petite taille. Compte tenu de leur rareté et de leur faible intérêt culinaire, il est donc recommandé de ne pas les cueillir.

Pézize tubéreuse
Sclerotinia tuberosa, Dumontinia tuberosa

Apothécie : 1-3 cm de diamètre, en forme de coupe profonde au début, puis s'ouvrant davantage et enfin étalée et irrégulièrement ondulée, peu charnue, face interne brun foncé à rougeâtre, souvent sillonnée, ridée, lisse en surface, face externe concolore, souvent plus claire, pied de 3-10 cm de long, radicant, au sommet brun pâle, relié par un cordon mycélien à un sclérote souterrain noirâtre.
Chair : cireuse, inodore, de saveur sucrée.
Spores : 12-16/6-7 µm, lisses, sporée blanche.

Comestibilité : non comestible.
Habitat : dans les bois clairsemés, les parcs, près des renoncules des bois, commune ; mars à mai.
Remarques : s'est spécialisée comme parasite des anémones des bois. Sous terre, ce champignon forme un petit bulbe noir ou sclérote de 15-40 mm, organe de conservation accroché aux racines de la plante. Au printemps, lorsque les jours se réchauffent un peu, de longs filaments mycéliens souterrains se développent à partir de ce petit bulbe, donnant naissance à plusieurs apothécies cupuliformes.

Cyathe strié
Cyathus striatus

Réceptacle : 0,5-1,5 cm de haut, 1-1,2 cm de large, ovoïde et entièrement recouvert de mèches brunes, hirsutes, puis la face supérieure s'aplatit en une membrane blanchâtre qui éclate à maturité et laisse apparaître l'intérieur de la coupe ; parois glabres et nettement striées, tout d'abord blanchâtres, puis grises à brunâtres ; au fond de la coupe se trouvent 12 à 16 « œufs » blanchâtres (les « péridioles ») qui contiennent la gléba.
Spores : 17-18/7-8,5 µm, lisses, sporée blanche.
Comestibilité : non comestible.
Habitat : sur les débris végétaux, enfoui dans les brindilles, feuilles ou aiguilles, courant ; mai à novembre.
Remarques : les spores des cyathes sont donc contenues dans les péridioles, sortes d'œufs lenticulaires qui sortent de leur « nid » sous la pression des gouttes de pluie. Le fil qui reliait l'œuf à la base de la coupe se déroule alors et s'enroule par exemple autour du brin d'herbe le plus proche. À maturité, le péridiole éclate et libère les spores.

Léotie visqueuse
Leotia lubrica

Chapeau : 1-2 cm de diamètre, jaune ou jaune verdâtre, brun olivâtre, parfois aussi noir, surface mate, lisse, visqueuse, globuleux, puis formant une petite tête arrondie, convexe, aplati, mamelonné à ombiliqué, ondulé, avec une marge fortement enroulée vers le bas, face externe recouverte d'une substance gélatineuse qui constitue l'hymémium.
Pied : jaune pâle à ochracé, cylindrique, souvent comprimé, plein, puis cotonneux, finement granuleux, visqueux.
Chair : jaune blanchâtre, gélatineuse, odeur agréable, saveur fade.
Spores : 20-24/5-6 µm, lisses, sporée blanche.
Comestibilité : non comestible.
Habitat : dans les bois et à l'orée des forêts, sur sols argileux nus, dans la mousse ou dans l'herbe, aime l'humidité, de plus en plus rare ; juillet à décembre.
Remarques : bien que cette léotie fasse partie des ascomycètes, elle se décompose en pied et en chapeau. Néanmoins, l'hymémium recouvre, comme toujours chez les ascomycètes, la face externe du carpophore, ici le chapeau.

LÉOTIES

Bulgarie pure
Ombrophila pura (Neobulgaria pura)

Réceptacle : 1-3 cm de diamètre, rouille terne à gris-mauve, circulaire, puis s'élargit et devient irrégulièrement discoïde à cupuliforme, marge proéminente et légèrement sinueuse, face interne (hymémium) blanchâtre teintée de rose, face externe nettement plus foncée, finement granuleuse, aminci à la base et formant des groupes serrés, dispersés sur le substrat.
Chair : rouille terne à gris-mauve, translucide, gélatineuse, inodore.
Spores : 7,5-9/3,5-4,5 µm, lisses, sporée blanche.
Comestibilité : non comestible.

Habitat : sur les branches de hêtres morts, couchées à terre, encore pourvues de leur écorce, plus rarement sur des coupes de bois, généralement en touffe, pelotonnées les unes contre les autres, commune ; juillet à décembre.
Remarques : commune dans les hêtraies. Comme il faut souvent attendre la fin de l'automne pour que règne une humidité suffisante dans les forêts ne comptant que des hêtres, ce champignon aux couleurs ternes ne fructifie souvent qu'à ce moment-là. Sa chair est très gélatineuse. C'est un ascomycète.

Trémelle mésentérique
Tremella mesenterica

Réceptacle : masse jaune orangé de 2-5 cm, cérébriforme, puis en touffe irrégulière, plusieurs fois lobée, plissée, d'un jaune soufré plus ou moins vif, surface lisse, brillante lorsqu'elle est humide, jeune parfois saupoudrée de conidies *(voir p. 77)*, pruineuse, largement étalée sur le substrat.
Chair : jaunâtre, gélatineuse, molle, translucide, tombant en déliquescence avec l'âge en une masse indistincte ; odeur légèrement sucrée.
Spores : 10-16/7-8 µm, lisses, sporée blanche.
Comestibilité : non comestible.

Habitat : sur le bois mort de feuillus, généralement sur les branches tombées à terre, surtout de hêtre, mais aussi d'autres feuillus, commune ; pousse toute l'année, surtout par temps humide à l'automne, en hiver et au printemps.
Remarques : aisément reconnaissable à sa masse gélatineuse jaune d'or, ce champignon a mis au point son propre système de reproduction. Jeune, il a une reproduction asexuée à l'aide de conidies, et plus tard se développent les basides sur lesquels mûrissent les spores sexuées.

TRÉMELLES

Exidie glanduleuse
Exidia glandulosa

Réceptacle : masse de 10-30 cm de longueur et de 0,5-1,5 cm d'épaisseur, noirâtre à brun foncé, à la surface cérébriforme, ondulée, lisse, brillante, ponctuée de fines petites glandes, dépourvue de pied, couvrant le substrat d'un tapis irrégulier lorsqu'elle est fraîche et humide, en touffe.

Chair : noirâtre à brunâtre, translucide, gélatineuse, inodore.

Spores : 16-18/8-9 µm, lisses, sporée blanche.

Comestibilité : non comestible.

Habitat : sur du bois mort de feuillus, surtout sur les coupes de bois, mais aussi sur des branches tombées, commune ; pousse toute l'année, mais surtout en hiver et au printemps.

Remarques : il arrive que l'on prenne ses carpophores tapissantes à la surface plissée-ondulée de bois coupé pour des excréments d'animaux. Toutefois, un examen plus attentif révélera rapidement leur surface glanduleuse et leur nature de champignon. Les exemplaires secs forment sur le substrat une fine pellicule noire et brillante.

Guépinie en helvelle
Tremiscus helvelloides (Guepinia helvelloides)

Réceptacle: 3-10 cm de hauteur, 2-5 cm de diamètre, rose orangé, saumon à rouge orangé, ligulé, puis en forme d'entonnoir, prolongé en une base souvent blanchâtre formant une sorte de pied, surface de la face interne lisse, mate, les exemplaires frais sont pruineux; partie supérieure de la face externe (hymémium) lisse au départ, puis veinée et largement couverte de spores blanchâtres à maturité.
Chair: rougeâtre, plus terne que la surface, translucide, gélatineuse, cartilagineuse dans le pied, compacte, sans odeur ni saveur particulières.
Spores: 9,5-11/5,5-6 µm, lisses, sporée blanche.
Comestibilité: comestible cru.
Habitat: endroits humides et ombragés dans les forêts, le long des chemins, dans les fossés, aime les sols calcaires; juillet à octobre.
Remarques: souvent consommé en salade. Comme dans le cas de la trémelle gélatineuse *(voir p. 434),* il est cependant préférable de ne pas le cueillir dans les régions où sévit le ténia du renard.

Trémelle gélatineuse
Pseudohydnum gelatinosum (Tremollodon gelatinosum)

Réceptacle : 2-6 cm de diamètre, 0,5-1 cm d'épaisseur, blanc, presque translucide, plus rarement brun grisâtre, en console, gélatineux, en forme de coquille, accroché au substrat par une sorte de pied, face supérieure granuleuse, presque lisse sur la marge ondulée, face inférieure (hymémium) couverte d'aiguillons blanchâtres avec un reflet bleuté mesurant jusqu'à 3 mm de long, pointus et gélatineux.
Chair : blanchâtre avec des nuances légèrement bleutées, translucide, gélatineuse, compacte, sans odeur ni saveur particulières.

Spores : 5-6/4,5-5,5 µm, lisses, sporée blanche.
Comestibilité : comestible crue.
Habitat : sur les souches de conifères en décomposition, surtout d'épicéas, carpophores souvent imbriqués, rarement isolés, commune ; juillet à novembre.
Remarques : la seule trémelle dotée d'un hymémium apiculé ou denticulé. On la consomme en salade, mais elle est fade et sa consommation n'est pas conseillée. Ne pas la cueillir dans les régions où sévit le ténia du renard. Le genre *Pseudohydnum* ou *Tremollodon* ne compte que cette espèce.

Auriculaire oreille-de-Judas
Auricularia auriculajudae

Réceptacle : 2-6 cm de large, roux à brun olivâtre, parfois noirâtre, ondulé, en forme de coquille ou d'oreille, surface finement veloutée, face interne (hymémium) brillante, lisse, dotée de veines saillantes ramifiées, parfois saupoudrée de spores blanchâtres et de ce fait pruineuse et mate ; lié au substrat par un pied court (pédicelle).
Chair : brun foncé à noire, gélatineuse, coriace, élastique, rétrécissant à la dessiccation, sans odeur ni saveur particulières.
Spores : 17-19/6-8 µm, lisses, sporée blanche.

Comestibilité : comestible.
Habitat : essentiellement sur les troncs de vieux sureaux morts, plus rarement sur d'autres feuillus, souvent très grégaire ; août à mars.
Remarques : très apprécié en Chine et au Japon, où il fait l'objet d'une culture intensive. Ce champignon entre en effet dans la composition de nombreux plats de ces deux pays. Il se prête bien à la dessiccation. Sec, il est très dur, mais il suffit de le faire tremper dans l'eau pendant une demi-heure pour qu'il gonfle et retrouve ainsi sa taille et sa forme d'origine.

Lycogala epipendrum

Réceptacle: masse globuleuse mesurant jusqu'à 1,5 cm de diamètre, rappelant les vesses-de-loup, mais plus petite, d'un beau rouge lumineux, donnant un latex rose framboise, puis plus terne, devenant brun grisâtre en vieillissant, pulvérulent à l'intérieur, surface finement verruqueuse.
Spores: 4-6 µm, étroitement réticulées, sporée rose terne.
Comestibilité: non comestible.
Habitat: sur les souches en décomposition, apparaît en petites colonies après la pluie; mai à septembre.
Remarques: *Lycogala epipendrum* est un myxomycète. Ce que nous désignons par le terme de réceptacle est ici une masse gélatineuse appelée «plasmode». Ces champignons ne se nourrissent ni de bois mort ni de bois encore vivant et ne vivent pas en symbiose avec des plantes. Ils s'alimentent avec des bactéries, des spores de champignons et d'autres micro-organismes, et ne nuisent pas à leur substrat. Lorsqu'ils ont emmagasiné assez de matières nutritives, la masse visqueuse durcit. Des spores se forment alors à l'intérieur et sont libérées à maturité. À ce stade, les myxomycètes ressemblent à de petits carpophores d'ascomycètes.

Fuligo septica

Réceptacle : 3-15 mm de diamètre, 1-2 cm de hauteur, jaune citron vif, puis jaune d'or et enfin brunâtre, pulvérulent à l'intérieur en fin de vie, masse gélatineuse en forme de coussinet capable de se mouvoir lentement.
Spores : 6-9 µm, lisses, sporée noirâtre.
Comestibilité : non comestible.
Habitat : sur le bois pourri et à même le sol, très courant ; juin à octobre.
Remarques : ce champignon fait partie des myxomycètes, un groupe très particulier à la limite du règne animal. À ce titre, il peut se déplacer librement lorsqu'il est encore jaune et frais. Le carpophore ou plasmode consiste en un amas de plasma cellulaire qui émet des digitations ou pseudopodes lui permettant de se mouvoir comme les organismes animaux unicellulaires. Ces déplacements ne sont toutefois possibles qu'avec une humidité suffisante, en forêt par exemple. À maturité, cette masse plasmatique se solidifie en une gaine brune à l'intérieur de laquelle se forment les spores qui assurent la reproduction de l'espèce.

Principaux centres antipoison

FRANCE

Angers
Centre hospitalier régional,
pavillon Saint-Roch,
49000 Angers
Tél. : 02-41-48-21-21

Bordeaux
Place Amélie-Raba-Léon,
33000 Bordeaux
Tél. : 05-56-96-40-80

Clermont-Ferrand
Hôpital Saint-Jacques,
30, place Henri-Dunant,
63000 Clermont-Ferrand
Tél. : 04-73-27-33-33

Grenoble
Centre hospitalier régional, SAMU,
38700 La Tronche
Tél. : 04-76-42-42-42

Lille
Hôpital Calmette,
bd du Professeur-Leclerc,
59000 Lille
Tél. : 03-20-54-55-56

Lyon
Centre antipoison et service
d'information toxicologique,
Service de toxicologie
et de médecine légale,
Hôpital Édouard-Herriot
5, place d'Arsonval,
69003 Lyon
Tél. : 04-78-54-14-14

Marseille
249, bd de Sainte-Marguerite,
13009 Marseille
Tél. : 04-91-75-25-25

Montpellier
Centre hospitalier régional
555, route de Ganges,
34000 Montpellier
Tél. : 04-67-63-24-01

Nancy
29, av. du Maréchal-de-Lattre-de-Tassigny,
54000 Nancy
Tél. : 03-83-32-36-36

Paris
200, rue du Faubourg-Saint-Denis,
75010 Paris
Tél. : 01-42-05-63-29

Reims
Centre hospitalier régional
23, rue des Moulins,
51092 Reims Cedex
Tél. : 03-26-06-07-08

Rennes
Hôpital de Pontchaillou
rue Henri-Le Guilloux,
35000 Rennes
Tél. : 02-99-59-22-22

Rouen
1, rue Germont,
76000 Rouen
Tél. : 02-35-88-44-00

Strasbourg
Hôpital civil
1, place de l'Hôpital,
67000 Strasbourg
Tél. : 03-88-35-41-03

Toulouse
Centre hospitalier de Purpan
Place du Docteur-Baylac,
31000 Toulouse
Tél. : 05-61-49-33-33

Tours
Centre hospitalier régional
universitaire
Hôpital Trousseau
37000 Tours
Tél. : 02-47-28-15-15

BELGIQUE
Rue Joseph-Stallaert 15,
1060 Bruxelles
Tél. : (02) 3 45 45 45

SUISSE
Schweizerisches Toxikologisches
Informationszentrum
Klosbachstr. 107,
8030 Zürich
Tél. : (01) 2 51 66 66

Glossaire des termes techniques

anastomosé : réuni à un autre élément (lame ou pli) par des veines ou des plis transversaux.
apothécie : appareil de fructification caractéristique des Discomycètes, se présentant généralement sous la forme d'un disque ou d'une coupe dont l'intérieur est tapissé d'hymémium.
arête des lames : bord libre des lames.
armille : manchon dérivant du voile général d'un champignon, engainant le pied et s'épanouissant en une sorte de collerette.
asque : organe de reproduction des Ascomycètes ; en forme de bourse, il contient les spores, généralement au nombre de 8.
baside : organe de reproduction des Basidiomycètes ; c'est une cellule plus ou moins allongée à laquelle sont généralement rattachées 4 spores.
carpophore : partie du champignon (fructification) chargée de la production des spores.
cortine : reste du voile partiel en forme de toile d'araignée.
disque : sommet ou partie centrale du chapeau du champignon, qui se distingue généralement du reste du chapeau par son aspect lisse ; forme souvent un mamelon.
gléba : partie fertile située à l'intérieur du carpophore de certains champignons (les Angiocarpes) ; elle contient les spores.
gouttes de guttation : gouttelettes d'eau qui tombent des tubes ou des lames et restent au sommet du pied d'un champignon jusqu'à ce qu'elles sèchent.
hygrophane : se dit d'un chapeau qui change d'aspect ou de couleur en fonction de l'humidité ambiante.
hymémium : partie fertile du carpophore qui forme les spores.
hyphes : filaments cloisonnés (composés de cellules disposées les unes derrière les autres) d'un diamètre inférieur à 1 mm, qui constituent le mycélium ainsi que le carpophore du champignon.
lames : organes aplatis disposés sous le chapeau qui portent l'hymémium de certains champignons.
mycélium : réseau de filaments blancs et fins (les hyphes) qui traverse le substrat ; il est chargé de l'alimentation du champignon.
mycorhize : association symbiotique entre

certains champignons et les racines de certains végétaux supérieurs.
parasite : se dit d'un champignon qui se développe aux dépens d'organismes vivants.
péridium : enveloppe du réceptacle de certains champignons (les vesses-de-loup notamment).
pied central : se dit d'un pied fixé au centre du chapeau d'un champignon.
pied excentrique : se dit d'un pied qui n'est pas fixé au centre du chapeau du champignon.
plis : organes (veines ou rides épaisses et plates) qui portent l'hymémium chez certains champignons.
pores : orifices des tubes.
réceptacle : synonyme de carpophore.
saprophyte : champignon tirant sa nourriture de substances organiques mortes.
spores : organes permettant la multiplication d'un champignon, dont la fonction est comparable à celle des graines pour un végétal supérieur.
substrat : support qui alimente le champignon (bois, terre, etc.)
symbiose : association étroite permettant à des individus de nature différente de couvrir leurs besoins réciproques, comme dans le cas des mycorhizes.
trame : chair du champignon.
tubes : organes allongés et creux disposés verticalement sous le chapeau de certains champignons et portant l'hymémium.
voile : enveloppe protectrice qui entoure complètement (voile général ou universel) ou partiellement (voile partiel) les jeunes carpophores de certains champignons.
volve : partie membraneuse du voile général qui subsiste à la base du pied d'un champignon.

Bibliographie

Les Champignons et les termes de mycologie, Jean Guillot et Hervé Chaumeton, éd. Nathan, Paris 1983, 1993.

Les Champignons, Edmund Garnweidner, éd. Nathan, Paris 1993.

Les Champignons, G. Pacioni, éd. Nathan, Paris 1981, 1989, 1995.

Reconnaître les champignons sans peine, David N. Pegler, éd. Nathan, Paris, 1999.

Petit Atlas des champignons, Henri Romagnesi, éd. Bordas, Paris 1971.

Les Champignons de France, sous la direction de Hervé Chaumeton, avec J. Guillot, J.-L. Lamaison, M. Champciaux, P. Leraut, éd. Solar, Paris 1983, 1985.

Revues spécialisées

Bulletin trimestriel de la société mycologique de France.
Cryptogamie (spécialisée en mycologie)

Index

Les noms latins sont en *italique* et les noms vernaculaires français en caractères normaux.

Agaric champêtre, 285
Agaricus abrubtibulbus, 286
Agaricus arvensis, 287
Agaricus benesii, 283
Agaricus bitorquis, 282
Agaricus campestris, 285
Agaricus essettei, 286
Agaricus macrosporus, 290
Agaricus silvaticus, 284
Agaricus xanthoderma, 288
Agrocybe praecox, 300
Albatrellus subrubescens, 374
Aleuria aurantia, 422
Amanita ceciliae, 264
Amanita citrina, 275
Amanita excelsa, 277
Amanita franchetii, 278
Amanita fulva, 266
Amanita gemmata, 274
Amanita inaurata, 264
Amanita mairei, 267
Amanita muscaria, 268
Amanita pantherina, 269
Amanita phalloides, 270
Amanita porphyria, 276
Amanita rubescens, 279
Amanita spissa, 277
Amanita strobiliformis, 280
Amanita vaginata, 265
Amanita virosa, 272
Amanite à étui, 265
Amanite à pierreries, 274
Amanite citrine, 275
Amanite de Maire, 267
Amanite dorée, 264
Amanite engainée, 265
Amanite épaisse, 277
Amanite étranglée, 264
Amanite jonquille, 274
Amanite ovoïde, 280
Amanite panthère, 269
Amanite phalloïde, 270
Amanite porphyre, 276
Amanite rougeâtre, 279
Amanite solitaire, 280
Amanite tue-mouches, 268
Amanite vaginée, 265
Amanite vireuse, 272
Anthurus d'Archer, 407
Armillaire couleur de miel, 306-307
Armillaria mellea, 306-307
Astraeus hygrometricus, 399
Astrée hygrométrique, 399
Auriculaire oreille-de-Judas, 435
Auricularia auriculajudae, 435

Barbe de bouc, 367
Barigoule, 197
Beurré sans anneau, 127
Bolbitie couleur jaune d'œuf, 262
Bolbitius vitellinus, 262
Bolet à beau pied, 148
Bolet à chair jaune, 132
Bolet à pied creux, 120
Bolet à pied rouge, 146
Bolet à spores pourpres, 117
Bolet à mycélium rosé, 127
Bolet agréable, 126
Bolet amer, 136
Bolet assez ferme, 151
Bolet bai, 135
Bolet blafard, 145
Bolet bleuissant, 119
Bolet châtain, 118
Bolet de Fechtner, 144
Bolet de fiel, 136
Bolet de Sibérie var. *helveticus,* 124
Bolet des bouviers, 129
Bolet des charmes, 152
Bolet des peupliers, 151
Bolet des pins, 140
Bolet du Trentin, 123
Bolet élégant, 121
Bolet granuleux, 128
Bolet jaune, 125
Bolet jaune des pins, 128
Bolet livide, 145
Bolet moucheté, 130
Bolet orangé, 150
Bolet poivré, 149
Bolet pomme de pin, 116
Bolet pulvérulent, 141
Bolet radicant, 143
Bolet réticulé, 137
Bolet rouge sang, 147
Bolet rude, 153
Bolet Satan, 142
Bolet subtomenteux, 131
Bolet tacheté, 130
Bolet vert-de-gris, 122
Bolet visqueux, 122
Boletinus cavipes, 120
Boletus aestivalis, 137
Boletus bovinus, 129
Boletus calopus, 148
Boletus edulis, 138
Boletus erythropus, 146
Boletus fechtneri, 144
Boletus luridiformis, 146
Boletus luridus, 145
Boletus pinicola, 140
Boletus pinophilus, 140
Boletus piperatus, 149
Boletus placidus, 126
Boletus porphyrosporus, 117
Boletus pulverulentus, 141

Boletus radicans, 143
Boletus reticulatus, 137
Boletus rhodopurpureus, 147
Boletus satanas, 142
Bondarzewia mesenterica, 378
Boule-de-neige, 287
Bulgarie pure, 430

Calocera viscosa, 394
Calocère visqueuse, 394
Calociporus piperatus, 149
Calocybe gambosa, 212
Calocybe Georgii, 212
Calvatia excipuliformis, 52
Camarophyllus niveus, 163
Camarophyllus pratensis, 164
Camarophyllus virgineus, 163
Canari, 219
Cantharellus cibarius, 354
Cantharellus cinereus, 359
Cantharellus friesii, 353
Cantharellus lutescens, 356
Cantharellus melanoxeros, 358
Cantharellus tubaeformis, 357
Cantharellus xanthopus, 356
Cèpe annulaire, 125
Cèpe d'été, 137
Cèpe de Bordeaux, 138
Cèpe des pins, 140
Cèpe orangé, 150
Champignon des trottoirs, 282
Chanterelle brune, 346
Chanterelle cendrée, 359
Chanterelle commune, 354
Chanterelle de Fries, 353

Chanterelle en massue, 362
Chanterelle en tube, 357
Chanterelle jaunissante, 356
Chanterelle modeste, 356
Chanterelle ondulée, 361
Chanterelle violette, 362
Charbonnier, 180
Chevalier, 219
Chicotin, 136
Choeromyce à méandres, 409
Choiromyces meandriformis, 409
Chou-fleur, 386
Chroogomphus helveticus, 351
Chroogomphus rutilus, 352
Clathre rouge, 407
Clathrus archeri, 407
Clathrus ruber, 407
Clavaire crépue, 386
Clavaire en crête, 392
Clavaire en pilon, 364
Clavaire jaunissante, 389
Clavaire pâle, 391
Clavaire tronquée, 363
Clavaria ligula, 364
Clavariadelphus pistillaris, 364
Clavariadelphus truncatus, 363
Clavulina coralloides, 392
Clavulina cristata, 392
Clitocybe à odeur de poisson, 210
Clitocybe à pied en massue, 207
Clitocybe agrégé, 234
Clitocybe améthyste, 203
Clitocybe anisé, 206
Clitocybe blanc, 209
Clitocybe clavipes, 207
Clitocybe couleur de céruse, 209

Clitocybe des feuilles, 209
Clitocybe en coupe, 205
Clitocybe en touffes, 233
Clitocybe flaccida, 214
Clitocybe geotropa, 208
Clitocybe geotropa, 299
Clitocybe géotrope, 208
Clitocybe grisette, 211
Clitocybe inornata, 210
Clitocybe laqué variété violette, 203
Clitocybe laqué, 204
Clitocybe nebularis, 211
Clitocybe nébuleux, 211
Clitocybe odora, 206
Clitocybe odorant, 206
Clitocybe orangé, 345
Clitocybe phyllophila, 209
Clitocybe renversé, 214
Clitocybe tête-de-moine, 208
Clitocybe vert, 206
Clitopile petite prune, 255
Clitopilus prunulus, 255
Clytocybe géotrope, 299
Collybia butyracea var. *asema,* 239
Collybia confluens, 243
Collybia dryophila, 238
Collybia hariolorum, 241
Collybia maculata, 240
Collybia peronata, 242
Collybia velutipes, 247
Collybie à chapeau rayé, 244
Collybie à larges lames, 244
Collybie à pied velouté, 247
Collybie butyracée var. *asema,* 239
Collybie confluente, 243
Collybie des cônes, 246
Collybie des sorciers, 241
Collybie du chêne, 238
Collybie radicante, 245
Collybie tacheté, 240

Conocybe sienophylla, 263
Conocybe terre de Sienne, 263
Coprin chevelu, 311
Coprin disséminé, 315
Coprin micacé, 314
Coprin noir d'encre, 312
Coprin pie, 313
Cropinus atramentanus, 312
Coprinus comatus, 311
Coprinus disseminatus, 315
Coprinus micaceus, 314
Coprinus picaceus, 313
Coprinus stramentarius, 312
Corne d'abondance, 360
Cortinaire bleuissant, 339
Cortinaire commun, 344
Cortinaire couleur de cannelle, 332
Cortinaire couleur de moutarde, 332
Cortinaire de Berkeley, 336
Cortinaire des montagnes, 335
Cortinaire éclatant, 342
Cortinaire élégant, 343
Cortinaire multiforme var. *coniferarum*, 338
Cortinaire odorant, 341
Cortinaire remarquable, 336
Cortinaire rouge cinabre, 332
Cortinaire semi-sanguin, 332
Cortinaire très élégant, 334
Cortinaire varié, 340
Cortinaire vert bleuâtre, 333
Cortinaire violet, 339
Cortinarius (Cortinarius) violaceus, 339
Cortinarius (Dermocybe) cinnabarinus, 332
Cortinarius (Dermocybe) cinnamomeus, 332
Cortinarius (Dermocybe) malicorus, 332
Cortinarius (Dermocybe) orellanus, 335
Cortinarius (Dermocybe) semi-sanguineus, 332
Cortinarius (Leprocybe) gentilis, 335
Cortinarius (Leprocybe) rubellus, 334
Cortinarius (Leprocybe) venetus, 333
Cortinarius (Myxacium) trivialis, 344
Cortinarius (Phlegmacium) coerulescens, 339
Cortinarius (Phlegmacium) elegantior, 343
Cortinarius (Phlegmacium) multiformis var. *coniferarum*, 338
Cortinarius (Phlegmacium) odorifer, 341
Cortinarius (Phlegmacium) praestans, 336
Cortinarius (Phlegmacium) splendens, 342
Cortinarius (Phlegmacium) varius, 340
Cortinarius speciosissimus, 334
Coucoumelle, 265
Coucoumelle orangée, 266
Coulemelle, 293
Craterelle cendrée, 359
Craterellus cornucopioides, 34
Crête-de-coq, 386
Cyathe strié, 428
Cyathus striatus, 428
Cystoderma amiantinum, 298
Cystoderme amiantacé, 298

Dendropolyporus umbellatus, 385
Disciotis venosa, 417
Dumontinia tuberosa, 427

Élaphomyce granuleux, 410
Elaphomyces granulatus, 410
Entoloma lividum, 259
Entoloma nitidum, 260
Entoloma rhodopolium f. *nidorosum*, 258
Entoloma sinuatum, 259
Entolome bleu acier, 260
Entolome à odeur de nitre, 258
Entolome livide, 259
Etoile de terre, 396
Exidia glandulosa, 432
Exidie glanduleuse, 432

Farinet, 255
Fausse golmotte, 269
Fausse morille, 418
Fausse oronge, 268
Faux cèpe, 136
Flammule visqueuse, 324
Flammulina velutipes, 247
Fomitopsis pinicola, 380
Fuligo septica, 437

Galère marginée, 309
Galerina marginata, 309
Géaster à quatre branches, 398

Géaster à trois enveloppes, 396
Géaster fimbrié, 397
Géaster rougeâtre, 397
Geastrum fimbriatum, 397
Geastrum quadrifidum, 398
Geastrum rufescens, 397
Geastrum sessile, 397
Geastrum triplex, 396
Girolle, 354
Gomphide glutineux, 350
Gomphide helvétique, 351
Gomphide rose, 348
Gomphide taché, 349
Gomphide visqueux, 352
Gomphidius roseus, 348
Gomphidius rutilus, 352
Gomphidus glutinosus, 350
Gomphidus helveticus, 351
Gomphidus maculatus, 349
Gomphidus roseus, 348
Gomphus clavatus, 362
Grifola frondosa, 378
Grisette, 211
Guepinia helvelloides, 433
Guépinie en helvelle, 433
Gyromitra esculenta, 418
Gyromitre dit comestible, 418
Gyroporus castaneus, 118
Gyroporus cyanescens, 119

Hebeloma mesophaeum, 330
Hebeloma radicosum, 330
Hebeloma sinapizans, 331
Hébélome à centre brun, 330
Hébélome brûlant, 331
Hébélome couleur moutarde, 331
Hébélome radicant, 330
Helvella atra, 420

Helvella crispa, 419
Helvella elastica, 60
Helvelle crépue, 419
Helvelle élastique, 420
Helvelle noire, 420
Hericium alpestre, 388
Hericium flagellum, 388
Hydne des Alpes, 388
Hydne ferrugineux, 366
Hydne imbriqué, 367
Hydne sinué, 368-369
Hydnellum ferrugineum, 366
Hydnellum peckii, 366
Hydnum albidum, 368-369
Hydnum repandum, 368-369
Hygrocybe chlorophana, 166
Hygrocybe coccinea, 169
Hygrocybe conica, 168
Hygrocybe conique, 168
Hygrocybe nigrescens, 168
Hygrocybe obrussea, 167
Hygrocybe psittacina, 165
Hygrocybe quieta, 167
Hygrophore à dents jaunes, 155
Hygrophore à lames jaunes, 160
Hygrophore à odeur agréable, 162
Hygrophore blanc d'ivoire, 156
Hygrophore blanc de neige, 163
Hygrophore de Hedrych, 157
Hygrophore des prés, 164
Hygrophore écarlate, 169
Hygrophore jaune, 166
Hygrophore jaune doré, 167
Hygrophore olivacé et blanc, 161

Hygrophore perroquet, 165
Hygrophore pudibond, 159
Hygrophore rougissant, 158
Hygrophoropsis aurantiaca, 345
Hygrophorus agathosmus, 162
Hygrophorus chrysodon, 155
Hygrophorus eburneus, 156
Hygrophorus erubescens, 158
Hygrophorus hedrychii, 157
Hygrophorus hypothejus, 160
Hygrophorus melizeus, 157
Hygrophorus olivaceoalbus, 161
Hygrophorus pratensis, 164
Hygrophorus pudorinus, 159
Hygrophorus virgineus, 163
Hypholoma capnoides, 318
Hypholoma fasciculare, 320
Hypholoma sublateritium, 319
Hypholome à lames enfumées, 318
Hypholome couleur de brique, 319
Hypholome en touffe, 320

Indigotier, 119
Inocybe à lames couleur de terre, 326-327
Inocybe à odeur de poire, 329
Inocybe de Patouillard, 325
Inocybe erubescens, 325
Inocybe fastigiata, 328
Inocybe fastigié, 328

Inocybe fraudans, 329
Inocybe geophylla, 326-327
Inocybe patouillardi, 325
Inocybe pyriodora, 329
Inocybe rimosa, 328

Jaunet, 219

Kuehneromyces mutabilis, 308

Laccaria amethystea, 203
Laccaria amethystina, 203
Laccaria laccata, 204
Lactaire à fossettes, 194
Lactaire à lait abondant, 201
Lactaire à odeur suave, 202
Lactaire à toison, 193
Lactaire brun-jaune, 199
Lactaire coulant, 190
Lactaire couleur de plomb, 189
Lactaire couleur de poix, 192
Lactaire couleur de suie, 191
Lactaire délicieux, 197
Lactaire détestable, 195
Lactaire du mélèze, 198
Lactaire plombé, 189
Lactaire poivré, 188
Lactaire roux, 200
Lactaire saumoné, 196
Lactaire toisonné, 193
Lactaire velouté, 187
Lactarius deliciosus, 197
Lactarius deterrimus, 195
Lactarius fluens, 190
Lactarius glyciosmus, 202
Lactarius helvus, 199
Lactarius lignyotus, 191
Lactarius necator, 189
Lactarius picinus, 192
Lactarius piperatus, 188
Lactarius porninsis, 198
Lactarius rufus, 200
Lactarius salmonicolor, 196
Lactarius scrobiculatus, 194
Lactarius torminosus, 193
Lactarius turpis, 189
Lactarius vellereus, 187
Lactarius volemus, 201
Laetiporus sulphureus, 377
Langermannia gigantea, 400
Langue de carpe, 255
Leccinum aurantiacum, 150
Leccinum carpini, 152
Leccinum duriusculum, 151
Leccinum griseum, 152
Leccinum rufum, 150
Leccinum scabrum, 153
Lentin en colimaçon, 370
Lentinellus cochleatus, 370
Lentinula edodes, 256
Lentinus adhaerens, 257
Leotia lubrica, 429
Léotie visqueuse, 429
Lepiota aspera, 291
Lepiota cristata, 292
Lepiota naucina, 297
Lépiote à crête, 292
Lépiote âpre, 291
Lépiote crêtée, 292
Lépiote de Badham, 8
Lépiote déguenillée, 294-295
Lépiote élevée, 293
Lépiote pudique, 297
Lepista flaccida, 214
Lepista gilva, 214
Lepista glaucocana, 215
Lepista irina, 215
Lepista nebularis, 211
Lepista nuda, 217
Lépiste à odeur d'iris, 215
Leucoagaricus badhamii, 296
Leucoagaricus leucothites, 297
Leucoagaricus pudicus, 297
Limacella guttata, 281
Limacelle lenticulaire, 281
Lycogala epipendrum, 436
Lycoperdon brun, 403
Lycoperdon echinatum, 405
Lycoperdon en forme de poire, 404
Lycoperdon en sac, 401
Lycoperdon foetidum, 405
Lycoperdon molle, 403
Lycoperdon perlatum, 402
Lycoperdon pyriforme, 404
Lycoperdon umbrinum, 403
Lyophylle, 234
Lyophylle de Favre, 232
Lyophylle en touffe, 253
Lyophyllum (aggregatum) loricatum, 234
Lyophyllum connatum, 233
Lyophyllum favrei, 232
Lyophyllum loricatum, 234

Macrocystidia à odeur de concombre, 250
Macrocystidia cucumis, 250
Macrolepiota mastoidea, 296
Macrolepiota procera, 293
Macrolepiota rhacodes, 294-295
Marasme à odeur de poireau, 248
Marasme brûlant, 242
Marasme des Oréades, 249
Marasme guêtré, 242
Marasmius oreades, 249

Marasmius prasiosmus, 248
Megacollybia platyphylla, 244
Melanoleuca cinerascens, 235
Melanoleuca cognata, 236
Melanoleuca excissa, 235
Melanoleuca grammopodia var. *subbrevipes,* 237
Mélanoleuque à pied rayé, 237
Mélanoleuque apparenté, 236
Mélanoleuque cendré, 235
Meripilus giganteus, 378
Meunier, 255
Mitrophora semilibera, 416
Mitrophore hybride, 416
Morchella conica, 415
Morchella esculenta var. *vulgaris,* 414
Morchella esculenta, 412-413
Morchella gigas, 416
Morille blonde, 412-413
Morille commune, 414
Morille conique, 415
Morille grise, 414
Morillon, 416
Mousseron d'automne, 255
Mousseron de la Saint-Georges, 212
Mousseron de printemps, 212
Mousseron vrai, 212
Mousseron, 255
Mucidule visqueuse, 305
Mutinus caninus, 408
Mutinus elegans, 408
Mutinus ravenelii, 408
Mycena pura, 252
Mycena rosella, 254
Mycène à pied jaune, 251

Mycène pur, 252
Mycène rosâtre, 254

Neobulgaria pura, 430
Nonette voilée, 125

Ombrophila pura, 430
Oreille d'âne, 426
Oreille de lièvre, 426
Oronge ciguë jaunâtre, 275
Otidea onotica, 426
Oudemansiella mucida, 305
Oudemansiella platyphylla, 244
Oudemansiella radicata, 245

Panéole à marge dentée, 316
Panéole sphinx, 316
Paneolus papilionaceus, 316
Paneolus sphinctrinus, 316
Paxille à pied noir, 347
Paxille en forme de pan, 373
Paxille enroulé, 346
Paxillus atrotomentosus, 347
Paxillus involutus, 346
Paxillus panuoides, 373
Petit gris des sapins, 231
Pézize écarlate, 423
Pézize en couronne, 424
Pézize étoilée, 424
Pézize orangée, 422
Pézize superbe, 424
Pézize tubéreuse, 427
Pézize veinée, 417
Phaeolepiota aurea, 299
Phaeolus schweinitzii, 381
Phaeolus spadiceus, 381
Phalle impudique, 407

Phallus impudicus, 407
Phéolépiote dorée, 299
Pholiota aurivella, 323
Pholiota cerifera, 323
Pholiota flammans, 322
Pholiota lenta, 324
Pholiota mutabilis, 308
Pholiota squarrosa, 321
Pholiote changeante, 308
Pholiote dorée, 323
Pholiote dure, 300
Pholiote écailleuse, 321
Pholiote flamboyante, 322
Pholiote précoce, 300
Pholiote ridée, 310
Pholiote squameuse, 19
Pholiote visqueuse, 324
Phyllopore de Pelletier, 154
Phylloporus pellerieri, 154
Phylloporus rhodoxanthus, 154
Phyllotopsis nidulans, 373
Pied-bleu, 217
Pied-de-mouton, 368-369
Piptoporus betulinus, 379
Pleurote en forme d'huître, 372
Pleurote rutilant, 218
Pleurotus ostreatus, 372
Plutée couleur de cerf, 260
Pluteus atricapillus, 260
Pluteus cervinus, 260
Polypore bleuté, 382
Polypore d'hiver, 375
Polypore de Schweinitz, 381
Polypore des brebis, 368-369
Polypore du bouleau, 379
Polypore écailleux, 376
Polypore en ombelle, 385
Polypore en touffe, 378
Polypore géant, 378
Polypore groupé, 368-369

Polypore marginé, 380
Polypore rouge cinabre, 383
Polypore soufré, 377
Polypore versicolore, 384
Polyporus brumalis, 375
Polyporus ciliatus, 375
Polyporus lepideus, 375
Polyporus squamosus, 376
Polyporus umbellatus, 385
Porphyrellus porphyrosporus, 117
Postia caesia, 382
Psalliote à grosses spores, 290
Psalliote à pied bulbeux, 286
Psalliote des bois, 286
Psalliote des champs, 285
Psalliote des forêts, 284
Psalliote des jachères, 287
Psalliote jaunissante, 288
Psathyrella candolleana, 317
Psathyrella piluliformis, 317
Psathyrelle de De Candolle, 317
Pseudoclitocybe cyathiformis, 205
Pseudocraterellus sinuosus, 361
Pseudocraterellus undulatus, 361
Pseudohydnum gelatinosum, 434
Pycnoporus cinnabarinus, 383

Ramaria flavescens, 389
Ramaria obtusissima, 390
Ramaria pallida, 391
Rhizina undulata, 421
Rhizine ondulée, 421
Rhizopogon rosé, 411
Rhizopogon roseolus, 411
Rhodopaxille, 215

Rhodopaxillus glaucanus, 216
Rosé des prés, 285
Rozites caperata, 310
Russula amethystina, 183
Russula cyanoxantha, 180
Russula decolorans, 174
Russula delica, 170
Russula emetica, 184
Russula erythropoda, 176
Russula foetens, 172
Russula fragilis, 185
Russula integra, 178
Russula nigricans, 171
Russula ochroleuca, 173
Russula olivacea, 177
Russula paludosa, 175
Russula queletii, 186
Russula vesca, 179
Russula violeipes, 182
Russula xerampelina, 176
Russule à pied rouge, 176
Russule à pied violet, 182
Russule améthyste, 183
Russule blanc ocré, 173
Russule charbonnière, 180
Russule comestible, 179
Russule de Quélet, 186
Russule décolorante, 174
Russule des marais, 175
Russule émétique, 184
Russule entière, 178
Russule fétide, 172
Russule feuille morte, 176
Russule fragile, 185
Russule noircissante, 171
Russule olivâtre, 177
Russule sans lait, 170

Saint-Martin, 231
Sarcodon imbricatus, 367
Sarcodon scabrosus, 367
Sarcosphera coronaria, 424
Sarcosphera crassa, 424

Satyre des chiens, 408
Satyre puant, 407
Scarcoscypha coccinea, 423
Schizophylle commun, 371
Schizophyllum commune, 371
Scleroderma citrinum, 406
Scléroderme vulgaire, 406
Sclerotinia tuberosa, 427
Scutiger confluens, 368-369
Scutiger ovinus, 368-369
Scutiger subrubescens, 374
Shii-take, 256
Sparassis brevipes, 387
Sparassis crépu, 386
Sparassis crispa, 386
Sparassis laminé, 387
Sparassis laminosa, 387
Spathulaire jaune, 365
Spathularia flava, 365
Spathularia flavida, 365
Spongiporus caesius, 382
Strobilomyces floccopus, 116
Strobilomyces strobilaceus, 116
Strobilurus esculentus, 246
Strophaire à anneau rugueux, 302
Strophaire coronille, 301
Strophaire petite roue, 301
Strophaire semi-globuleuse, 304
Strophaire vert-de-gris, 303
Stropharia aeruginosa, 303
Stropharia caerulea, 303
Stropharia coronilla, 301
Stropharia rugosoannulata, 302
Stropharia semiglobata, 304
Suillus aeruginascens, 122
Suillus bovinus, 129

Suillus collinitus, 127
Suillus fluryi, 127
Suillus granulatus, 128
Suillus grevillei, 121
Suillus luteus, 125
Suillus placidus, 126
Suillus sibiricus
  var. *helveticus*, 124
Suillus tridentinus, 123
Suillus variegatus, 130
Suillus viscidus, 122

Téléphore palmé, 393
Tête de moine, 208
Thelephora palmata, 393
Trametes versicolor, 384
Tremella mesenterica, 431
Trémelle gélatineuse, 434
Trémelle mésentérique, 431
Tremiscus helvelloides, 433
Tremollodon gelatinosum, 434
Tricholoma album, 222
Tricholoma atrosquamosum, 223
Tricholoma aurantium, 228
Tricholoma equestre, 219
Tricholoma flavobrunneum, 227
Tricholoma flavovirens, 219
Tricholoma fulvum, 227
Tricholoma Georgii, 212
Tricholoma inamoenum, 230
Tricholoma pardalotum, 224
Tricholoma pardinum, 224
Tricholoma populinum, 226
Tricholoma rutilans, 218
Tricholoma saponaceum, 221
Tricholoma stiparophyllum, 222
Tricholoma sulphureum, 220
Tricholoma terreum, 231
Tricholoma vaccinum, 229
Tricholome, 234
Tricholome à écailles noires, 223
Tricholome à odeur de savon, 221
Tricholome blanc, 222
Tricholome brun et jaune, 227
Thicholome canari, 219
Tricholome chevalier, 219
Tricholome couleur de terre, 231
Tricholome couleur de vache, 229
Tricholome de la Saint-Georges, 212
Tricholome désagréable, 230
Tricholome du peuplier, 226
Tricholome équestre, 219
Tricholome gris glauque, 216
Tricholome jaunet, 219
Tricholome nu, 217
Tricholome orangé, 228
Tricholome ou Lyophylle ou Clitocybe agrégé, 234
Tricholome rutilant, 218
Tricholome soufré, 220
Tricholome terreux, 231
Tricholome tigré, 224
Tricholomopsis rutilans, 218
Trompette de la mort, 360
Truffe des cerfs, 410
Tylopilus felleus, 136

Unguline marginée, 380

Vache rouge, 197
Vachette, 201
Vesse-de-loup à pierreries, 402
Vesse-de-loup fétide, 405
Vesse-de-loup géante, 400
Vesse-de-loup hérissée, 405
Vesse-de-loup perlée, 402

Xerocomus badius*, 135
Xerocomus chrysenteron, 132
Xerocomus rubellus, 134
Xerocomus subtomentosus, 131
Xerula radicata, 245
Xylaire des bois, 395
Xylaria carpophila, 395
Xylaria hypoxylon, 395
Xylaria polymorpha, 395

ISBN : 978-2-09-279142-4
N° éditeur : 10269068
Dépôt légal : août 2021
Imprimé en Espagne par Graficas Estella

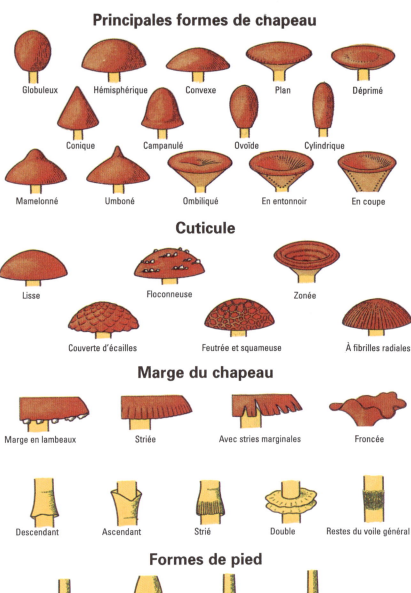

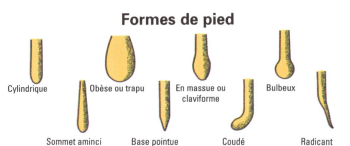